Dan Martin

VON PANDABÄREN VERFOLGT

Dan Martin
mit Pierre Carrey

VON PANDABÄREN VERFOLGT

Mein Leben in der wundersamen Welt des Radsports

Aus dem Englischen
von Olaf Bentkämper

covadonga

Die Originalausgabe dieses Buches erschien unter dem Titel »Chased by Pandas«
bei Quercus, London, einem Imprint von Hachette UK.

Dan Martin (mit Pierre Carrey):
Von Pandabären verfolgt. Mein Leben in der wundersamen Welt des Radsports.

Aus dem Englischen von Olaf Bentkämper

Covadonga Verlag, Spindelstr. 58, D-33604 Bielefeld
ISBN (Print): 978-3-95726-077-2 / ISBN (E-Book): 978-3-95726-084-0
Umschlagfotos: Hennes Roth / Foto Roth & Roth (Titel);
dpa Picture Alliance / Pool Bernard Papon (Rückseite)

Druck und Bindung: Westermann Druck Zwickau GmbH – 1. Auflage, 2023

Bibliografische Information der Deutschen Nationalbibliothek:
Die Deutsche Nationalbibliothek verzeichnet diese Publikation
in der Deutschen Nationalbibliografie; detaillierte bibliografische
Daten sind im Internet über http://dnb.dnb.de abrufbar.

Covadonga ist der Verlag für Radsportliteratur.
Besuchen Sie uns im Internet: *www.covadonga.de*

Inhalt

Kapitel 1

Der Sprint mit dem Panda

Wir werden zu Fuß gehen, statt mit dem Rad zu fahren, aber ich werde die gleichen Gefühle haben wie an jenem Tag. Jess, meine Frau, wird bei mir sein, ebenso wie Daisy und Ella, unsere Zwillinge. Sie waren noch nicht auf der Welt, als das alles passierte, also werde ich ihnen die Szenerie beschreiben. Ihre Finger werden mit der Sauce von den Pommes beschmiert sein, die sie gegessen haben, wenn wir die entscheidende Stelle hoch über der Stadt erreichen, nicht weit vom Schauplatz des verrücktesten Sieges meiner Karriere, bei der 99. Auflage von Lüttich-Bastogne-Lüttich. Ich werde nicht lange an der Stelle innehalten, die der Grund für unseren Besuch ist, gerade lange genug, um ihnen den Ort zu zeigen, auf der rechten Seite der Straße, fast am Gipfel der Côte d'Ans, 300 Meter vor einer Linkskurve.

Neugierig, wie sie sind, werden die Mädchen mich fragen: »Daddy, ist das die Stelle, wo du als Erster ins Ziel gekommen bist?«

»Nein, aber nicht weit von hier. Gleich hinter der nächsten Kurve.«

»Und was ist hier passiert?«

Ich mache eine kurze Pause, denn das ist der beste Teil der Geschichte.

»Genau hier wurde ich von einem Pandabären verfolgt. Na ja, von einem Mann, der sich als Panda verkleidet hatte.«

»Warum hat er dich verfolgt?«

»Ich weiß es nicht.«

Dieser Straßenabschnitt ist nicht der malerischste in der kleinen Welt des Radsports, aber er ist einer der faszinierendsten. Hier war das Ziel eines der begehrtesten und zermürbendsten Rennen überhaupt, dieser unscheinbare Ort, den man nach fast sieben Stunden Fahrt durch die Hügel der belgischen Ardennen erreichte. Lüttich-Bastogne-Lüttich, mein Lieblingsrennen. Es ist ein 250 Kilometer langer Eintagesklassiker, der den Verlauf meiner Karriere widerspiegelte. Es ging um alles oder nichts. Schwarz oder weiß. Ich habe dieses Rennen nie bequem im Peloton sitzend beendet. Ich habe es einmal gewonnen. Mehr als einmal habe ich es aufgegeben. Zweimal bin ich schwer gestürzt. Ich habe Schnee erlebt und, noch schlimmer, kalten, durchdringenden Regen. Ich habe Blut und Freude auf dem Asphalt gelassen.

Das Rennen endete auf dieser breiten Straße, die zwischen Reihenhäusern aus Backstein verläuft. Unten kann man den riesigen weißen Kadaver des Bahnhofs von Lüttich erkennen, der wie ein Dinosaurierskelett aussieht. Doch die Côte d'Ans war ein »Geisteranstieg«. Die Organisatoren hielten sie nicht für wert, offiziell als Anstieg kategorisiert zu werden, sondern betrachteten sie mehr oder minder lediglich als Scheinebene. Dennoch war die Côte d'Ans ein außergewöhnliches psychologisches Schlachtfeld. Der Kopf platzte hier vor den Beinen... Am 21. April 2013 distanzierte ich hier meinen letzten Konkurrenten, den Spanier Joaquim Rodríguez, und feierte mit erhobenen Händen den Sieg. Und hier begegnete ich dem Panda.

Am Morgen des Rennens schoss mir ein Gedanke in den Kopf: »Ich werde heute gewinnen.« Zunächst machte mich die Ungeheuerlichkeit dieser Möglichkeit ein wenig verlegen. Immerhin handelte es sich um nichts Geringeres als einen der fünf größten Klassiker im Rennkalender und um einen der ehrwürdigsten: Lüttich-Bastogne-Lüttich, auch bekannt als »La Doyenne«, wurde erstmals 1892 ausgetragen, elf Jahre vor der ersten Tour de France.

Dieser Gedanke, diese Vision, war kein Versuch, mich selbst von etwas zu überzeugen, und schon gar nicht ein Moment unangebrachten Stolzes. Es war eine Vorahnung dessen, was ich erleben würde. Ich akzeptierte dieses Omen, das meinem Inneren entsprungen war.

Das erste Mal, dass ich diese Art von Eingebung hatte, war im August 2007, ganz am Ende meiner Amateurzeit, als ich den Giro Ciclistico della Valle d'Aosta in den französischen Alpen bestritt. Und gewann. Donner krachte am Himmel. Auf dem letzten Pass ging ein Wolkenbruch nieder. Ich fuhr die schnellste, riskanteste und akrobatischste Abfahrt meiner Karriere. Nichts konnte mich aufhalten.

Ich weiß nicht, ob ich gewann, weil mein Kopf sich die Aussicht ausgemalt hatte, oder ob ich sie mir ausgemalt hatte, weil mein Körper mir insgeheim signalisierte, dass er gewinnen kann. Manchmal ist es besser, das letzte Wort dem Zufall zu überlassen. Bei anderen Gelegenheiten war mein Glaube an mich selbst so stark, dass ich mich zwang, auf unerwartete Ressourcen zurückzugreifen, auf winzige Details am Wegesrand zu achten, um Fehler oder Stürze zu vermeiden.

Am Morgen von Lüttich-Bastogne-Lüttich schickte ich meinen Eltern eine SMS, die dieses seltsame und obsessive Gefühl zusammenfasste: »Heute werde ich gewinnen.« Meine Mutter Maria kennt die Unwägbarkeiten und die Brutalität des Radsports aus erster Hand, auch wenn sie selbst keine Karriere im Peloton gemacht hat. Mein Vater Neil war in den 1980er-Jahren Profi gewesen und fuhr bis Anfang der 2000er-Jahre weiter Rennen, aus reiner Freude am Radsport. Meine Eltern waren von meiner SMS überrascht, aber sie haben immer an mich geglaubt. Wenn ich es sagte, wenn ich es fühlte, dann musste es stimmen…

Auf dem Weg zum Start passierte etwas Seltsames. Ich hatte das Gefühl, dass mein Geist meinen Körper verlassen hatte und zu einem Zuschauer der Ereignisse des Tages geworden war. Mein Körper selbst fühlte sich sehr leicht an. Ich wurde von dem Gefühl getrieben, dass die Ereignisse vorherbestimmt waren. Was geschehen muss, wird geschehen... Aber verstehen Sie mich nicht falsch: Ich habe nie mit verschränkten Armen darauf gewartet, dass das Schicksal mir die Türen zum Sieg öffnet. Ich habe immer versucht, mich mit aller Kraft für die vor mir liegende Aufgabe einzusetzen.

Während des ersten Teils des Rennens fühlte ich mich vollkommen unbeschwert und schwebte nur so über die Anstiege: La-Roche-en-Ardenne, die Mur de Saint-Roch, die Côte de Wanne, die Côte de Stockeu, die Côte de la Haute-Levée, den Col de Rosier, den Col du Maquisard, Mont Theux und die mythische Redoute... Lüttich–Bastogne–Lüttich ist ein echtes »Berg«-Rennen in Belgien. Die Hochebene der Ardennen, die wir in ihrer Gesamtheit durchquerten, weist die höchsten Punkte dieses vermeintlich flachen Landes auf. Nicht weit von der Strecke des Rennens, am Baraque de Fraiture, 652 Meter über dem Meer, gibt es sogar eine Skipiste. Die Region ist zerklüftet und mit Kiefernwäldern bedeckt. Die Einwohner gelten als fleißig und zäh. Sie haben schwielige Hände, sind manchmal ruppig, haben aber ein großes Herz. Das sind die gleichen Eigenschaften, die der Radrennsport den Fahrern abverlangt.

In der letzten halben Stunde spürte ich, wie sich ein Gefühl der Angst breitmachte: greifbar, raumgreifend, atemlos. Die Angst hat eine Form, einen Geruch, eine Farbe, eine Konsistenz. Überall um mich herum begannen die Fahrer Angst zu bekommen. Sie hatten Angst vor einem Sturz, Angst davor, dass ihre Teamkollegen zu schwach oder ihre Konkurrenten zu stark sein könnten, Angst, dass ihre Beine versagen würden oder aber ihr Verstand. Sie hatten Angst, zu viel oder zu wenig zu riskieren, Angst, im falschen Moment zu attackieren oder nicht hart genug zu fahren. Angst vor dem Verlieren oder dem Gewinnen. Angst davor, Angst zu haben...

Hatte ich Angst? Ja, ein wenig. Nur wer nicht richtig bei der Sache ist, hat keine Angst, aber das sind auch die Fahrer, die sich in schreckliche Gefahren begeben. Ich erinnerte mich an etwas, das Mark Twain gesagt hatte: »Mut ist Widerstand gegen die Angst, Sieg über die Angst, aber nicht Abwesenheit von Angst.«

Angst ist ein Tabu unter Radrennfahrern, die ihre Fans nur ungern enttäuschen wollen. Ich habe das auf die harte Tour gelernt, als ich 2022, in meiner letzten Profisaison, die Entscheidung der Giro-Organisatoren kritisierte, uns auf einen abschüssigen Abschnitt der *strade bianche*, der weißen Straßen der Toskana, zu schicken. Die Italiener bezeichnen sie auch als *sterrati* (unbefestigte Straßen). Schotter, Schlaglöcher – es war fast so, als wäre das Rennen in ein Spiel verwandelt worden, bei dem man raten musste, wer als Erster zu Fall kommen würde. Einige Fans unterstützten mich, aber ein anderer Teil war unzufrieden. Sie meinten, ich hätte nicht mehr den nötigen Biss für den Radsport, um Risiken einzugehen, und überhaupt hätte ich echt Nerven, mich zu beschweren, wo ich für meine Arbeit doch gut bezahlt würde. Diese Leute bestanden darauf, dass ich ein Supermann sein müsse, aber mir hat diese Argumentation nie eingeleuchtet.

Es kommt nicht oft vor, dass ein Radrennfahrer sein Herz öffnet und seine Wahrheiten ausspricht. Nun, hier ist eine: Dieser Job hat mindestens genauso viel mit Angst zu tun wie mit Leiden.

Fünf Kilometer vor dem Ziel von La Doyenne schlug die Angst an der Côte de Saint-Nicolas in Panik um. Das Peloton war auf eine kleine Gruppe zusammengeschrumpft. Um mich herum war alles in Bewegung. Es gab immer ein oder zwei, die attackierten, aber es war wichtig, nicht darauf zu reagieren. Jeder Fahrer, der sich dazu hinreißen ließ, ein Loch zuzufahren, hatte schon verloren. Seine letzten Tropfen Paraffin würden innerhalb einer Minute verbrannt sein.

Zu diesem Zeitpunkt des Rennens begnügte ich mich damit, nur mitzufahren. Mein kanadischer Teamkollege Ryder Hesjedal, der im Vorjahr den Giro d'Italia gewonnen hatte, war ein paar Sekunden voraus und zwang unsere Konkurrenten, die Verfolgung aufzunehmen. Da es mein Teamkollege war, der enteilt war, kam ich nicht in Versuchung, den fatalen Fehler zu begehen, die Lücke zu schließen. Ryders Antritt hatte ein paar große Namen aus dem Spiel genommen, unter anderem den ehemaligen Tour-de-France-Sieger Alberto Contador und auch Philippe Gilbert, der im Regenbogentrikot des Weltmeisters auf den Straßen seiner Heimatregion fuhr.

Zwei Kilometer weiter erreichten wir den Fuß der Côte d'Ans. Die Straße war an dieser Stelle zu breit und es war noch zu weit bis zum Ziel, um in Aktion zu treten. Wir konnten vor uns den aufblasbaren Bogen sehen, die *flamme rouge*, die den Beginn des letzten Kilometers markiert. Es fühlte sich an, als nähme der Anstieg kein Ende. Wir quälten uns auf dem großen 53er- oder 54er-Kettenblatt hinauf, in Zeitlupe, in einem fast traumartigen Zustand, unsere Körper fingen an, sich unaufhaltsam unserer Kontrolle zu entziehen. Unsere Beine waren am Rande der Lähmung.

Die Angst war immer noch da, aber sie war anders als die, die wir an der Côte de Saint-Nicolas erlebt hatten. Man hat jetzt keine Angst mehr, einen anderen Fahrer ziehen zu lassen, sondern man hat Angst, selbst anzugreifen. Die Nerven sind zum Zerreißen gespannt. Jeden Moment könnten sie tatsächlich reißen. Um auf der sicheren Seite zu sein, wäre es besser, einfach abzuwarten und auf den Sprint zu setzen. Man würde vielleicht weit hinten in der Gruppe landen, hätte aber alle Ausreden, die man sich wünschen kann. Ein schlecht getimter Angriff an der Côte d'Ans hingegen hätte sofort verheerende Folgen und würde einen schlagartig aller Chancen berauben. Aber man weiß nie, ob ein Angriff vermessen ist, ehe man es probiert hat…

Ich hatte meine Angst gut unter Kontrolle. Ich entwarf mir die Realität mit Hilfe von Zahlen. Anstatt mir zu sagen, dass es noch ungefähr 500 Meter bis zur *flamme rouge* waren, und zu denken, dass dieser verdammte Anstieg kein Ende nahm, sah ich mich schon unter dem aufblasbaren Bogen hindurchfahren und wusste, dass dann jene besagte Linkskurve kam. Und von dort aus waren es nur noch 200 Meter. Die Restfunktionalität meines Gehirns verschaffte mir einen Vorsprung. Ich wandelte die Realität zu meinem Vorteil um. Ich verschwendete keinen Gedanken an die letzten und schmerzhaftesten paar hundert Meter, die wir noch vor uns hatten, sondern dachte an all die Kilometer, die schon hinter uns lagen und uns wie Wind in unseren Segeln in Richtung Ziel bliesen.

Auf die gleiche Weise wandelte ich meine Gegner in Zahlen um. Ich dachte nicht daran, »wer« sie waren, sondern »wie viele«. Ich berechnete die Wahrscheinlichkeit, dass sie sich gegenseitig kaputtfahren würden. Mir war klar, dass ich nur hier vorne mit ihnen dabei war, weil ich von den Tücken des Rennens verschont geblieben war, von Stürzen ebenso wie von extremer Erschöpfung. Ich hatte mir das Recht verdient, als Gleicher unter Gleichen zu kämpfen. Ich war genauso stark wie sie. Aber war ich auch stärker als sie?

Es waren nur noch fünf von uns übrig. Die Spanier Alejandro Valverde und Joaquim Rodríguez, der Italiener Michele Scarponi, allesamt Spitzenfahrer, die eine Grand Tour gewonnen oder die Weltrangliste angeführt hatten. Sie hatten die Kraft, das Können und das Selbstvertrauen. Carlos Betancur, ein aufstrebender Stern am kolumbianischen Radsporthimmel, war ebenfalls mit dabei. Und dann war da noch ein Fahrer, der der breiten Öffentlichkeit relativ unbekannt war, mütterlicherseits irisch, väterlicherseits britisch, in Frankreich (in Marseille) ausgebildet, wohnhaft in Spanien (in Girona) und für ein amerikanisches Team (Garmin-Sharp) fahrend – ich.

Ich wurde seit meiner Geburt von Radsportgeschichte begleitet. Als ich einen Monat alt war, fuhr ich im Kinderwagen zu meinem ersten Rennen. Nicht ganz ein Jahr nach meiner Geburt, 1987, gewann mein Onkel Stephen Roche, der Bruder meiner Mutter, in der gleichen Saison den Giro d'Italia, die Tour de France und die Straßen-WM – ein seltenes Kunststück, das von den Briten »Triple Crown« genannt wird. Ich wusste, welche Bedeutung ein Sieg bei Lüttich-Bastogne-Lüttich haben würde. Ich wusste es, aber ich dachte nicht darüber nach. Mein Geist blieb von meinem Körper losgelöst und konzentrierte sich ausschließlich auf die Abfolge von Gesten und Reflexen. Wenn man über etwas nachdenkt, das größer ist als man selbst, wird man erdrückt.

Normalerweise hat ein Radrennfahrer, wenn die Ziellinie in Sicht kommt, Angst vor seinem Schicksal. Das ist bei allen Rennen der Fall, ob groß oder klein. Man spürt, dass sich das Geheimnis gleich lüften wird, aber manchmal will man es nicht wissen... Das Rennen ist eine Tür, und die meisten Fahrer fürchten den Moment, in dem sie sich öffnet; sie fürchten die Wahrheit, die dahinter liegt, das Schicksal, das ihnen sagen wird, ob sie gewonnen oder verloren haben. Aber in diesen letzten Momenten hatte ich keine Angst – was auch immer mich auf der anderen Seite dieser Tür erwarten mochte.

1.200 Meter vor dem Ziel startete Joaquim Rodríguez einen letzten Angriff. Michele Scarponi machte Anstalten, ihm zu folgen, ließ es dann aber sein. Ein kritischer Moment. Wir warteten darauf, dass Alejandro Valverde dem Ausreißer hinterhersteigen würde. Er war der Favorit. Aber er rührte sich nicht, und Rodríguez baute seinen Vorsprung aus, der Sieg machte sich mit ihm davon. Wir fuhren auf Messers Schneide. Und dann ... tausend Meter vor dem Ziel griff ich an. Meinem Powermeter zufolge trat ich anfangs 1.000 Watt, eine massive Leistungsspitze so weit vor dem Ziel.

600 Meter vor dem Ziel holte ich Joaquim Rodríguez ein. In solchen Situationen besteht die ideale Taktik darin, mit hoher Geschwindigkeit zu überholen, den Überraschungseffekt zu nutzen und den Gegner zu entmutigen. Aber ich wollte es genau wissen. 300 Meter lang fuhr ich links neben ihm. Ich ließ ihn spüren, dass ich da war. Das war der Beginn des Duells. Das Tempo verlangsamte sich. Unsere Beine kurbelten geschmeidig, ohne dass wir übermäßig an den Pedalen zogen oder drückten. Etwa zehn Sekunden lang taten wir so, als würden wir uns gegenseitig ignorieren, aber wir warfen durch unsere Sonnenbrillen stechende Blicke nach hinten. Unsere Gesichter wurden wächsern. Wir verbargen unsere Müdigkeit und unsere Stärke in uns.

Plötzlich beendete ich das Warten, gerade als es zu lange gedauert zu haben schien. Ich ging aus dem Sattel, um anzugreifen, perfekt ausbalanciert auf meinem Rad, und fühlte mich doppelt so groß wie sonst. Joaquim war nicht mehr bei mir. Auf der Zielgeraden, hinter der Linkskurve, drehte ich mich um, um den Abstand zu checken. Zehn Meter! Die Lücke nach hinten war so breit wie das Meer. In diesem Moment wusste ich: Heute hatte ich gewonnen.

Mein Geist kehrte in meinen Körper zurück. Emotionen durchströmten mich. Umarmungen mit meinen Teamkollegen, Blumensträuße, Jubel auf dem Podium… Etwa 20 Minuten nach dem Überqueren der Ziellinie schaltete ich mein Handy ein und las die ersten Glückwunschnachrichten. Neben vielen »Bravos!« entdeckte ich ein paar, in denen es hieß: »Das war echt witzig« oder »Wir haben uns kaputtgelacht«. Ich hatte keine Ahnung, was sie meinten. Warum hatten sie gelacht? Ein Freund, der das Rennen im Fernsehen verfolgt hatte, erzählte mir: »Hast du denn nichts gemerkt? Da war ein Panda bei dir. Während du Rodríguez beobachtet hast, war er hinter dir auf der Straße.« Es gab also zwei Sieger bei der 99. Auflage von Lüttich-Bastogne-Lüttich: den Panda und mich.

Kapitel 2

Blut auf den Pedalen (Die Angst, nicht mehr aufzustehen)

Als ich mein Hinterrad in der letzten Kurve wegrutschen spürte, hatte ich keine Ahnung, wie mir geschah. Die Zeit schien sich zu verlangsamen, während die Katastrophe ihren Lauf nahm. Ich registrierte den Bruchteil der Sekunde, in der der Reifen die Bodenhaftung verlor und das Rad so schnell nach links ausscherte, dass mein Körper keine Zeit zu reagieren hatte, so schnell, dass ich nicht mehr reflexartig eine Hand auf den Boden setzen konnte, um den Aufprall ein wenig aufzufangen. Ich schlug stumpf auf der Straße auf, beide Hände noch am Lenker. Vollkommen überrascht fiel ich um wie ein Stein. Aber mein Gehirn begriff alles, was geschah, und den Schaden, der daraus entstehen würde. Kein körperlicher Schaden, aber das Ergebnis war, dass ich um einen zweiten Sieg bei Lüttich-Bastogne-Lüttich gebracht wurde. Insofern war es der schmerzhafteste Sturz meiner Karriere.

Das Team Garmin-Sharp hatte alles dafür getan, um seinen Titelverteidiger perfekt auf das Rennen einzustimmen. Wir hatten ein kleines Video gedreht, in dem ein Typ in einem Pandakostüm zu sehen war, der sich akribisch auf das Rennen vorbereitete, frühstückte und sein Rad überprüfte. Außerdem war wieder ein Panda bei mir – diesmal im wahrsten Sinne des Wortes, denn er war auf der Rückseite meines Trikots abgebildet. Es war das Logo des World Wildlife Fund, mit dem das Team eine Partnerschaft eingegangen war. Der Panda, der sowohl das Emblem des WWF als auch mein persönliches Maskottchen war, hatte den Deal möglich gemacht.

Die Geschichte schien sich an der Côte d'Ans zu wiederholen. Ich stellte mir zwei Filme vor, die gleichzeitig auf der gleichen Leinwand liefen. 2013 und 2014 – finden Sie den Unterschied. Ein Jahr nach meinem Sieg griff ich erneut am Schlussanstieg an, wieder nahe der *flamme rouge*, wieder mit einem Fahrer aus der Katusha-Mannschaft vor mir, diesmal Giampaolo Caruso, der die Rolle von Joaquim Rodríguez übernahm. Aber es gab zwei wesentliche Unterschiede zu dem Jahr, in dem ich das Rennen gewonnen hatte. Der erste war, dass der Panda, »mein« Panda, wenn man so will, verschwunden war. Ich bemerkte es, als ich von der linken Straßenseite, von wo aus ich meine Attacke gestartet hatte, auf die rechte Seite in die »Panda-Zone« wechselte: Dort war niemand. Der zweite Unterschied war, dass ich in der Kurve, in der ich 2013 davonflog, 2014 auf den Asphalt schlug.

Ich rutschte in dieser weiten und scheinbar harmlosen Kurve aus, genau in dem Moment, als ich an Domenico Pozzovivo vorbeizog, einem italienischen Fahrer, der mit Caruso unterwegs gewesen war. Ich war nur einen Meter hinter Caruso. Wenn man unsere jeweiligen Geschwindigkeitskurven betrachtet, hätte ich meinen Konkurrenten wohl ausgangs der Kurve eingeholt und wäre dann die restlichen 200 Meter bis zur Ziellinie gesprintet. Stattdessen stürzte ich, kam wieder auf die Beine, ohne mich verletzt zu haben, und stand mit leerem Blick mitten auf der Kreuzung, schaute auf das Ziel und sah den anderen Fahrern zu, wie sie über die Linie sprinteten. Ich war jetzt ein Zuschauer. Ich wollte kehrtmachen und das Rennen von vorne beginnen. Ich wollte von der Straße verschluckt werden. Ich hätte nie und nimmer in einer Position sein dürfen, in der ich als 39. ins Ziel kam, mit einem Rückstand von offiziell einer Minute und 37 Sekunden auf den Sieger Simon Gerrans. Ich hatte kaum einen Kratzer davongetragen, und eine Erklärung hatte ich auch nicht.

Es kam das Gerücht auf, ein Stift habe auf der Straße gelegen und ich sei darüber gefahren, aber es gab keine Belege dafür, und ich kann mich nicht erinnern, irgendetwas getroffen zu haben. Fans im Internet, die Fotos und Videomaterial analysierten, mutmaßten, dass mein linkes Pedal den Boden berührt und den Unfall verursacht habe, aber ein solches Touchieren hätte ich gespürt, und wir konnten keine Kratzer an meinem Pedal finden.

Die vernünftigste Hypothese war, dass sich an dieser Stelle Ölrückstände auf der Straße befunden hatten, die durch die Feuchtigkeit rutschig geworden waren. Die irrationale Hypothese lautete, dass es Schicksal war. Diese Erklärung war sowohl tröstlich als auch unbefriedigend, aber mir gefiel sie. Es stand »geschrieben«, dass ich 2013 gewinnen und 2014 verlieren würde.

Die Mysterien um meinen Sturz und den Panda waren miteinander verknüpft. Die Wahrscheinlichkeit, dass eines der beiden Dinge passieren würde, war bereits sehr gering. Dass beide Ereignisse an ein und derselben Stelle eintreten würden, war noch unwahrscheinlicher. Da war eindeutig so etwas wie Fügung im Spiel... Wie hatte ich es geschafft, in jenem Jahr zu gewinnen, als ich einen Panda auf den Fersen hatte? Warum kam ich am 27. April 2014 auf so abrupte und demütigende Weise zu Fall?

Sieg und Fall sind untrennbar miteinander verbunden. Sie sind zwei Seiten derselben Medaille.

Es gibt immer einen Moment, in dem man stürzen »muss«. Das stellte ich 2008 bei meiner ersten Teilnahme am Flèche Wallonne fest, der kleinen Schwester von Lüttich-Bastogne-Lüttich. Dieser Eintagesklassiker findet in der gleichen Woche und in der gleichen Region wie La Doyenne statt. Die Feuertaufe bestand darin, dass ich nach 50 Kilometern in einen schweren Sturz verwickelt wurde.

Ich schloss meine Augen. Ich war sicher, dass ich stürzen würde. Das ist eine instinktive Reaktion: Man schließt die Augen, um sie vor einem Stück Plastik oder Metall zu schützen. Oder vielleicht liegt es nur daran, dass der Körper sich weigert, diesen Sekundenbruchteil zu registrieren, in dem er glaubt, dass Schmerz unmittelbar bevorsteht. Das bewahrt einen vor einer einzigen Sekunde des Leidens.

Aber als ich die Augen öffnete, sah ich wie durch ein Wunder, wie sich mein Vorderrad in der Luft drehte. Meine Hände griffen den Lenker und ein Fuß stand auf der Brust eines der unglücklichen Fahrer, die gestürzt waren. Ich war nicht zu Fall gekommen. Ich war der einzige Fahrer in dem Teil des Feldes, in dem ich mich befunden hatte, dem dieses Schicksal erspart geblieben war. Meine Zeit war einfach noch nicht gekommen... Sie kam dann etwa 15 Kilometer später, als sich ein Fahrer vor mir überschlug und ich nicht ausweichen konnte. Meine Hüfte schlug hart auf der Straße auf, ebenso der Zeigefinger meiner linken Hand. Ich dachte, ich hätte mir etwas gebrochen.

Ich hatte Schmerzen. Ich war allein. Das Feld verschwand in der Ferne, die Begleitfahrzeuge dahinter. Ich wollte nicht aufgeben. Ich erreichte die Mur de Huy, eine Steigung, die wir dreimal zu überwinden hatten, einige Minuten hinter ihnen. Sie ist einer der heiligen Orte des Radsports. Eine der Kurven erreicht eine Rekordsteigung von 26 Prozent. Selbst zu Fuß muss man gegen das Gefälle ankämpfen. Fans, die auf einer Wiese unter einer riesigen Leinwand picknickten, feuerten mich an, durchzuhalten. Das Blut lief mir von den Knien auf die Pedale. Ich habe diesen Tag geliebt.

Obwohl ich wohl von mir behaupten kann, einen rationalen Verstand zu haben, entwickelte ich ein fast mystisches Verhältnis zum Fahrrad. Ich akzeptierte, dass unsichtbare Kräfte sich gegen uns, mit uns und um uns herum bewegten. Infolgedessen kam ich oft zu dem Schluss, dass Stürze nicht rein zufällig passieren:

Man wird vielmehr von ihnen angezogen. Man weiß, dass sie passieren werden, aber man tut nicht alles, was man kann, um sie zu vermeiden. Man nimmt sie in Kauf. In bestimmten Situationen hofft man sogar auf sie. Es gibt gute Gründe für dieses unbewusste In-Kauf-Nehmen.* Die Leute sprechen vom »falschen Ort« oder der »falschen Zeit«, aber ich habe etwas noch viel Beunruhigenderes erlebt: wie mein Rad wie von einem Magneten mit unwiderstehlicher Kraft zu einem Sturz hingezogen wird, als wäre es absolut notwendig, dass der Sturz passiert.

Das erste Mal erlebte ich dieses Phänomen bei den Junioren-Weltmeisterschaften 2003 in der kanadischen Stadt Hamilton. Damals hatte ich noch die britische Staatsbürgerschaft und fuhr im Trikot mit dem Union Jack. Bei Erkundungsfahrten auf der Rennstrecke war mir ein besonders gefährlicher Abschnitt aufgefallen: ein breites Stück Straße, das weitgehend gerade bergab führte, aber leicht nach links verlief… Vorsichtshalber setzte ich mich hinter das Feld, um Zeit zum Bremsen zu haben. Der Sturz ereignete sich genau dort, wo ich ihn vermutet hatte, gleich in der ersten Runde. Ich hatte genug Zeit, um zu sehen, wie etwa 30 Fahrer die Kurve falsch einschätzten und in eine Absperrung fuhren, nur um dann festzustellen, dass mein Rad drei oder vier Meter von der beabsichtigten Linie abwich. Anstatt dem Haufen Radfahrer auf der Straße auszuweichen, steuerte es direkt in sie hinein. Ich überstand den Vorfall ohne Verletzungen, war aber schockiert, dass ich ihn nicht hatte vermeiden können.

Manche Stürze sind das Ergebnis von »Bestimmung«. Als Radprofi ist man dem kleinsten Sandkorn ausgeliefert; es kann einen Fahrer erwischen, der sein Rad normalerweise sehr gut beherrscht, aber dann doch genau vor einem stürzt; oder plötzlich taucht da ein Hund, ein Fahrzeug, ein Zuschauer oder irgendwas anderes

---

* Siehe Kapitel 12.

Bewegliches auf der Straße auf… Wir sind nicht immer für das verantwortlich, was uns passiert.

Andere Stürze sind rätselhafter. Lagen sie wirklich an meinem Rad? Ich vermute, dass es eine noch verblüffendere Möglichkeit gibt: dass ein Teil meines Unterbewusstseins tatsächlich entschlossen war, zu stürzen. Dass ich den Sturz brauchte oder sogar wollte. Jeder Radrennfahrer hegt diesen verborgenen Wunsch, von Zeit zu Zeit zu stürzen. Ein Fahrer, der (durch irgendeinen absurden Zufall) nie zu Fall gekommen ist, wäre ein unvollständiger Radsportler.

Verstehen Sie mich nicht falsch, ich hasste Stürze, ich hasste den Schmerz, der mit ihnen einherging, denn es war kein Schmerz, den ich mir ausgesucht hatte, so wie es der Schmerz war, der daraus resultierte, wenn ich im Training an meine Grenzen ging. Ich bin kein Freund von unangebrachtem Masochismus. Dennoch muss ich zugeben, dass mich Stürze mehr aufgebaut als gebrochen haben. Sie lehrten mich etwas über mich selbst, über meinen Beruf, über andere, über die Welt.

Ich bin nicht häufiger gestürzt als die meisten meiner Kollegen, aber ich kann mich an jeden einzelnen meiner Stürze bis ins kleinste Detail erinnern. Ich könnte ein Museum der Stürze eröffnen, vielleicht in einem der Backsteinhäuser an der Côte d'Ans. Ich würde von der Wissenschaft und der Kunst, der Philosophie und der Poesie dieses Mysteriums erzählen. Nichts unterscheidet sich mehr von einem Sturz mit dem Rad als der nächste Sturz mit dem Rad. Jeder Sturz hat seine eigene, profunde Identität. Es gibt so viele Variationen, was das Tempo angeht, den Überraschungseffekt, die Ästhetik, den Charakter – mal lustig, mal tragisch –, und auch das Gefühl, das man dabei hat, fällt sehr unterschiedlich aus – Schuldiger oder Opfer, Held oder Dummkopf? Ich sollte betonen, dass ich, wenn ich von einem Sturz spreche, nicht den Moment meine, in dem man wieder aufsteht, sondern diese kurzen Sekunden, in denen das Chaos sich anbahnt, und dann diese Ewigkeit, in der man sich zwischen seinem Rad und der Straße befindet und durch die Luft segelt.

Meinen ersten Sturz in einem Rennen erlebte ich im August 2002, ein paar Tage nach meinem 16. Geburtstag, bei einer Veranstaltung in der Nähe von Birmingham, wo meine Familie und ich damals lebten. Ich war sehr stolz darauf, in einem neuen Trikot und einer neuen Radhose zu fahren, die ich geschenkt bekommen hatte. Aber nach fünf Kilometern war ich einer von etwa 20 Fahrern, die in einen Sturz verwickelt waren. Mein Vater, der in der gleichen Mannschaft wie ich fuhr, hielt nach mir Ausschau. Das Letzte, was er wollte, war, mich auf der Straße liegen zu sehen. Dann entdeckte er mich und fragte: »Alles in Ordnung?« Ich antwortete: »Ja.« Wir fuhren wieder los und setzten verzweifelt dem Feld nach. Rückblickend wird mir klar, dass dieses »Ja« vielleicht den Rest meiner Karriere bestimmt hat. Hätte ich aufgegeben, hätte ich gezögert, wieder aufs Rad zu steigen, hätte ich Angst gehabt, wieder zu stürzen, dann wäre ich nie Radrennfahrer geworden. Ich sollte außerdem hinzufügen, dass ich nach diesem Vorfall nie wieder ein neues Trikot bei einem Rennen tragen wollte.

Mein allererster Sturz lag allerdings schon vier Jahre zurück. Ich hatte zu Weihnachten ein wunderschönes Rennrad bekommen. Es war feuerrot und würde künftig auf vielen epischen Fahrten mein Begleiter sein. Es hatte Klickpedale von Look und eine Campagnolo-Gruppe. Der Weihnachtsmann hatte ein wenig geschummelt: Er hatte einen Stahlrahmen meines Großvaters wiederverwendet, ihn neu emailliert und dann das Pinarello-Logo mit der Akribie eines Kunstfälschers von Hand aufgetragen. Am zweiten Weihnachtsfeiertag wollte ich es ausprobieren. Ich ging hinunter zum Eingangstor. Ich stieg auf den Sattel. Klick – erstes Pedal eingerastet. Klick – zweites Pedal eingerastet. Krach! Ich stürzte, ohne mich auch nur einen Meter bewegt zu haben. Mein Vater hob mich auf. Er fragte mich: »Bist du sicher, dass du das machen willst?«

»Nein, nein, nein. Heute nicht«, antwortete ich.

Dann gab mir mein Vater einen wichtigen Rat: »Okay. Das ist es, worum es beim Radsport geht: Du musst bereit sein. Wir stellen das Rad in die Garage; es wird auf dich warten.«

Kapitel 3

Es gibt keine kleinen Anstiege (Die Angst, dass die Erde flach ist)

Meine erste Tour-de-France-Etappe war zermürbend, überwältigend, transzendent. Sie war 78 Kilometer lang und führte über zwei Pyrenäenpässe und dann die gleiche Strecke in umgekehrter Richtung zurück. Neun Stunden auf dem Rad. Die Sonne raubte mir den Atem, aber sie verbrannte mich nicht. Meine Haut blieb gespenstisch weiß. Ich war hungrig und durstig und ich zitterte. Wie durch ein Wunder schaffte ich es, meine Beine weiter kurbeln zu lassen. Ich hätte nicht glücklicher sein können, in diesem Sommer meines 17. Geburtstags.

2003 war ich noch Brite, und die Landesmeisterschaften fanden in Schottland statt. Die Strecke war auf Sprinter zugeschnitten und sagte mir nicht zu. Also machten wir Urlaub im Südwesten von Frankreich, in Luz-Saint-Sauveur, nicht weit vom Wallfahrtsort Lourdes entfernt. Für meine Eltern, meinen Bruder Tom und mich war es eine lange Fahrt von Birmingham aus. Wir mieteten ein Zelt auf dem Camping International, mit einem Pool und einer bedrohlichen Präsenz über uns. Wir brauchten nur nach oben zu schauen: Da war »er«. Er wusste, dass wir früher oder später nicht widerstehen konnten, seine Flanke zu erklimmen, aus Gier, aus Stolz, aus Leichtsinn. Der Col du Tourmalet war der Herr des Tals. Aber würde er ein sanfter Riese oder ein gemeines Monster sein?

Ich glaubte, ihn flüstern hören zu können: »Ich warte auf dich.« Am 20. Juli 2003 kam die Tour de France in Loudenvielle an, einem kleinen Dorf zwischen dem Port de Balès und dem Col d'Azet. Um die Zielankunft zu verfolgen, plante ich mit meinem Vater meine eigene Tour-Etappe, beginnend mit dem Tourmalet.

Ich hatte in einem Buch über den Pass gelesen, dass sein Name im örtlichen Dialekt »böser kleiner Umweg« bedeutet, weil die Bewohner des Tals Angst vor seinen Schluchten, seinen Stürmen, seinen Blizzards und sogar vor seinen Bären hatten. Im Jahr 1910, als die Tour de France zum ersten Mal über diesen Berg führte, rief einer der Teilnehmer, Octave Lapize, den Organisatoren des Rennens zu: »Ihr seid Mörder!«, als er an ihnen vorbeifuhr. Mit diesem Gedanken im Hinterkopf nahm ich diesen Giganten unter den Gebirgspässen mit viel Respekt und Demut in Angriff, in lockerem Tempo hinauffahrend. Auf dem Gipfel verriet mir ein Schild, dass ich eine Höhe von 2.115 Metern erreicht hatte. Ich war fast überrascht: War das schon alles? Die Anstrengung schien mir nicht viel abverlangt zu haben. Aber auch wenn ich es nicht ahnte, hatte der Pyrenäenriese den Grundstein für das Leiden gelegt, das mich auf dem Rückweg zerstören würde, als ich mir, mit Müdigkeit und Schmerzen ringend, seiner Auswirkungen nur allzu bewusst wurde. Das ist das Markenzeichen des Tourmalet.

Der folgende Pass, der Col d'Aspin, ist ein allmählicher Anstieg, der mich nicht so sehr forderte, auch wenn er alles andere als ein Kinderspiel war. Der größte Widersacher war die Hitze. Der Sommer 2003 war einer von der Sorte, den die Franzosen *canicule* nennen, das Land ächzte unter einer nicht enden wollenden Hitzewelle. Ich suchte auf Friedhöfen hinter Bergkirchen nach Brunnen, an denen ich meine Trinkflasche auffüllen konnte. Dann fuhren wir das Tal hinauf zum Fuß des Col de Peyresourde, wo wir ein paar Kilometer vor dem Ziel in Loudenvielle auf die Fahrer auf der Abfahrt warten würden. Zunächst sah ich eine kleine Ausreißergruppe, zu der Gilberto Simoni gehörte, der die Etappe gewinnen würde, und dann den Gegenangriff einiger Verfolger um Alexander Winokurow, der Lance Armstrong und Jan Ullrich distanziert hatte. Was mir jedoch besonders auffiel, war das Rauschen der Luft, als die Favoriten nur wenige Meter von mir entfernt vorbeizischten. Über das, was sich auf der Straße abspielte, las ich am nächsten Morgen auf dem Campingplatz in der Zeitung, aber das Renngeschehen war für mich nur von untergeordnetem Interesse. Die Tour de France war nur ein Vorwand. Ich war wegen der Pyrenäen hierhergekommen. Um die Pässe aus der Nähe zu sehen und um mich selbst zu entdecken. Tatsächlich ging es mir nach dem Ende der Etappe in erster Linie darum, vor Einbruch der Dunkelheit wieder auf dem Campingplatz zu sein.

Auf dem Rückweg suchte ich weiter nach Wasser, wo ich nur konnte. Die Temperaturen gingen auch gegen Ende des Nachmittags kaum zurück. Dann kam wieder der Tourmalet, der mir ins Ohr flüsterte: »Verstehst du jetzt? Das ist es, worum es beim Radsport geht…« Als wir den schwersten Teil des Anstiegs an der Skistation La Mongie erreichten, wurden wir von der Gendarmerie angehalten. Die Tour de France würde am nächsten Tag hier vorbeiführen, und sie hatten Order, die Straße für jedes Fahrzeug zu sperren, egal ob Auto, Wohnmobil oder Fahrrad… Ich weiß noch, dass sie sagten: »Sie müssen umkehren.« Das würde heißen, wieder hinunter und um den Pass herum durch die Täler zu fahren, was auf 65 zusätzliche Kilometer hinauslaufen würde. Es wurde dunkel. Es war unmöglich, noch drei Stunden lang in die Pedale zu treten. Mein Vater versuchte zu verhandeln. Er erklärte, dass wir auf der anderen Seite des Berges wohnten, am Fuße der Abfahrt. Aber die Gendarmen wollten davon nichts hören. Mein Vater blieb beharrlich. Ich sah, wie es am Gipfel immer dunkler wurde, und spürte, wie der Abendwind rund um den Berg auffrischte. Schließlich durften wir weiterfahren. Es waren noch einmal fünf Kilometer bergauf bis zur Passhöhe, dann eine lange Abfahrt. Ich war kurz davor, auf dem Rad einzuschlafen, als wir den Campingplatz erreichten. Ich belebte mich wieder, indem ich kopfüber in den Swimmingpool sprang. Zischhhhhhh… Ich löste mich im Wasser auf wie eine Aspirin-Tablette. Ich weiß bis heute nicht, ob meine Mutter besorgt oder stolz war.

Tamworth-Pass (Höhe: 65 Meter)

Ich hatte immer das Bedürfnis verspürt, mich von den Bergen motivieren zu lassen und Energie aus ihnen zu beziehen. Aber in Birmingham war ich sehr weit weg von allen richtigen Bergen… Ich kam am 20. August 1986 dort zur Welt, in einer Stadt, deren industrielles Erbe zum Teil dem innovativen Geist von James Watt, dem Erfinder der Dampfmaschine, zu verdanken ist, einem Mann, dessen Name unter Radfahrern Heiligenstatus genießt als unsere Maßeinheit, die Einheit, in der jede unserer Anstrengungen aufgezeichnet und analysiert wird. Birmingham hat keine Bergpässe, und Tamworth, die 75.000 Einwohner zählende Satellitenstadt, in der wir in einer Wohnsiedlung lebten, auch nicht. Aber ich hatte Glück. Unser Haus stand direkt neben einem leeren Stück Land mit einem kleinen, grasbewachsenen Buckel darauf.

Mein erster Tourmalet war einen Meter hoch. Der Gipfel war über eine 50 Meter lange »Straße« zu erreichen. Die durchschnittliche Steigung betrug fast vier Prozent. Ich war fünf Jahre alt. Das Schwierigste war, mit so kleinen Rädern bergauf zu sprinten und zu verhindern, dass mein Rad bergab wegrutschte. Meine Mutter und meine Großmutter Joy waren mein Fanclub. Mein Vater wartete auf der Passhöhe mit einer Flasche Wasser. Mein Großvater Vic, ein ehemaliger Grasbahnfahrer, war ebenfalls dabei und stoppte meine Zeiten. An schönen englischen Sommertagen zeichnete sich eine Bräunungskante direkt über meinen Socken ab.

Mein Bruder und ich bauten eine weitere Strecke, einen Kopfsteinpflasterabschnitt, der Paris–Roubaix würdig gewesen wäre, obwohl er nur zwei Meter lang war. Die Ziegelsteine, die wir dafür im Garten verlegt hatten, brachten unsere Räder zum Vibrieren. Auch hier wollte ich unbedingt, dass jemand meine Zeit stoppte, damit ich sah, wie lange ich für die Strecke brauchte. Dann ging es weiter auf unsere Bergstrecke, wo sich die imaginäre Ziellinie am Fuße unseres kleinen Hügels befand. In meiner Fantasie waren meine Konkurrenten zahlreich und furchteinflößend.

Ich sah mir im Fernsehen ebenso viele Radrennen wie Zeichentrickfilme an. Ich mochte die Sprints und auch die Kopfsteinpflaster-Klassiker. Als grandios und aufregend empfand ich aber vor allem die Bergetappen, auf denen man den Fahrern zusah, wie sie sich auf den Serpentinen hin und her schlängelten und sich mit wackelnden Köpfen mit Bergen duellierten, die viel, viel größer und mächtiger waren als sie selbst. Ich war vom Radsport durchdrungen. Er war und ist immer noch mein natürliches Element. Aber ich hatte keine Poster von Radrennfahrern in meinem Zimmer hängen. Ich habe keine Bilder aus den Zeitschriften ausgeschnitten, die immer auf dem Wohnzimmertisch lagen. Als Kind und als Jugendlicher hatte ich nie einen Helden im Peloton. Außer meinem Vater.

Ich war fast seit meiner Geburt der glühendste Fan meines Vaters. Ich erlebte mein erstes Rennen vom Straßenrand aus, als ich gerade mal einen Monat alt war. Meine Mutter stellte den Kinderwagen im Schatten eines Baumes ab, idealerweise auf dem Gipfel eines Hügels. Sie achtete darauf, nicht versehentlich meinem Vater eine Milchflasche und mir eine Dose Energydrink zu reichen. So wurde ich Zeuge des Endes von Neil Martins Karriere. Er hatte Großbritannien stolz bei zwei Olympischen Spielen vertreten, 1980 in Moskau und 1984 in Los Angeles, und 1984 die nationale Straßenmeisterschaft gewonnen. Alle sagten, er hätte das Potenzial gehabt, sich bei einem der großen Rennställe durchzusetzen, aber er musste sich mit zweitklassigen Teams in den Niederlanden und Luxemburg zufriedengeben. Mein Vater hatte in dieser Hinsicht kein Glück.

Er zog sich Ende 1988, als ich zwei Jahre alt wurde, offiziell aus dem Radsport zurück. Sein in Großbritannien ansässiges Profiteam stand kurz vor dem Aus. Er hatte ein Angebot, in der aufkommenden Disziplin des Mountainbikings, die aus den USA nach England importiert wurde, Rennen zu fahren, aber aus dem Projekt wurde nichts. Mit 28 Jahren gab er den Radsport auf, um, wie er sagt, »seine Familie zu ernähren«. Er kehrte zu seinem Beruf als Drucker zurück, den er in seiner Jugend ausgeübt hatte. Folglich sind meine ersten Erinnerungen an ihn auf einem Fahrrad nicht auf einer Rennmaschine, sondern auf seinem »Arbeitsrad«, komplett ausgestattet mit Schutzblechen und Lampen. Er stand jeden Morgen um sechs Uhr auf, um zur Arbeit zu fahren. Er fuhr zwischen 60 und 80 Kilometer am Tag. Seine Leidenschaft für den Rennsport hatte ihn nicht verlassen; an den Wochenenden und in den Ferien heftete er sich weiterhin eine Startnummer an und nahm an Amateurrennen teil. 1994 kam er bei der Belgien-Rundfahrt noch einmal für die Nationalmannschaft zum Einsatz. Danach beendete er seine Amateurkarriere. Ihm fehlte die Zeit, um sich auf all die schönen Rennen vorzubereiten, die er liebte. Aber 2000, als ich mit dem Radsport begann, fing er wieder an, und ich fuhr an seiner Seite. Er war mein Vorbild. Mein Vater lehrte mich alles über harte Arbeit, Ehrlichkeit und Mut.

Alpe d'Huez (Höhe: 1.850 Meter)

Ich fuhr los, ohne mich aufzuwärmen. Alpe d'Huez ist von Anfang an steil, eine harte Prüfung, ein Anstieg, den man ernst nehmen muss, wenn man sich ihn langsam und unerbittlich hinaufschleppt. Die Straße bergauf ist 14,4 Kilometer lang und hat eine durchschnittliche Steigung von 7,9 Prozent. In den Kurven, in denen das Gefälle jeweils deutlich abflacht, konnte ich mein Tempo erhöhen. Es gibt 21 von ihnen, und in jeder redete ich mir ein, dass ich immer schneller wurde und wie eine Flipperkugel von einer Spitzkehre zur nächsten sprang. Kurve 10: Ich passierte das, was ein paar Jahre später zur »Kurve der Iren« werden würde, mit grün gestrichenem Asphalt und Bordstein, flatternden Fahnen und einer Atmosphäre, die lautstark war, wenn auch nicht ganz so ausgelassen wie drei Kurven weiter oben. Kurve 7: Ich fuhr durch die »Kurve der Holländer«, wo alles orange ist, wenn die Tour de France auf dem Weg hinauf zur Skistation hier vorbeikommt, ein berüchtigter Treffpunkt, an dem übermütige, nach Bier riechende Horden bis auf einen schmalen Korridor die komplette Straße ausfüllen. Oberhalb davon wurden die Zahlen an den Kurven stetig kleiner, bis ich den Ort Alpe d'Huez und das Ziel des Anstiegs auf der Avenue du Rif Nel erreichte, das von einem Kamm hoher Gipfel überragt wird.

Es war der Sommer 2000. Mein Vater hatte mir im Winter die frohe Kunde überbracht: »Dieses Jahr machen wir Campingurlaub in Alpe d'Huez. Du kannst dort hinauffahren, wenn du willst.« Er hatte von seinem Arbeitgeber, der Firma Motul, ein paar Tage frei bekommen. Auch meine Mutter hatte sich ein paar Tage von ihrem Job in einem Einkaufszentrum frei nehmen können. Natürlich »wollte« ich es probieren, aber ich hatte mein Rad bis dahin noch nicht wirklich viel benutzt. Mein Vater stellte eine Bedingung: Ich würde mich darauf vorbereiten müssen. Wir unternahmen etwa zehn Trainingsfahrten auf den flachen Strecken rund um Tamworth. Die elfte Fahrt ging dann hinauf nach Alpe d'Huez.

Genau wie 2003, an jenem verrückten Tag auf dem Tourmalet, begleitete mich mein Vater, der mal neben mir, mal hinter mir fuhr und mich meinen eigenen Rhythmus finden ließ. Ich war fest entschlossen, alles zu geben. Ich wollte eine respektable Zeit erreichen. Für den Anstieg brauchte ich eine Stunde und acht Minuten, doppelt so lange wie die Profis. »Für dreizehneinhalb Jahre ist das super«, sagte mein Vater aufmunternd. Er kaufte einem der Fotografen, die ihren Lebensunterhalt damit bestritten, Radfahrer auf dem Weg nach oben zu knipsen, eine Aufnahme ab. »Hier ist ein Geschenk für dich!«, sagte er. Auf dem Foto sehen meine Beine und Arme sehr lang aus. Ich habe die Ärmel meines Trikots hochgekrempelt, um meine Bräune auf dem Rad noch besser zur Geltung zu bringen. Meine Hände liegen oben auf dem Lenker, um die Spannung in meinen Armen zu lösen. Mein Blick ist starr geradeaus statt nach oben gerichtet. Meine Miene zeugt von äußerster Konzentration. Nichts deutet auf die Euphorie hin, die sich in meinem Inneren aufbaut. Ich war auf die nächste Kurve konzentriert und genoss die Zeit, die mir bis zum Gipfel blieb. Mir war, als würde ich die Musik aus einem James-Bond-Film hören, die mich anspornte, schneller zu fahren, um meinen Verfolgern zu entkommen. So wie 007 mein Leinwandheld war, waren die Berge zu meinem Lieblingsschauplatz für Actionfilme geworden.

Mallory Park (Höhe: 121 Meter)

Meine erste Attacke an einem Anstieg in einem Rennen fand auf der Motorsport-Rennstrecke Mallory Park zwischen Hinckley und Leicester in der Nähe von Birmingham statt. Ich war stolz darauf, dass ich meine ersten Schritte als Rennfahrer auf einer Rennstrecke machte, die eine Institution im Motorsport war. Mallory Park war während des Zweiten Weltkriegs erbaut worden und wurde zunächst für Pferderennen genutzt, bevor das Gelände zu einer Rennstrecke für brandneue Lotus-Boliden und andere Rennwagen wurde. Mehr als 20.000 Zuschauer füllten früher die Tribünen. In den 1990er-Jahren wurden die Rundenrekorde gebrochen: 204,58 km/h in einem Formel-1-Auto und 157,49 km/h auf einem Motorrad auf der 2,173 Kilometer langen Runde. Um diese Zeit herum entdeckte ich die Rennstrecke für mich. Ich schaute mir die Britischen Superbike-Meisterschaften an und kehrte auf meinem Rad zurück, aber mit der Einstellung eines Motorsportpiloten.

Ich baute darauf, dass sich der »Anstieg« im Mallory Park, eine 200 Meter lange Rampe mit einer durchschnittlichen Steigung von etwa vier Prozent, für viele im Feld als überraschender Scharfrichter entpuppen würde, der die Spreu vom Weizen trennte. Als ich das erste Mal auf dieser Strecke fuhr, mit 14 Jahren, gab es keine einzige Attacke. Wir fuhren einfach darüber hinweg, in hohem Tempo, zwei Reihen von Fahrern, die kreiselten; die einen arbeiteten sich nach vorne, um die Führung vorne im Wind zu übernehmen, die anderen ließen sich ans Ende zurückfallen, um sich hinten wieder anzuschließen, als ob wir in einer Ausreißergruppe wären. Aber wir waren keine Ausreißergruppe. Wir waren das Peloton. Offensichtlich ging es meinen Konkurrenten, die es gewohnt waren, so zu fahren, darum, im Flachen Geschwindigkeitsrekorde aufzustellen und dann um den Sieg zu sprinten.

Anfangs hielt ich mich im hinteren Teil des Feldes auf und fuhr nach bewährtem Muster. Niemand kannte mich. Bis vier Runden vor Schluss verhielt ich mich unauffällig. Dann, als wir den Anstieg erreichten, beschleunigte ich mit aller Kraft. Ich konnte mich absetzen, wurde aber bald von der »Ausreißergruppe« eingeholt. In der nächsten Runde das gleiche Szenario, was einige Fahrer veranlasste, mich zum ersten Mal anzusprechen: »Warum attackierst du? Wir müssen zusammen fahren.« Mussten wir das wirklich? Ich erholte mich zwei Kilometer lang. Dann kam die letzte Runde: Am Anstieg griff ich erneut an. Ich wurde auf der Zielgeraden abgefangen und belegte dann im Sprint den zweiten Platz.

Zwei Jahre später, an meinem 16. Geburtstag im Sommer 2002, stieg ich zu den Junioren auf und begann, den Radrennsport ernster zu nehmen. Ich gewann mehrere Male im Mallory Park, wobei ich mal meine Fähigkeiten als »Kletterer« und mal als Finisseur einsetzte. Eines Tages, als mein Vater an meiner Seite fuhr, sagte ich zu ihm: »Ich möchte den Massensprint fahren.« Also setzte er sich in der letzten Runde an die Spitze und fuhr, als ob er bei der Tour de France den Sprint für den Träger des Grünen Trikots anfahren würde. Ich saß an seinem Hinterrad und machte mich bereit. Wir fuhren so schnell den Berg hinauf, dass niemand einen Angriff wagen konnte. Ich trat an. Meine kleinen Beine kurbelten mit aller Kraft, um alles aus der beschränkten Junioren-Übersetzung herauszuholen, die an meinem Rad montiert war. Es gelang mir, in den vorderen Rängen einer Gruppe von etwa 90 Fahrern ins Ziel zu kommen.

Die einzelnen Rennen unterschieden sich in ihrem Ablauf erheblich, aber die Strecke war immer die gleiche, ebenso wie das Ritual, das sie begleitete. Die Rennen fanden dienstags abends um 19 Uhr für die Jugend- und Juniorenkategorien und donnerstags für die Elite statt. Ich eilte von der Schule nach Hause (nachdem ich im Bus so viele Hausaufgaben wie möglich gemacht hatte), aß so schnell es ging meine Bohnen auf Toast, und wir fuhren mit unserem Van zur Rennstrecke. Wir trafen uns an einer Holzhütte, um die laminierten Startnummern abzuholen, die schon seit mehr als zehn Jahren in Gebrauch waren. Nach dem Rennen kehrten wir zur »Renn-Zentrale« zurück, um Tee und Kuchen zu bestellen und uns mit Konkurrenten und Teamkollegen auszutauschen. Das war die Art von Radsport, die mir gefiel und die ich bis zum Ende meiner Karriere beibehalten wollte: ein Sport, bei dem der soziale Aspekt ein wesentlicher Bestandteil war.

Axe Edge (Höhe: 497 Meter)

Einer meiner ersten Momente der Wahrheit im Radsport ereignete sich am Anstieg von Axe Edge. Er war einer von zwei Bergen, die bei der Junior Tour of the Peaks zu meistern waren. Es war eine vergleichsweise einfache Prüfung, die sich über etwa vier Kilometer bei rund vier Prozent Durchschnittssteigung erstreckte. Der Kampf bergauf sollte etwa eine Viertelstunde lang toben, wenn die ehrgeizigen Kletterer die Fesseln des Pelotons abschüttelten. Die Sprinter würden endgültig abgehängt. Das Hauptproblem war der Wind, der einen auf der Stelle treten lassen konnte, denn in diesem Teil des Peak District National Park gibt es keine Bäume, die die Straßen schützen. Meine Kumpel vom CC Giro, einem in Birmingham ansässigen Verein, wo wir alle gut befreundet waren, hatten mir versichert, dass ich mich gut schlagen würde: »Du hast die Statur eines Kletterers«, sagten sie. »Ich habe auch die Mentalität eines Kletterers«, antwortete ich.

Am Axe Edge fühlte ich mich in meinem Element. Ich war allein unterwegs, konnte die von mir gewünschte Kadenz treten und hatte genug Zeit, darüber nachzudenken, welcher Rhythmus mir vorschwebte. Ich hatte mich allein auf die Verfolgung des Ausreißers Tim Wallis gemacht, der eine gute Minute Vorsprung hatte. Leider machte ich in der vorletzten Runde einen Anfängerfehler: Ich setzte mir in den Kopf, ein Energy-Gel zu brauchen, statt einfach zu trinken. Folgerichtig war ich irgendwann dehydriert und wurde auf der Abfahrt von der Verfolgergruppe eingeholt, in der ich Dritter wurde.

Doch meine Soloverfolgung hatte die Aufmerksamkeit eines ganz besonderen Zuschauers auf sich gezogen. Dave Brailsford, der Sportdirektor von British Cycling, der für eine Flut von olympischen Medaillen verantwortlich war, hatte sein Auto am Gipfel von Axe Edge geparkt. Es war das erste Mal, dass ich ihn sah und umgekehrt. Er hatte eine Stoppuhr in der einen Hand, einen Notizblock in der anderen. Jedes Mal, wenn wir vorbeikamen, bewertete er die relative Stärke der Talente, die sich aus der kommenden Generation von Radsportlern herauskristallisierten, schrieb die Zahlen auf, notierte die Namen und feuerte uns an. Meine Attacke hatte zwar nicht das erhoffte Ergebnis gehabt, aber sie führte dazu, dass ich für die Junioren-WM am Ende der Saison 2003 nominiert wurde.

The Tumble (Höhe: 482 Meter)

Zu meinem ersten Duell mit Geraint Thomas kam es bei der Junior Tour of Wales im August 2004, in dem Jahr, in dem wir beide 18 Jahre alt wurden. Im Jahr zuvor war ich Vierter geworden, während er nicht am Start war, weil er an den Bahnweltmeisterschaften in Moskau teilnahm. Er verfügte über eine enorme Ausdauer, und obwohl es schwer vorstellbar war, dass er eines Tages die Tour de France gewinnen könnte, beeindruckte er durch seine Kraft, seine Klasse und seine Beharrlichkeit. Viele Trainer und Journalisten bezeichneten uns als die beiden größten Talente unserer Generation in Großbritannien, aber wir hatten nicht oft die Gelegenheit, uns miteinander zu messen.

Geraint kam aus Cardiff. Bei der Junior Tour of Wales fuhr er quasi in seinem Hinterhof und konnte auf die Unterstützung von zwei regionalen Teams zählen, insgesamt mehr als zehn Fahrer. Ich war in einer Ein-Mann-Mannschaft unterwegs, der einzige Fahrer in den Farben des CC Giro. Am ersten Tag gewann ich das Bergzeitfahren am Tumble, und der walische Gigant würde auch das Finale der Straßenetappe am letzten Tag bilden. Der Anstieg mutete ein wenig wie der Schwanz eines Drachens an, anfangs recht sanft, dann steil, bevor er abflachte, wenn man über seinen »Rücken« in

Richtung Gipfel fuhr. Das Zeitfahren verlief zwischen der Stadt Brynmawr und The Keeper's Pond, so genannt, weil sich die Hütte des örtlichen Wildhüters in der Nähe befand. Bei der zehn Kilometer langen Prüfung schlug ich Geraint um 44 Sekunden.

Drei Etappen später kam es erneut zum direkten Duell auf einer Etappe, die durch das ehemalige Kohleabbaugebiet von Bryn Bach führte. Die alten Schächte waren von einem See überspült worden, und das Industriegelände hatte sich in eine herrliche Parklandschaft mit schönen Bäumen verwandelt, in der die Luft nun rein war. Aufgrund eines seltsamen Phänomens kamen jedoch an regnerischen Tagen Kohlepartikel wieder an die Oberfläche. Der Rundkurs, auf dem wir fuhren, bestand aus zwei steilen Anstiegen und zwei technisch anspruchsvollen Abfahrten, und es war nass. Während der Kampf zwischen uns tobte, wurden wir immer schwärzer, der Ruß überzog zuerst unsere Beine, dann unsere Kleidung und schließlich unsere Gesichter. Wir sahen aus wie zwei Bergleute. Geraint griff unerbittlich an. Ich konterte jeden Angriff, den er startete. Schließlich sagte er zu mir: »Du hast das Gelbe Trikot, lass mich die Etappe gewinnen.« Wir einigten uns, obwohl er das gar nicht nötig gehabt hätte, denn er war im Sprint stärker als ich. Im Ziel hatten wir fast eine Runde Vorsprung auf das Feld.

Unser letztes Duell fand auf dem Tumble statt. Ich war überzeugt, dass ich der bessere Kletterer war, aber ich musste mich vor Geraint in Acht nehmen, der sehr motiviert war und unbedingt gewinnen wollte. Der große Hügel, der sich vor uns aufbaute, hatte auf drei, vier oder fünf Kilometern eine durchschnittliche Steigung von acht bis neun Prozent – man ist sich nicht ganz einig, wo er eigentlich beginnt. Als wir auf der Straße von Abergavenny aus auf den Berg zusteuerten, fuhren wir zunächst durch einen Tunnel aus Bäumen. Dann, als wir aus dem Wald auftauchten, erstreckte sich vor uns das Moorland, das Reich von Wind und Heidekraut. Zwei Kilometer vor dem Gipfel erkannte ich, dass sich direkt vor uns ein Viehgitter befand, was bei der feuchten Witterung tückisch sein konnte. In der Anfahrt setzte ich mich an die Spitze und sobald ich das Hindernis überquert hatte, griff ich an. Wohl wissend, dass meine Konkurrenten noch über die rutschige Barriere ruckelten, nutzte ich die Überraschung zu meinem Vorteil. An dieser Stelle wird die Straße rauer und steiler, und ich gab alles, was ich hatte.

Ich erreiche den Gipfel und das Schild am Straßenrand, das das Ende der Anstrengung verkündet und gleichzeitig das Tor zur Erinnerung an unvergessliche Taten ist. Der Name des Berges steht dort auf Englisch und Walisisch geschrieben: »The Tumble« und »Y Tymbl«. Ich hatte die Junior Tour of Wales gewonnen, eine Minute und 14 Sekunden vor Geraint Thomas und zwei Minuten vor dem Iren Martin Monroe, der diese Königsetappe aus einer Ausreißergruppe heraus gewann, die sich im Tal abgesetzt hatte. Der Niederländer Steven Kruijswijk verpasste das Podium mit zwei Minuten und einer Sekunde Rückstand nur knapp. Ein paar Jahre später trug er das Rosa Trikot des Gesamtführenden beim Giro d'Italia und stand bei der Tour de France auf dem Podium in Paris.

In jenen schönen frühen Jahren waren die Berge bereits in meinem Blickfeld. Nicht als ein Traum, sondern als Ziel. Nicht als Verpflichtung, sondern als Belohnung. Das Erklimmen von Hügeln und Pässen rechtfertigte mein Engagement auf der Straße. Im Gegensatz zu vielen britischen Fahrern meines Alters weigerte ich mich, auf der Bahn zu starten. Ich habe es nur einmal versucht. Das war lange vor meiner Zeit als Junior, noch bevor ich Alpe d'Huez erklomm. Ich war elf Jahre alt, als ich an einem Schnuppertag im Velodrom von Manchester, zwei Autostunden von meinem Zuhause entfernt, teilnahm. Ich meldete mich für den Keirin-Wettbewerb an, ein Sprintrennen in einem Mini-Peloton, das sehr taktisch und schnell ist, weil man sich hinter ein Motorrad setzt, um vor dem eigentlichen Rennen Geschwindigkeit aufzunehmen. Es fing nicht gut an, denn ich hatte Schwierigkeiten, mein Vorderrad direkt hinter dem Hinterrad des Motorrads zu platzieren. Ich verstand nichts von der kleinen Welt des Bahnradsports, ihren Regeln und Gesetzen, die bis in die Bereiche von Physik und Schwerkraft reichten. Warum bestanden die Fahrer darauf, keine Bremsen zu benutzen? Einen starren Gang zu verwenden, war ja noch in Ordnung. Ich hatte mich schnell mit dem Gedanken abgefunden, dass ich stürzen würde, wenn ich aufhörte zu treten. Aber warum fuhr man Rennen ohne Bremsen? Und kraft welchen Wunders gelang es den Fahrern, in 42 Grad steilen Kurven das Gleichgewicht zu halten? Die einzigen Steigungen, die ich zähmen wollte, waren die Passstraßen in den Bergen.

Kapitel 4

Twiggy schließt sich der Armada an (Die Angst, ein Trackie zu werden)

Damals war Großbritannien eine unbedeutende Nation in der Radsportwelt.* Das britische Juniorenteam, das sich aus 17- bis 18-Jährigen zusammensetzte, war streng genommen nicht unbedingt ein »Dream Team«, aber es war eines, in dem alle an einem Strang zogen und Spaß hatten. Zwischen 2003 und 2004 gehörten dazu Mark Cavendish, von allen nur »Cav« genannt, der von der Isle of Man stammte, der Waliser Geraint Thomas, der damals eher als »Gerald« denn als »G« bekannt war, Ben Swift, alias »Swifty«, der aus Rotherham in South Yorkshire stammte, und Ian Stannard, genannt »Yogi«. Sie alle waren eher für ihre Leistungen auf der Bahn als auf der Straße bekannt. Sie alle waren außerdem zukünftige Mitglieder des Team Sky. Und dann war da noch ich. »Wir werden dich Twiggy nennen«, teilte mir ein anderer Fahrer aus dem Team mit, der in Liverpool geborene Matt Brammeier, der später die irische Staatsangehörigkeit annahm. Man konnte mit

* Die Tour de France wählte London als Austragungsort für ihren Grand Départ im Jahr 2007. 2008 begann Mark Cavendish seine Erfolgsserie im Sprint, zwei Jahre später erschien das Team Sky im Peloton und nochmals zwei Jahre später wurde Bradley Wiggins der erste britische Tour-Sieger. Auch auf der Bahn setzte die britische Erfolgswelle erst 2008 ein, als britische Radsportler bei den Olympischen Spielen in Peking 14 Medaillen gewannen.

Fug und Recht behaupten, dass meine Beine dreimal so dünn waren wie die der anderen.

Die britische Mannschaft war bisweilen unschlagbar, so auch bei der Junior Tour of Ireland 2004. Ian Stannard gewann die Gesamtwertung vor dem Niederländer Robert Gesink, während ich auf der vierten Etappe triumphierte, nachdem ich am letzten Anstieg attackiert hatte. Zehn Kilometer vor dem Ziel setzte ich mich ab und hatte sechs Sekunden Vorsprung, als ich jubelnd den rechten Arm hob. Als die Siegerehrung begann, hatten Ian und ich schon lange darauf gewartet, auf das Podium gerufen zu werden – sehr lange. Alle wollten zurück ins Hotel. »Sorry, Jungs, wir warten noch auf jemand, damit wir mit der Preisverleihung anfangen können.« Aber wer war denn dieser jemand? Wir hatten keine Ahnung. Und dann kam er, mit dem lässigen Gang eines Dorfbewohners, der auf dem Weg zum örtlichen Tante-Emma-Laden ist, um ein Brot zu kaufen, gekleidet in einen marineblauen Wollpullover und in eine Hose, die mit Erde aus seinem Garten verschmutzt war. »Meine Damen und Herren, es ist uns eine Freude und Ehre, Sean Kelly willkommen zu heißen!« Der berühmteste Sohn von Carrick-on-Suir, eine lebende Radsportlegende, Rivale und Alter Ego meines Onkels Stephen Roche während der Blütezeit des irischen Radsports in den 1980er-Jahren, war der Schirmherr der Veranstaltung. Lakonisch wie immer sagte er nur: »Gutes Rennen!« Auf dem Erinnerungsfoto steht er rechts neben mir und hält einen Strauß Sonnenblumen in der Hand.

Mein Debüt in der Nationalmannschaft hatte ich ein Jahr zuvor gegeben, bei der Tour de Lorraine Juniors 2003. Offiziell traten wir unter dem Namen Team South West an. Zum Kader gehörten Brammeier, Cavendish und zwei weitere Bahnfahrer, Bruce Edgar und Ed Perry. Dieses Rennen ist aus meiner Erfolgsliste in den Annalen des Sports verschwunden, weil mich ein Rennkommissär mit Anthony Martin, einem französischen Fahrer jener Zeit, verwechselte. Auf den vier Straßenetappen kam ich dreimal im Hauptfeld ins Ziel. Wir hatten keine Chance gegen die Stars unserer Altersklasse, die slowakischen Zwillinge Peter und Martin Velits (Ersterer gewann die Gesamtwertung), den Luxemburger Andy Schleck (bester Kletterer) und den Niederländer Kai Reus (Sieger im Zeitfahren).

Wir, die Kerngruppe des künftigen Team Sky bzw. Team Ineos, hatten kaum Geld, wenn wir zu den Rennen reisten. Wir waren gezwungen zu sparen, wo wir nur konnten. Um zum Start der Tour de Lorraine zu gelangen, nahmen wir von Portsmouth aus die Fähre nach Le Havre in der Normandie. Auf der nächtlichen Überfahrt schliefen wir in Etagenbetten in einer beengten Kabine ohne Bullauge. In Frankreich angekommen, fuhren wir weiter nach Nancy, also fast einmal quer durch das ganze Land, mieden aber wegen der Maut die Autobahn. Das bedeutete, dass wir statt sechs mehr als neun Stunden unterwegs waren, denn auf den engen, kurvenreichen Straßen kamen wir nur langsam voran. Aber wir hielten in einem malerischen Dorf an, um uns in einer Boulangerie ein Sandwich zu kaufen, und es schmeckte magisch. So war es auf all unseren Fahrten. Wir waren glücklich. Wir hatten das Gefühl, das harte und sogar schöne Leben eines echten Radrennfahrers zu genießen. Eine unserer Lieblingsveranstaltungen war der Sint-Martinusprijs Kontich, ausgetragen in einem Vorort von Antwerpen in Belgien: ungenießbare Pasta (wie kann man Spaghetti so verhunzen?), Abendessen in einer Turnhalle (um 23 Uhr nach einem Zeitfahren im Halbdunkel), eine Nacht in einem Kloster (in einer Zelle ohne Fernseher, aber mit vergitterten Fenstern). Aber hätten wir in Fünf-Sterne-Hotels übernachtet, hätten wir uns später sicher an nichts mehr davon erinnern können.

Als ich am Ende der Saison 2003 für meine erste Straßen-WM nominiert wurde, dachte ich, ich sei für alle Eventualitäten gewappnet. Wir machten uns auf den Weg nach Hamilton in

Kanada, wo sich die Wälder in wunderschöne Herbstfarben verwandelten und Nebel die Straßen von Ontario verhüllte. Ich teilte mir ein Zimmer mit Matt Brammeier und Geraint Thomas. Ich schlief auf einem Feldbett. Als mein Rücken anfing zu schmerzen, bat ich um ein richtiges Bett und wurde in ein Zimmer weiter unten auf dem Gang mit Tom Southam verlegt, damals der aufsteigende Stern in der britischen U23-Riege. In der Nacht vor seinem Rennen wurden wir um drei Uhr morgens durch einen Feueralarm geweckt und mussten das Gebäude räumen. Dabei erfuhren wir, dass das Feuer von Mitgliedern einer satanischen Sekte gelegt worden war, die es außer Kontrolle geraten ließen.

Die Junioren des Team GB zeigten bei dieser WM keine Glanzleistungen. Geraint Thomas kam im Feld mit 14 Sekunden Rückstand auf den Sieger Kai Reus ins Ziel, während Matt Brammeier außerhalb des Zeitlimits eintraf und ich aufgeben musste. Das war der Tag, an dem ich das seltsame Phänomen erlebte, dass mein Rad direkt in eine Gruppe gestürzter Fahrern hineinfuhr, während mein Kopf ihm befahl, ihnen auszuweichen. Aber ich gab nicht auf. Fast hundert Kilometer lang fuhr ich allein hinter dem Peloton her. Zunächst pendelte sich der Rückstand bei etwa einer Minute ein. Aber es war nicht zu leugnen, dass ich völlig erledigt war. Denn hundert Kilometer bedeuten, eine Ewigkeit in die Pedale zu treten. In meinem Renntagebuch, in dem ich das Datum, den Namen des Rennens, die Distanz, den Namen des Siegers, meine Position im Ziel und verschiedene Beobachtungen festhielt, notierte ich: »Sturz 1. Runde. 6½ Runden absolviert. Von den Offiziellen aus dem Rennen genommen. Nicht verletzt.«

Wenn wir nicht gerade für die britische Nationalmannschaft fuhren, waren wir erbitterte Rivalen. Ian Stannard war einer derjenigen, die mir ständig die meisten Probleme bereiteten. Das erste Mal, dass sich unsere Wege kreuzten, war bei meinem allerersten Rennen auf der Rennstrecke Birmingham Wheels, als ich etwa elf oder zwölf Jahre alt war. Er gewann, und ich kam mit zwei Runden Rückstand ins Ziel. Ich hatte mich für ein Mountainbike entschieden, fuhr die Abfahrten hinunter, ohne in die Pedale zu treten, und lehnte mich in die Kurven, als würde ich versuchen, mit meinen Knien den Asphalt zu küssen. Mein Problem war, dass ich dachte, ich wäre ein Motorradfahrer. Ich gewann zwar nicht, war aber auch nicht gestürzt. Mehr konnte ich nicht erwarten.

Mark Cavendish habe ich erst in der Saison 2003 kennengelernt. Er stand bereits in dem Ruf, schnell und wendig zu sein, wie die meisten seiner Kollegen, die auf der Bahn fuhren, aber er war weit davon entfernt, der beste Sprinter seiner Generation zu sein. Das dachte ich zumindest, bis ich beim Solihull Road Race gegen ihn antrat, das südöstlich von Birmingham, nicht weit von uns zu Hause, ausgetragen wurde. Das Rennen fand im September statt und war die letzte Veranstaltung der National Series. Ich zog den Sprint sehr früh an, nicht so sehr mit dem Ziel zu gewinnen, sondern um Punkte für die Rennserie zu sammeln. 500 Meter vor dem Ziel beschleunigte ich, aber was ich nicht wusste, war, dass Mr. Cavendish an meinem Hinterrad klebte. So hatte er einen brauchbaren Anfahrer für sich gefunden, bevor er an mir vorbeizog und gewann. Da dachte ich: »Aha, der Kerl ist tatsächlich ziemlich schnell.« Ich wurde nur Dreizehnter. Cav war außer sich vor Freude. Er stürzte sich auf mich, hielt meinen Kopf in den Händen und umarmte mich mit aller Kraft, so wie er es später bei der Tour de France mit Mark Renshaw oder Michael Mørkøv machte. Die ganze Welt soll wissen: Ich war der erste Anfahrer von Mark Cavendish.

Ich bin diese Rennen im Trikot meiner Freunde vom CC Giro gefahren. Es war rosa, weil der von Bob Grinsell gegründete Club dem Giro d'Italia Tribut zollen wollte. Er hatte etwa hundert Mitglieder aller Alters- und Leistungsklassen, aber mein Vater und ich waren die einzigen, die regelmäßig Rennen bestritten. Die Trainingsfahrten des Clubs fanden mittwochmorgens statt und starteten und endeten in Sutton Coldfield, direkt neben dem Krankenhaus, in dem ich zur Welt kam. Zum Aufwärmen fuhren wir Hopwas Hill hinauf, bekannt für eine Freiland-Schweinefarm und hausgemachte Würste. Dann ging es hinaus in die Landschaft der West Midlands, mit einem obligatorischen Tee- und Kuchenstopp. Im Winter mussten wir uns beeilen, um vor Einbruch der Dunkelheit wieder zu Hause zu sein. Wir hatten drei unumstößliche Regeln: »Niemand wird zurückgelassen«; »wir helfen und ermutigen uns gegenseitig«; »wir fahren als Gruppe«. Am Samstag trainierte ich mit einem weiteren kleinen Peloton aus lokalen Fahrern, darunter Andy Birley, Jonny Towers und einige andere starke Amateure. Die Sprints zwischen uns waren immer sehr eng, bis zum letzten Anstieg auf unserer Trainingsrunde in Mere Green. Ich kannte diese Straße gut, da mein Schulbus hier jeden Tag entlangfuhr.

Ich hatte einige sehr enge familiäre Verbindungen zum CC Giro. Einer der führenden Köpfe, John Perks, Rennfahrer in den 1950er-Jahren und ehemaliger Junioren-Nationaltrainer, war ein Freund meines Großvaters. Als er sein Fahrradgeschäft eröffnete, heuerte John meinen Vater für ein paar Monate als Mechaniker an und stellte ihm zudem für die Saison ein Rad zur Verfügung. Als ich dann mehr als 20 Jahre später mit dem Radrennsport begann, war John so freundlich, der nächsten Generation von Martins unter die Arme zu greifen, und stattete mich großzügig mit einem Rad aus, das ich die ganze Saison über fuhr. Meine Radsportkarriere ist das Ergebnis der Hilfe, die eine kleine Handvoll Menschen wie John Perks geleistet hat. Das habe ich ihnen und nur ihnen zu verdanken. Diese Wohltäter halfen meinen Eltern, die bereits einen Teil ihrer Ersparnisse in Ausrüstung, Benzin und Startgebühren investierten. Als ich 2018 meine zweite Tour-de-France-Etappe gewann, behauptete Lance Armstrong in seinem Podcast, ich gehöre zur Radsport-»Aristokratie«, weil ich mit Stephen Roche verwandt sei. Nun, man darf wohl behaupten, dass Lance mit seinen Urteilen nicht immer ganz richtig lag...

Die Gemeinschaft des CC Giro nahm mich unter ihre Fittiche, sobald ich im September 2002 dem Club für eine Veranstaltung in Frankreich, der Ronde Picarde, beitrat. Ich gewann die 50-Kilometer-Rundfahrt um Abbeville und erhielt eine prachtvolle Trophäe, eine Statuette in Form des Michelin-Männchens. Die Clubmitglieder waren stolz auf mich, denn dies war die Art von Rennen, die genau ihrem Credo entsprach – ein geselliger Ausflug an die Kanalküste, gefolgt von einem guten Essen und einer weiteren Radtour am nächsten Tag. Zwei Jahre später stand die gleiche Gruppe von Freunden am Straßenrand und feuerte mich bei den britischen Juniorenmeisterschaften an. Die Veranstaltung fand eine halbe Stunde von Birmingham entfernt in Henley-in-Arden statt. Ich war übermotiviert ob dieser Herausforderung, aber mein Fanclub half mir dabei, mit dem Stress fertig zu werden.

Das Rennen fand auf einem 16,5 Kilometer langen Rundkurs statt, der siebenmal zu fahren war, insgesamt also 115,5 Kilometer. Angesichts meiner Ergebnisse zu Beginn der Saison gehörte ich zu den Favoriten. Geraint Thomas war nicht dabei, weil er auf der Bahn unterwegs war. Auf der letzten Runde waren wir zu dritt an der Spitze – Ian Stannard, Andrew Hill und ich. Um die besten Chancen auf den Titel zu haben, wollte ich einen Weg finden, allein ins Ziel zu kommen. Da ich vor allem vor Stannard auf der Hut war, wartete ich, bis er seine Ablösung an der Spitze beendet hatte, und als er nach rechts ausscherte, griff ich über die linke Seite an. Ich hatte nicht nur meine beiden Gegner überrumpelt, sondern Ian war auch noch der Weg versperrt, und er konnte nicht direkt an mein Hinterrad springen. Ich kam mit einer Minute und 19 Sekunden Vorsprung ins Ziel und holte mir den Titel. Zwei Tage später trat ich im Trikot des Landesmeisters im Mallory Park an; an diesem Tag holte mein Vater sich den Sieg.

Zu diesem Zeitpunkt erschien es mir bereits unausweichlich, eine Karriere im Radsport zu machen. Von den Lehrern am St. Francis of Assisi College in Walsall nach meinen Zukunftsplänen befragt, fiel es mir schwer, überhaupt an eine andere mögliche Laufbahn zu denken. Während der Saison fuhr ich manchmal internationale Rennen, und oft konnte ich an nichts anderes denken als an den Sport und meine Ziele, dennoch war ich in der Schule sehr fleißig. Während des Schuljahrs beschränkte ich mein wöchentliches Training auf zwei einstündige Einheiten auf dem Indoortrainer und eine vierstündige Fahrt am Samstag. Ich legte Wert darauf, keinen Unterricht zu verpassen und alle Aufgaben zu erledigen, außer 2003, als ich für die Weltmeisterschaften nominiert wurde. Der Schulleiter war fast sprachlos, als ich um eine zehntägige Beurlaubung von der Schule bat: »Was? Um nach Kanada zu fliegen? Fährst du denn auf so hohem Niveau Rad?«

Einige Schulfächer haben mir besonders viel Spaß gemacht, und sie würden sich auch als nützlich für die Karriere erweisen, die ich unbewusst bereits anstrebte. Französisch und Deutsch zum Beispiel waren in den frühen 2000er-Jahren wichtige Sprachen im Radsport. In der Oberstufe mussten wir *L'Étranger* (Der Fremde) von Albert Camus und *La Gloire de Mon Père* (Der Ruhm meines Vaters) von Marcel Pagnol lesen. Das zweite Werk hätte ich fast nicht zu Ende gelesen, da es mich zu Tode langweilte – irgendwie passierte der Familie aus der Provence im frühen 20. Jahrhundert, um die sich die Geschichte drehte, so rein gar nichts –, während mir die absurde Leere von *L'Étranger* große Freude bereitete. Zum Glück war es Camus, der am Tag meiner Französischprüfung dran kam.

In den Ferien machten wir uns auf den Weg nach Irland, der Heimat meiner Mutter. Es war eine Zeit, die dem Radsport und der Familie gewidmet war. Wir fuhren zu einem Rennen und verbrachten anschließend Zeit bei meinen Großeltern in Dublin. Die Junior Tour of Ireland fand im August statt. Im Jahr 2003, ein Jahr vor meinem Erfolg in der Heimatregion von Sean Kelly, hätte ich bereits beinahe eine Etappe gewonnen. Irgendwo zwischen Waterford und Thomastown setzte ich mich alleine ab. Ich spürte einen Anflug von Erleichterung, als ich das Schild »Ziel 5 km« passierte. Ich holte alles aus mir heraus, aber sechs Minuten später konnte ich kein Banner entdecken, das sich vor mir abzeichnete. Ein Motorradfahrer, der für die Sicherheit des Rennens sorgte, fuhr zu mir auf und rief: »Nur noch fünf Kilometer.« Noch mal fünf? Ich fing wieder an, voll reinzutreten, und hielt weitere sechs Minuten durch, bis der Motorradfahrer erneut erschien: »Du hast noch fünf Kilometer, und das war's!« Ich gab noch einmal sechs Minuten Vollgas. Und raten Sie mal, wer dann auftauchte? Natürlich mein freundlicher Motorradfahrer: »Du hast…«

»Ja, schon klar, ich weiß, was du sagen willst!«

Die Streckenmarkierungen mussten von jemandem angebracht worden sein, der sich vorher einen genehmigt hatte. Aus den fünf wurden 30 Kilometer. 150 Meter vor dem Ziel holte mich das Feld ein, und Kai Reus (schon wieder der!) gewann.

An Ostern ging ich bei einem anderen Rennen an den Start, dem Gorey 3 Day, das rund um die gleichnamige Kleinstadt südlich von Dublin stattfand. Ich hatte nur einen Teamkollegen, aber der war ziemlich beeindruckend: mein Vater. Wir traten gegen Teams an, die mit 20 oder mehr Fahrern im Feld vertreten waren. Bei der Ausgabe von 2004 verhalf Martin Senior, 44 Jahre alt, Martin Junior zum Sieg. Auf der letzten Etappe konnte ich auf die Stärke und Erfahrung meines erstklassigen *gregario* bauen. Bei strömendem Regen kontrollierte mein Vater das Feld lange Zeit allein, bei Geschwindigkeiten von mehr als 50 km/h. Man konnte seine große Erfahrung hinter dieser guten Arbeit erkennen. In den 1980er-Jahren gewann er zwei Etappen bei der Tour of Britain, eine Etappe beim Rás in Irland, eine weitere bei der Tour of Wales, den GP Lincoln und die Gesamtwertung des Flèche du Sud, als er für ein luxemburgisches Team fuhr. Doch ich dachte, mein Vater würde einen Anfall kriegen, als er ausscherte und mich irgendwo um Platz 100 herumgondeln sah. »Hey, auf diesem Teil der Strecke gibt es oft Stürze. Fahr sofort wieder nach vorn«, befahl er mir. Das war ohne Zweifel eines der letzten Male, dass er mir Ratschläge erteilte, vor allem aus nächster Nähe und in Echtzeit, denn er war der Meinung, dass ich dadurch, ihm zuzuschauen, bereits viel gelernt hatte. Den Rest musste ich mir selbst beibringen. Ich war überglücklich, das Gorey 3 Day an der Seite meines Vaters zu gewinnen, mit ihm, dank ihm und in gewisser Weise auch für ihn. In mein Renntagebuch schrieb ich damals: »Erster nicht-irischer Sieger seit 40 Jahren«.

Wann immer ich in Irland unterwegs war, nutzte ich die Zeit außerdem, um die andere Hälfte meiner Familie wiederzutreffen. Vor oder nach jedem Rennen verbrachten wir ein paar Tage im Haus meiner Großeltern in Dublin. Larry und Bunny Roche waren beide begeisterte Radfahrer und hatten sich in einem Radtourenclub kennengelernt, in dem sie aktive Mitglieder waren. Sie hatten sechs Kinder, darunter meine Mutter, die Älteste, und zwei Söhne, die Radprofis wurden, Stephen und Laurence. In den irischen Ferien traf ich mich manchmal mit meinen Cousins Nicolas und Christel, Stephens Kindern. Der Radsport war der Lebenssaft unseres Familienstammbaums. Nico, der zwei Jahre älter war als ich, fuhr Rennen in Frankreich, wo er geboren wurde, und in Irland, wo er einige seiner Jugendjahre verbrachte. Im Jahr 2002 gewann er die Junior Tour of Ireland.

Wir sahen uns entweder im Haus unserer Großeltern oder bei den Weltmeisterschaften. Mein Cousin wurde für die irische U23-Mannschaft nominiert, ich in der Juniorenkategorie für Großbritannien. So kreuzten sich unsere Wege 2003 in Kanada und 2004 in Italien. Wir konnten uns zum Training treffen, wir trafen uns im Hotel oder am Flughafen, aber die restliche Zeit konzentrierte sich jeder von uns auf den Wettkampf und die Verfolgung seiner eigenen Ziele. 2004, in Verona, wollte ich das bestmögliche Ergebnis erzielen und die nächste Etappe meiner jungen Karriere in die Wege leiten. Diese Weltmeisterschaften haben viele Dinge in meinem Leben beschleunigt.

Der Tag begann ziemlich stressig. Fast hätte ich den Start verpasst, weil ich meine Schuhe vergessen hatte, was ein ziemlich erstaunliches Versäumnis war. Normalerweise habe ich solche lebenswichtigen Dinge immer auf dem Schirm, wenn ich das Hotel verlasse, weil ich weiß, wie leicht man etwas vergessen kann – der Radsport ist voll von solchen Geschichten. Diesmal aber beschlich mich plötzlich das Gefühl, etwas im Zimmer vergessen zu haben. Aber was? Meine Schuhe! Ich hatte sie in der rechten Hand gehabt, dann die Tür geöffnet, die Schuhe auf das Bett gestellt und darunter nachgesehen, ob sie noch da waren… Da ich sie dort nicht entdeckte, kam ich zu dem Schluss, dass ich sie in meine Tasche gesteckt haben musste, die sich bereits im Wagen des Team GB befand. Ich knallte die Tür zu und ließ die Schuhe auf dem Bett liegen. Ich erkannte meinen Fehler, als wir an der Rennstrecke in Verona ankamen, aber inzwischen hätte es mehr als eine Stunde gedauert, um zurückzufahren und die Schuhe zu holen. Wir riefen jemanden im Hotel an, der sich bereiterklärte, sie uns zu bringen. Fünf Minuten vor Beginn des Rennens stand ich immer noch in meinen Socken an der Startlinie. Zum Glück kamen meine Schuhe in diesem Moment an. Sobald ich auf dem Rad saß, gab ich alles und kam als 65. ins Ziel, mehr als neun Minuten hinter dem Sieger, dem Tschechen Roman Kreuziger.

Meine Eltern kamen mich nach dem Rennen im Hotel besuchen. Ich war ein wenig enttäuscht über meine Leistung, aber auch erleichtert, dass eine hektische und erfolgreiche Ära zu Ende ging. Mein Vater nutzte die Gelegenheit, um ein Treffen mit British Cycling zu arrangieren. Wir wollten wissen, was der Verband mir bieten könnte, wenn ich 2005 in die U23 aufsteigen würde. Wir wurden in einen mit Sporttaschen vollgestopften Raum bestellt, wo wir uns mit Dave Brailsford, dem Mann, der alles entschied, und John Herety, dem *directeur sportif* – dem sportlichen Leiter – der Nationalmannschaft, zusammensetzten. Brailsford ergriff zuerst das Wort: »Dan hat sich stets vorbildlich verhalten. Er ist sehr höflich, er ist stark und er ist vielversprechend.« Das Gespräch fing gut an, aber dann fuhr er fort: »Wie geht es jetzt mit ihm weiter?« Mein Vater, der gekommen war, um genau diese Frage zu stellen, war fassungslos: »Wow… Und was ist mit euch? Was habt ihr ihm zu bieten?«

Wir hatten mehrere denkbare Möglichkeiten in Betracht gezogen. Zu Beginn der Saison hatte der britische Verband eine U23-Akademie ins Leben gerufen, die aus einer kleinen Gruppe von Fahrern bestand, die in Manchester und in der Toskana gemeinsam trainierten und Rennen fuhren. Oder ich könnte mich einem britischen oder ausländischen Club anschließen, mit der Zusicherung, parallel im Trikot der britischen Nationalmannschaft ein internationales Rennprogramm zu absolvieren. British Cycling hätte eine solche Lösung ins Auge fassen können. Tatsächlich bot der Verband ein Jahr später Straßenteams, die britische Bahnfahrer unter Vertrag nahmen, finanzielle Anreize. Infolgedessen unterschrieb mein Freund Geraint beim Team Wiesenhof, einem deutschen Rennstall der zweiten Kategorie auf Elite-Level, mit dem jungen André Greipel als Teamkollegen. Aber es wurde schnell klar, dass dies keine Option für mich sein würde.

Dave Brailsford schaute meinen Vater an, schüttelte entschuldigend und resigniert den Kopf, als wolle er sagen, dass die Sache nicht in seiner Hand liege. Ich erinnere mich noch an seine Worte: »Nichts, wir haben nichts!« Meine Reisen mit der Nationalmannschaft, mein fünfter Platz beim schwierigen Grand Prix du Général Patton in Luxemburg, mein britischer Meistertitel, mein Sieg bei der Tour of Wales, mein Etappensieg bei der Tour of Ireland... Das alles zählte nicht. Tatsächlich war es die Bahn, die mir zum Verhängnis wurde. Aufnahme in der U23-Akademie fand man nur, wenn man ein Trainingslager im National Velodrome in Manchester absolvierte, das sechs Wochen lang täglich von 6:00 bis 18:00 Uhr intensives Training und Fremdsprachenunterricht umfasste. Wie ich später erfuhr, waren auch die Partnerschaften zwischen dem Verband und den Straßenteams den Bahnradsportlern vorbehalten. Wann immer der Verband seine Fahrer auf der Bahn brauchte, konnte er dies mit einem Fingerschnippen in die Tat umsetzen. Das ultimative Ziel war nicht, die besten Bahnfahrer zu Straßenfahrern zu machen, sondern die besten Straßenfahrer auf die Bahn zu bringen, um olympische Erfolge zu erzielen. Die staatliche Finanzierung von British Cycling hing von den gewonnenen Medaillen ab. Es war ganz einfach: Ich würde eine Karriere in der Einzel- und Mannschaftsverfolgung beginnen müssen.

Ansonsten hieß es: »Nichts, wir haben nichts.« Natürlich wollte ich den Weg weitergehen, den ich für mich ins Auge gefasst hatte. Meine Leidenschaft für den Straßenradsport wurde immer größer, und mein Desinteresse an der Bahn war nach wie vor ungebrochen. Ich konnte mir nicht vorstellen, wie ein Hamster im Laufrad durch ein Velodrom zu rasen. Ich konnte mir nicht vorstellen, diesen Sport mit einem Dach über dem Kopf zu betreiben. Ich brauchte den Himmel. Ich wollte den Regen und die Sonne auf meiner Haut spüren. Ich wollte die Silhouetten der Bäume sehen.

Mein Vater und ich kehrten entmutigt von dem Treffen zurück. Uns waren zwei Dinge klar geworden. Erstens, dass ich so schnell wie möglich die irische Staatsbürgerschaft annehmen müsste; Irlands in Dublin ansässiger Verband war an mir interessiert, seit ich zum ersten Mal am Gorey 3 Day teilgenommen hatte. Hier könnte ich mit Menschen zusammenarbeiten, die motiviert waren, von ihren Angeboten profitieren und ihnen viel zurückgeben. Mit

Eltern aus zwei verschiedenen Ländern und daher mit zwei Pässen ausgestattet, konnte ich meine sportliche Nationalität problemlos wechseln. Außerdem war ich schon immer ein Fan der irischen Sportmannschaften gewesen, egal ob Fußball oder Rugby.

Unser zweites Fazit war, dass ich auf den Kontinent ziehen sollte, vorzugsweise nach Frankreich, so wie es Dutzende britischer, irischer, amerikanischer und australischer Rennfahrer vor mir getan hatten – wie es ironischerweise auch Dave Brailsford und John Herety während ihrer eigenen Karrieren hatten tun müssen, Ersterer zu einem Amateurclub in Saint-Étienne (wobei er nicht den Sprung zu den Profis schaffte), Letzterer zum ACBB in Paris (was ihm schließlich einen Profivertrag einbrachte). Am Ende unserer Unterhaltung gab uns Herety die Telefonnummer seines französischen Bekannten Frédéric Rostaing, Manager des Vélo Club La Pomme Marseille, bei dem wir uns auf ihn berufen könnten.

Die Radsportwelt ist klein: Auch mein Cousin Nico hatte sich dieser Mannschaft angeschlossen und während seines Aufenthalts in Marseille die Grundlagen des Berufs erlernen und sein Talent unter Beweis stellen können. Er hatte mittlerweile einen Profivertrag bei Cofidis unterschrieben. Wie Nico verbrachten noch mehrere andere Iren ihre letzten Amateurjahre bei diesem Club in Südfrankreich, darunter der Juniorenweltmeister Mark Scanlon und der vielversprechende Kletterer Philip Deignan. Später, 2010, würde mit Sam Bennett auch ein zukünftiger Gewinner des Grünen Trikots bei der Tour de France den Weg über dieses Team gehen. Also klemmte sich mein Vater ans Telefon. Zufällig war Fred Rostaing als Zuschauer in Verona. Wir machten einen Treffpunkt entlang der Strecke des Profirennens am Sonntag aus. Er war auf der Suche nach einem Kletterer, der noch am Anfang stand, aber vielversprechende Ansätze gezeigt hatte. Mein Cousin hatte ein gutes Wort für mich eingelegt. Zur Saison 2005 machte ich mich auf den Weg ans Mittelmeer…

Kapitel 5

Pom! Pom! Pomme! (Die Angst, nicht gut genug zu sein)

Es war 6:30 Uhr morgens. Ich schlief fest, als mich eine Hand an der Schulter packte und schüttelte. »Daniel, was zum Teufel machst du? Alle warten auf dich.« Wegen meiner Ohrstöpsel hatte ich nicht einmal das Klopfen an meiner Zimmertür gehört. Es kam mir vor wie irgendein sinnloser Traum. Ich sah meinen Sportdirektor, Fred Rostaing, über mich gebeugt. Der Chef des Vélo Club La Pomme Marseille stand 24 Stunden am Tag unter Strom. Er sah meinen verwirrten Blick. »Du nimmst an der Ronde de l'Isard teil! Ich habe dir gestern eine E-Mail geschickt, du springst für einen anderen Fahrer ein. Beeil dich, der Truck wartet draußen auf dem Parkplatz.« Ich saß in Unterhosen auf dem Bett. »Was...?«, dachte ich. Die Ronde de l'Isard, in den Pyrenäen ausgetragen, war das größte Etappenrennen in meiner Altersklasse. Ich hatte vergessen, meine E-Mails abzurufen. War das schlimmer, als vor dem Start einer Weltmeisterschaft die Schuhe zu vergessen? Ich warf ein paar Trikots in meine Tasche, dazu meinen Helm, meine Zahnbürste und drei Stück Obst als Frühstück.

Vielleicht war es besser, dass ich in letzter Minute nominiert worden war. So blieb mir keine Zeit, mir den Kopf zu zerbrechen. Auf der zweiten Etappe ging es zur kleinen Skistation Goulier-Neige hinauf, die sich in einer Höhe von 1.475 Metern zwischen die hohen Gipfel der Pyrénées Ariégeoises schmiegt. Das Steigungsprofil ist ähnlich dem von Alpe d'Huez, mit engen Kurven, in denen man das Tempo erhöhen kann. Ich belegte den 16. Platz und erlitt einen leichten Hitzschlag. Auf der nächsten Etappe versuchte ich es im Massensprint und wurde Zwölfter, einen Platz vor dem Amerikaner Tyler Farrar, der später im Profibereich mein Teamkollege werden sollte. Am letzten Tag wurde ich im strömenden Regen in einen Massensturz mit 20 Fahrern verwickelt, aber ich fühlte mich in meinem Element, war glücklich in den Bergen und ebenso glücklich, zu leiden. In der Gesamtwertung wurde ich Neunter, fünfeinhalb Minuten hinter dem Spanier Eduardo Gonzalo, während ich meinem Teamkollegen Thierry Hupond zu einem Platz unter den ersten fünf verhalf. Ich hatte das Gefühl, in die große Welt einzutreten. Doch nur ein paar Monate später hätten mich die Teammanager von La Pomme beinahe gefeuert.

Als ich im Januar 2005 in Marseille ankam, fand ich mich auf dem Weg vom Flughafen in einer atemberaubenden Welt wieder: Das Meer war sehr blau, der Himmel war sehr blau, und überall gab es kleine felsige Hügel. Das Clubmitglied, das sich bereiterklärt hatte, mich abzuholen, fuhr mich ein wenig im Auto herum: »Marseille, das ist das Meer, aber auch die Berge«, erklärte er. »Die Stadt ist riesig. Wir sind seit 20 Minuten auf der Autobahn und immer noch in Marseille.« Die Tour ging weiter. »Wir kommen ganz in der Nähe des Service Course vorbei«, sagte mein Reiseführer, in Richtung des Team-Hauptquartiers zeigend. »Der Club heißt La Pomme, so wie das Viertel.« Zu unserer Linken tauchte nun ein Berg auf. »Das ist der Garlaban. Es gibt keine Straße, auf der man mit dem Fahrrad hinauffahren könnte. Hast du von Marcel Pagnol gehört? Er hat häufig mit seinen Eltern auf dem Garlaban gepicknickt. Die Familie lebte in Aubagne. Pagnol erzählt von all dem in seinen Büchern.« Vielleicht hätte ich doch alles lesen sollen, was auf dem Lehrplan für meine Französisch-Prüfung stand…

Wir hielten in einer Sozialsiedlung in Aubagne, wo mich meine Unterkunft erwartete, die mit allen Annehmlichkeiten modernen Lebens ausgestattet war. Es gab drei Schlafzimmer, aber sechs Fahrer. Jedes Zimmer hatte Etagenbetten. Ich bekam das untere Bett, nachdem ich Streichhölzer mit einem Japaner namens So Tanaka gezogen hatte, der mir in diesen ersten Monaten ein angenehmer und diskreter Begleiter war. Wenn andere Fahrer in der Stadt waren und einen Schlafplatz brauchten, waren wir bis zu neun oder zehn Mann in der Unterkunft. In solchen Fällen nutzten wir das abgenutzte Ledersofa im Wohnzimmer und die Klappbetten, die auf dem Balkon standen.

In der Küche herrschte jeden Abend ab sechs Uhr Hochbetrieb, wenn sich jeder sein Essen mit der von ihm bevorzugten Nudelmarke zubereitete. Die Pakete lagen im Regal eines Eisenschranks aufgereiht, Trophäen, die wir uns redlich verdient hatten, denn wir mussten zwei Kilometer zu einem Billig-Supermarkt laufen, um sie zu kaufen – uns stand natürlich kein Auto zur Verfügung. Auch das Badezimmer war immer voll, wenn wir vom Training zurückkamen. Die Waschmaschine lief fast Tag und Nacht, ihr Stromkabel schlängelte sich über die nassen Fliesen zur Steckdose im Zimmer nebenan. Zum Glück gab es nie irgendwelche Unfälle.

Ich hatte nicht das Gefühl, dass diese eher rudimentäre Einrichtung ein Problem war. Ich dachte vielmehr, dass es vermutlich ein wichtiger Teil im Leben eines Radrennfahrers war. Im Februar, als die Rennsaison gerade losging, kam mein Vater zu Besuch. Er eilte in die Geschäfte, um mir eine richtige Matratze und ein paar Küchenutensilien zu kaufen.

Innerhalb des Teams küssten sich alle auf die Wangen, wie es unter Männern in Marseille üblich ist, wenn man sich begrüßt.

Alle waren von Anfang an freundlich. Ich verstand nicht viel, obwohl ich acht Jahre lang Französisch in der Schule gelernt hatte. Der Akzent war sehr stark, der Tonfall singend, die lokalen Ausdrücke zahlreich, und alle sprachen laut und zugleich fröhlich, wobei die meisten Gespräche von extravaganten Gesten begleitet wurden. Die Franzosen, die die Hälfte des Teams ausmachten, sprachen kein Englisch, und so teilte sich die Gruppe natürlich in zwei Lager. Ich hielt mich an die Ausländer, vor allem meine Mitbewohner. Außerdem hatten die französischen Fahrer Spitznamen füreinander, aber nicht für uns andere. So wurde Thierry zu »Titi« und Julien zu »Ju«, aber ich blieb »Daniel«.

Dieses Nachwuchsteam war im Grunde wie ein Profirennstall aufgestellt und hatte vor allem ein Ziel: den Sieg in der Amateurversion des Coupe de France. Der Druck, sich in dieser Rennserie auszuzeichnen, war enorm und konstant. Fred Rostaing, der mittlerweile in seinen Vierzigern war und früher selbst ein guter Amateurfahrer in der Region gewesen war, war ein hervorragender Anführer und Taktiker, der das Team auf dieses oberste Ziel hin ausrichtete. Wir mussten das ganze Jahr über auf Zack sein. Das begann mit dem Trainingslager im Januar, wo uns ein aberwitziges Programm auferlegt wurde: 38 Stunden auf dem Rad in sieben Tagen, mit Sprints am Morgen und Zeitfahreinheiten am Nachmittag. Bei jedem Rennen mussten wir von Kilometer null bis zur Ziellinie unter den ersten 20 Fahrern im Feld sein. Falls wir das nicht schafften, riss Fred uns über Funk den Arsch auf, ein Hilfsmittel, das zu diesem Zeitpunkt bei Amateurrennen noch nicht verboten war. Im Ziel dauerte die Nachbesprechung mindestens 20 Minuten. Wenn wir Vierter geworden waren, wurde ein Krisenstab eingesetzt, um die Gründe zu ermitteln.

Die Anspannung, die Fred ausstrahlte, war auf lange Sicht verheerend, aber seine Ratschläge und Gedankenblitze waren lehrreich. Zum Beispiel: »Du musst hart in den Fuß des Anstiegs reinattackieren, sonst verlierst du deinen Rhythmus, weil du zu langsam bist, und dann greift die Steigung dich an.« Nach einem meiner ersten Rennen in den Bergen, bei dem ich nur zwei Kilometer lang mit den Besten mithalten konnte, kam er zu mir und fragte: »Warum bist du geplatzt?«

»Na ja… Ich war halt hinüber«, sagte ich. Er gab zurück: »Zwei Kilometer am Anstieg bedeuten sechs Minuten Anstrengung. Wenn du es schaffst, sechs Minuten durchzuhalten, hast du den schwersten Teil hinter dir und kannst den ganzen Pass so fahren.« Aus physiologischer Sicht war das Quatsch, aber die Vorstellung, dass das Gehirn die Beine kontrolliert, entsprach meiner Philosophie. Ich habe diesen Rat immer beherzigt.

Dank der Straßen in der Umgebung von Marseille und im Hinterland konnte ich meinen Pedaltritt an den Anstiegen verbessern. Um daran zu arbeiten, musste ich manchmal einfach nur in der Ebene gegen den Mistral fahren, einen der stärksten Winde Frankreichs, der von Norden her durch das Rhônetal in Richtung Meer bläst. Manchmal war er so furchterregend stark, dass man auf das kleine Blatt schaltete und sich selbst dann noch abstrampelte, als führe man einen Berg hinauf. Das war nicht nur eine Übung in Widerstandsfähigkeit, sondern die einzige Möglichkeit, dagegen anzufahren. Meistens trainierte ich auf den vielen Hügeln der Region, die magische Namen trugen. Ich liebte den Petit-Galibier (der mit durchschnittlich vier Prozent auf vier Kilometern nur wenig mit seinem legendären Namensvetter in den Alpen gemein hat) und die Route des Crêtes, die auf einem Bergrücken über dem Mittelmeer zwischen den Häfen Cassis und La Ciotat verläuft; der erste Abschnitt ist der steilste, mit drei Kilometern bei zehn Prozent und einigen kurzen Rampen, die 20 Prozent erreichen. Der Col de l'Espigoulier ist mit 723 Metern der höchste Pass in der Region, und ich liebte seine gewundenen Straßen ebenso wie die Legenden, die sich um diesen felsigen Gipfel ranken. Man sagt, dass sich im Massif de la Sainte-Baume, wo der Espigoulier liegt, das Grab von Maria Magdalena befindet, die den Nahen Osten verlassen und den Rest ihres Lebens in einer Höhle in der Provence verbracht haben soll. Nicht weit von der Straße zum Pass entfernt befindet sich ein Heiligtum, das von Mönchen bewacht wird.

Trotz all meiner harten Arbeit und Entschlossenheit waren meine ersten sieben Rennen schmerzhaft – eine Mischung aus Hoffnung und Verzweiflung. Hier einmal Wort für Wort wiedergeben das, was ich damals in mein kleines Notizbuch geschrieben habe, das ich weiterhin ebenso gewissenhaft ausfüllte, wie ich es in meiner Anfangszeit in Großbritannien getan hatte:

13. Februar:	Circuit de Peymeinade (135 km). 27. La Pomme auf 1, 2, 3.
18. Februar:	GP Rocheville (135 km). Resultat? Reifenpanne 20 km vor dem Ziel. War in den Top 20.
19. Februar:	GP Vence (142 km). 9. Platz. 180 Teilnehmer. Sehr kalt. Gutes Resultat.
22. Februar:	Menton-Savona, Italien (124 km). Im Peloton ins Ziel gekommen. 200 Teilnehmer. Verkürzt wegen Schnee.
26. Februar:	GP Jean Masse (125 km). Resultat? Rennstall La Pomme! 1, 2, 3. Schwer gestürzt.
5. März:	GP La Londe-les-Maures (110 km). DNF. Rücken kaputt nach Sturz. Gute Beine.
19. März:	La Durtorccha (105 km). 37. Platz. Rücken sehr schlimm. Verbogene Kurbel. 1 Runde Rückstand. Sehr hügelig.

Das Problem mit einem großen Team ist, dass, wenn man Neunter wird, mindestens zwei oder drei Teamkollegen besser waren als

covadonga

GESAMTVERZEICHNIS

NEU

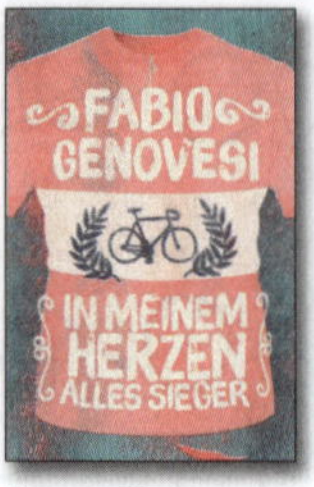

Fabio Genovesi:
IN MEINEM HERZEN ALLES SIEGER

Klappenbroschur, 208 Seiten
ISBN 978-3-95726-075-8
EUR 18,00 [D]
erscheint: März 2023
auch als e-Book

Als Kind versprach Fabio Genovesi seinem Onkel: »Eines Tages fahre ich den Giro d'Italia.« Aus der Karriere als Radprofi wurde nichts, er wurde stattdessen Bademeister, Kellner, schließlich gefeierter Schriftsteller. Und so wurde der Kindheitstraum doch noch wahr, 2013 schickte ihn der *Corriere della Sera* los, um die große Rundfahrt als Reporter zu begleiten. Das Ergebnis ist ein turbulenter Roadtrip und ein großer literarischer Spaß.

NEU

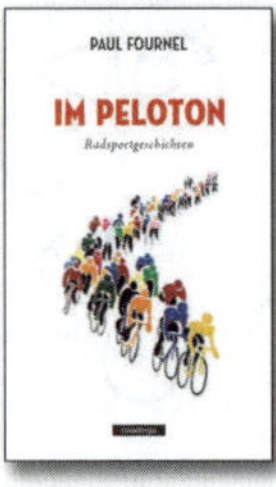

Paul Fournel:
IM PELOTON

Radsportgeschichten

Klappenbroschur, 192 Seiten
978-3-95726-076-5
EUR 16,80 [D]
erscheint: Mai 2023
auch als e-Book

Keiner verkörpert die Symbiose aus Radsportkennerschaft und Liebe zur Literatur so elegant wie der französische Schriftsteller Paul Fournel. In seinem neuen Buch erzählt er in vier Dutzend Kurzgeschichten vom Leben im Peloton. Er entführt seine Leser mitten hinein ins Renngeschehen und lässt sie in die Köpfe legendärer Fahrerinnen und Fahrer schauen. »Eine Einführung in den Radrennsport und ein großes Lesevergnügen.« (*Sud Ouest*)

NEU

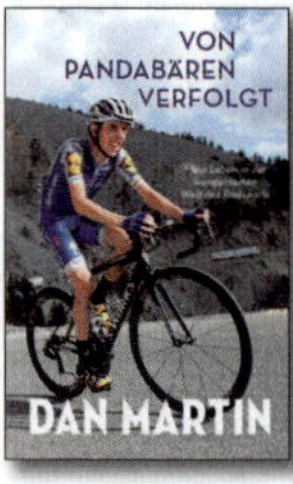

Dan Martin:
VON PANDABÄREN VERFOLGT

Mein Leben in der wundersamen Welt des Radsports

Klappenbroschur, 312 Seiten + Fotostrecke
ISBN 978-3-95726-077-2
EUR 22,00 [D]
erscheint: Juni 2023
auch als e-Book

Mit unstillbarer Angriffslust hat Dan Martin von 2008 bis 2021 der Tour de France, den Klassikern und vielen anderen Rennen seinen Stempel aufgedrückt. Nun, da er seine Karriere beendet hat, kann der Ire die Geschichte seines turbulenten Radsportlebens erzählen. Seine Memoiren sprühen vor echtem Sportsgeist und genau der Courage, die ihn bereits als Rennfahrer ausgezeichnet hat.

NEU

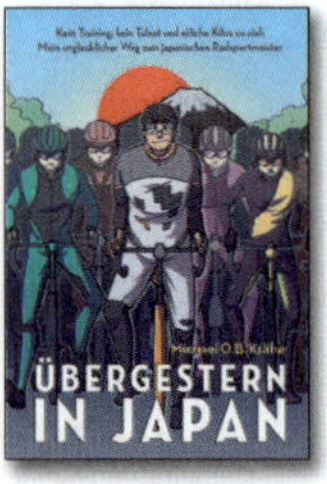

Michael O.B. Krähe:
ÜBERGESTERN IN JAPAN

Klappenbroschur, 160 Seiten
ISBN 978-3-95726-074-1
EUR 16,80 [D]
erscheint: April 2023
auch als e-Book

Beruflich verschlägt es einen Ingenieur vom Niederrhein nach Japan, er entdeckt seine Liebe zum Rennradfahren und wird – ohne Talent und echtes Training, aber mit etlichen Kilo zu viel – japanischer D-Klassen-Meister. Als erster Ausländer überhaupt. Wie war das möglich? In diesem Buch erzählt Michael O.B. Krähe mit viel Humor die unglaubliche, aber wahre Geschichte seines furiosen Radabenteuers in Fernost.

man selbst. Da der Vélo Club La Pomme stets voll auf Attacke fuhr, belegten manchmal »wir« und manchmal »die anderen« alle Plätze auf dem Podium. Meine Erfahrungen im Peloton waren jede Woche von Schmerzen geprägt, insbesondere am 26. Februar, als die Spuren davon sich in mein Fleisch einprägten. Es war mein erster großer Sturz bei einem Rennen und trug sich auf einer Straße in der Nähe unserer Wohnung in Aubagne zu. Dort brach ich meist einfach auf meinem Bett zusammen, wenn ich von den Rennen zurückkam. An manchen Tagen war ich übermäßig optimistisch, an anderen total deprimiert. Warum sollte ich es verbergen? Ich weinte viel. Ich ließ den ganzen Stress, die Müdigkeit, das Gefühl, allein und auf mich gestellt zu sein, mit den Tränen raus.

Der Club war besonders ungeduldig mit seinen ausländischen Fahrern. Wir bekamen zwischen 200 und 600 Euro im Monat, während die meisten französischen Fahrer zwischen 600 und 1.200 Euro erhielten. Aber die Situation war sehr klar. Die ausländischen Fahrer, die in ihren Herkunftsländern mutmaßlich zu den Besten gehörten, kamen unter der Prämisse nach Marseille, dass sie sehr hart arbeiten würden, um sich schnell durchzusetzen. Die französischen Fahrer betrachteten uns als gesetzlose Söldner. Sie waren genervt, wenn sie für uns Ausländer, die oft als Teamleader eingesetzt wurden, als Domestiken fungieren mussten. Ich konnte den Standpunkt meiner französischen Mannschaftskameraden verstehen: Dieses System brachte ihnen nichts, außer dass es ihre Chancen, selbst Profi zu werden, hinauszögerte oder gar zunichtemachte. Ich nahm es ihnen nicht übel und freute mich auch darüber, in den folgenden Jahren ein paar von ihnen im Profi-Peloton wiederzutreffen. 2005 bemühte sich Rémi Pauriol, unser Capitaine de Route, ein engeres Band zwischen den verschiedenen Clans innerhalb des Teams zu schmieden, und indem er die französische Amateurmeisterschaft gewann, ließ er auch etwas von dem Druck ab, der kollektiv auf uns lastete. Nach seiner Profikarriere wurde Rémi später Winzer an den unteren Hängen des Mont Ventoux.

Die Eifersüchteleien und Missverständnisse nahmen in der Saison 2006 noch zu, als der Club glaubte, einen Sponsor gefunden zu haben, der bereit war, eine Million Euro zu investieren, um ein Profiteam der dritten Kategorie auf die Beine zu stellen. Einige unserer Fahrer würden dazugehören, andere wiederum nicht. Letztere waren am Boden zerstört. Der Litauer Ignatas Konovalovas, Sieger der Ronde de l'Isard 2006, hatte ein Angebot für das neue Team erhalten, ebenso wie die Franzosen Julien Antomarchi, Maxime Bouet und Thierry Hupond, alles spätere Profis, wenn auch für andere Rennställe. Und die anderen? Auf einer vorläufigen und »geheimen« Liste, die mehrmals pro Woche geändert wurde, tauchten immer wieder Namen vermeintlicher Rekruten auf. Fred Rostaing erwog, Jérôme Coppel, einem der besten jungen Fahrer Frankreichs, und dem Esten Rein Taaramäe, einem zukünftigen Etappensieger beim Giro und der Vuelta, ein Angebot zu machen. Er hatte sich außerdem, ohne Erfolg, an ausländische Talente gewandt, die anderswo unter Vertrag standen, darunter der australische Sprinter Matthew Goss, der 2011 Mailand-Sanremo gewinnen sollte, und ein Kenianer, der ein sehr talentierter Zeitfahrer war: Christopher Froome.

Ich für meinen Teil habe mir keine allzu großen Gedanken um das Profiteam des Vélo Club La Pomme gemacht, vor allem nicht 2005, als das Projekt noch in den Kinderschuhen steckte und mein Leistungsniveau als zu niedrig angesehen wurde. Ich war zu jung, ich war Ausländer und ich hatte noch keinen Sieg auf dem Konto: Das bedeutete, dass ich in den Augen meiner Teammanager eine dreifache Belastung darstellte, wenn ich sie um etwas bat. Als ich zum Beispiel wegen anhaltender Rückenschmerzen um ein verändertes Set-up für mein Rad bat, hieß es von den sportlichen

Leitern und den Mechanikern nur: »Unmöglich! Es liegt nicht am Equipment!« Dennoch brauchte ich nach jedem Training drei oder vier Tage, um mich zu erholen. Ich bettelte mehrmals darum, mein Fahrrad checken zu lassen. Schließlich stellten die Mitarbeiter fest, dass meine Tretkurbel vom Sturz im Februar verbogen war – zwar nur um ein oder zwei Millimeter, aber das reichte aus, um unerträgliche Schmerzen im unteren Rücken zu verursachen.

Ich erzählte meinem Teamkollegen und Mitbewohner Daryl Impey von meinen Sorgen, und er erzählte mir im Gegenzug seine. Daryl war knapp zwei Jahre älter als ich. Er fuhr in Südafrika für ein von Microsoft gesponsertes Team, aus dem später die WorldTour-Mannschaft MTN werden sollte. Daryl hatte außerdem das Gefühl, dass seine französischen Mannschaftskameraden und der Trainerstab ihn nicht leiden konnten. »Sie treiben mich in den Wahnsinn«, sagte er mir. Diese Zeit geteilten Elends schuf eine dauerhafte Bindung zwischen uns, die dadurch unterstrichen wurde, dass er mich 2011 zu seiner Hochzeit in sein Heimatland einlud. Leider verbrachten wir als Teamkollegen in Marseille nur wenig Zeit miteinander, denn unsere Rennprogramme waren nie identisch. Wir sahen uns nur flüchtig, obschon wir bei einer Gelegenheit mal eine für uns beide neue Erfahrung machten, als wir auf einer lockeren Ausfahrt nach Cassis in unseren Radklamotten ein spontanes Bad im Mittelmeer nahmen. Ich befürchtete, dass Daryl dem Vélo Club La Pomme den Rücken kehren würde. Zu seinem Überdruss kam noch das Heimweh hinzu. Innerhalb des Clubs wurde von einigen getuschelt, er sei »Schrott« und »tauge nichts« – und das über einen Fahrer, der 2013 als erster Afrikaner das Gelbe Trikot der Tour de France tragen würde.

Ähnliche Gerüchte kursierten auch über mich: Ich sei »Schrott« und »tauge nichts«. Ich sei »zu phlegmatisch«, weil ich ziemlich entspannt wirkte – oder zumindest versuchte, den Eindruck zu erwecken, dass ich es bin. Für viele Franzosen sind die Briten »phlegmatisch«. Ich wäre nicht »aus dem richtigen Holz geschnitzt«. Auch wenn mir das nie jemand direkt gesagt hat, konnte ich spüren, dass ich nicht besonders wertgeschätzt wurde. Wenn ich allein in meinem Zimmer war, habe ich deshalb oft geweint. Wenn meine Eltern anriefen, sagte ich ihnen, dass alles in Ordnung sei, bis auf einen Sturz hier und einen Platten dort. Aber mein Vater spürte, dass ich ziemlich unglücklich war. Er sagte zu mir: »Dieser Sport ist echt hart, nicht nur wegen dem, was du auf dem Rad erleidest, sondern auch wegen der Dinge, die du abseits davon durchmachst. Ich weiß das so gut wie du, denn ich habe diese Lektion lange vor dir gelernt. Wenn du dich entscheidest, zurückzukommen, wird diese Erfahrung trotzdem kein Fehlschlag gewesen sein.« Aber aufzugeben kam mir nie in den Sinn.

Kurze Zeit später reisten meine Eltern nach Frankreich. Sie nutzten ihren Sommerurlaub, um mir bei den Cinq Jours des As zuzuschauen, einer Serie von Eintagesrennen, die Anfang August in der Gegend von Marseille stattfanden. Sie machten mich auf dem Parkplatz eines Supermarktes in Salon-de-Provence ausfindig, wo der Start zu einem der Rennen stattfinden sollte. Ich trug meinen Trainingsanzug. Mein Vater war überrascht: »Nimmst du nicht am Rennen teil?« Ich versuchte es zu erklären: »Nein, der Club hat mich im letzten Moment aus dem Aufgebot gestrichen, ich weiß nicht warum.«

Das ging meinem Vater gegen den Strich. Er ging zu Fred Rostaing und nahm ihn beiseite, so dass der Rest des Teams nicht hören konnte, was er zu sagen hatte.

»Fred, was ist los?«

»Nun, Dan nimmt heute nicht am Rennen teil. Wir haben zu viele Fahrer. Nicht jeder kann mitfahren.«

»Warum hast du ihm nichts gesagt?«

»Es ist einfach so, dass nicht jeder fahren kann…«

Mein Vater explodierte, auf seine Art und Weise. Ganz ruhig, mit einem Lächeln im Gesicht, legte er dem *directeur sportif* den Zeigefinger auf die Schulter und sah ihm direkt in die Augen: »Du musst ein Vater für ihn sein. Das bin nicht mehr ich, das bist jetzt du. Schau dir deine Fahrer an. Dan wird der beste Fahrer sein, den du je haben wirst. Er ist derjenige, um den du dich kümmern musst, okay?«

Diese kalte Wut diente als Ventil für viel der heruntergeschluckten Spannungen, die in meinem Vater und in mir brodelten. Wir hatten das Gefühl, mit dem Vélo Club La Pomme Marseille das Gleiche zu erleben wie damals, als Dave Brailsford uns im Hotelzimmer in Verona abserviert hatte. Mein Vater erlebte außerdem einen Teil seiner eigenen Geschichte aus der Zeit wieder, als er 1979 beim besten Amateurverein Frankreichs, dem ACBB aus Boulogne-Billancourt bei Paris, fuhr. Er war 18 Jahre alt. Der interne Wettbewerb war brutal. Die ausländischen Fahrer, wie der Schotte Robert Millar und der Australier Phil Anderson, die beide in jener Saison zum Team gehörten, waren dazu bestimmt, Profis zu werden, aber sie waren isoliert, in einer Wohnung eingesperrt, wo sie sich zu Tode langweilten. Mickey Wiegant, der Teammanager, inspizierte regelmäßig die Zimmer, indem er mit dem Finger an den Wänden entlangfuhr. Fand er ein Staubkorn, gab es einen Mordsärger.

Wiegant, der ehemalige Mentor von Jacques Anquetil, rekrutierte Fahrer, die von weit her kamen, und ließ sie dann einfach so fallen. Im Herbst 1979 versprach das Clubmanagement meinem Vater, dass er auch in der nächsten Saison zum Team gehören würde und dass man außerdem ein weiteres englischsprachiges Talent, Stephen Roche, seinen zukünftigen Schwager, verpflichten würde. Das Team schien sehr erpicht darauf zu sein, die beiden in der Mannschaft zu haben, änderte aber schließlich seine Meinung. Mein Onkel wurde unter Vertrag genommen und mein

Vater vor die Tür gesetzt. Ein Vierteljahrhundert später begannen sich unsere Geschichten auf unheimliche Weise zu ähneln.

Ich weiß nicht, ob es die Fürsprache meines Vaters war, die Fred Rostaing ins Grübeln brachte, oder die Aufstockung des Kaders, die im Winter beschlossen wurde. Das Team wurde auf 22 Fahrer erweitert, das waren mindestens vier, zum Teil sogar acht Fahrer mehr, als unsere Konkurrenten unter Vertrag hatten. Ohne die Aufstockung hätte man mich höchstwahrscheinlich rausgeschmissen. Dennoch dauerte es noch etliche Monate, bis ich mir echten Respekt verschafft hatte. Im Mai 2006 zögerte Fred, ob er mich für die Ronde de l'Isard aufstellen sollte, und schließlich wurde ich nur nominiert, weil ein französischer Teamkollege verletzungsbedingt ausfiel. Ich wurde Achter bei diesem mit Bergpässen gespickten Rennen. Es sollten noch drei weitere Monate vergehen, ehe die Vorurteile mir gegenüber ein Ende hatten. Das Bild, das man von mir hatte, begann sich zu ändern, als ich das Bergzeitfahren beim Giro Ciclistico della Valle d'Aosta gewann, der am Fuße des Mont Blanc und anderer Alpenriesen stattfand.

Kapitel 6

Süßigkeiten oder Rotwein (Die Angst, zu schnell zu fahren)

Im Aostatal gibt es so viele Hügel und Berge, dass sich alles in der Höhe abspielt: Die Schlösser wurden dort oben errichtet, die Weinberge gedeihen dort und die Radrennen finden dort statt. Der Giro Ciclistico della Valle d'Aosta, dessen Strecke durch drei Länder – Italien, die Schweiz und Frankreich – führte, war eines der bergigsten und prestigeträchtigsten Rennen für die Altersklasse der 19- bis 26-Jährigen, eine Kategorie, die es nur in Italien gab. Das Format der Veranstaltung war sehr einfach: Anstieg, Abfahrt, dann wieder Anstieg.

Dieses Rennen fand Ende August 2006 statt, gegen Ende meiner zweiten Saison beim Vélo Club La Pomme, und zeigte mir, wozu ich fähig war. Ich war entschlossen, mich zu behaupten, und machte daher keine halben Sachen. Jeden Abend beim Essen zeigte ich auf die Flasche, die für den Teamchef und den Mechaniker vorgesehen war: »Reicht mir bitte den Rotwein. Ich möchte nur ein kleines Glas, bevor ich ins Bett gehe.« Meine Teamkollegen waren geschockt. Ich weiß nicht, womit ich mir mehr Respekt verschafft habe: mit meinen Leistungen beim Giro della Valle d'Aosta oder damit, jeden Abend auf ein Glas Rotwein aus dem Aostatal bestanden zu haben.

Die letzte Etappe bestand aus einem zehn Kilometer langen Bergzeitfahren von der Ortschaft Landry zur Skistation von Vallandry in Frankreich, nicht weit von Bourg-Saint-Maurice entfernt. In dieser Disziplin hatte ich in meiner Jugend oft gut abgeschnitten. Als ich am Start eintraf, war ich kaum wach, denn mein Wecker hatte nicht geklingelt. Ich war nur durch das Schließen der Schlafzimmertür geweckt worden, als mein Zimmergenosse sich leise zum Frühstück schlich. Ich hatte keine Handschuhe an. Ich war auf dem kleinen Blatt, als ich auf der Startrampe stand, denn es ging sofort in den Anstieg. Aber ein Rennkommissär zwang mich, die Kette auf das große Kettenblatt zu legen, damit ich nicht vom Start weg wie wild durch die Gegend schlitterte.

»Trois ... deux ... un ... zéro ...« Nach etwa einem Dutzend Metern machte die Strecke eine Linkskurve und begann sofort anzusteigen. Meine innere Gelassenheit kehrte zurück. Meine Kadenz war gleichmäßig, wie auf einem Bahnrad. Ich wusste nicht, wie meine Zwischenzeiten im Vergleich zu den anderen Fahrern ausfielen – es gab bei diesem Rennen keinen Teamfunk. Ich musste einfach nur eine halbe Stunde lang alles aus mir herausholen, was für mich eine halbe Stunde reine und simple Freude bedeutete. Als ich die Ziellinie überquerte, wurde ich fast ohnmächtig. Jemand von der Rennleitung teilte mir mit, dass ich die Etappe gewonnen hatte und zwar mit großem Vorsprung: 43 Sekunden auf den Italiener Alessandro Bisolti und 49 Sekunden auf den Belgier Tom Criel. Und dass ich in der Gesamtwertung Zweiter geworden war, eine Minute und zwölf Sekunden hinter Bisolti. Auf einem Foto, das auf dem Podium aufgenommen wurde, stemmen mich meine Teamkollegen wie einen preisgekrönten Schinken in die Höhe. Etwas Wichtiges hatte sich verändert.

Im Aostatal war eines der Teams, gegen das wir antraten, ein kürzlich gegründetes, sehr angriffslustiges und enthusiastisches amerikanisches Team namens TIAA-CREF, dessen sportlicher Leiter Johnny Weltz war, der als letzter Fahrer eine Tour-de-France-Etappe auf dem legendären Puy de Dôme gewonnen hatte. Er gratulierte mir sehr herzlich zu meinem Erfolg. »Weißt du, dass wir nächstes Jahr als Team zu den Profis wechseln und dort als Zweitdivisionär fahren? Jonathan wird sich mit dir in Verbindung setzen.« Zehn Tage später bekam ich eine E-Mail von Jonathan Vaughters, dem Teammanager von TIAA-CREF:

> *Ich bin überzeugt, dass du die richtigen Qualitäten mitbringst, um gut abzuschneiden und dich in Richtung UCI ProTour zu entwickeln. Außerdem sind wir kein Team, in dem du untergehen würdest. Wir sind klein genug, dass du in einem Tempo lernen kannst, das für dich das richtige ist. Johnny ist ein toller Teamleiter mit viel Erfahrung und einer Vorliebe für junge Fahrer. Ich verspreche dir, dass es ein guter Schritt sein wird, solltest du dich dafür entscheiden. Vielen Dank und lass mich wissen, ob du interessiert bist… JV*

Ich wusste, dass Jonathan Vaughters ein offener, kluger und verständiger ehemaliger amerikanischer Radprofi war, der zwei Jahre lang Teamkollege von Lance Armstrong gewesen war. Mit seiner runden Brille und seinen karierten Westen, in denen er eine Taschenuhr trug, wirkte er wie ein intellektueller Hipster. Später erfuhr ich, dass wir eine gemeinsame Leidenschaft für Wein teilten – er für Burgunder und Châteauneuf-du-Pape, ich für tanninhaltigere Weine wie spanischen Rioja. Was seine Radsportkarriere betrifft, so kann ich mich an zwei Highlights erinnern. Das erste war 1999, als er im Zeitfahren mit einem Schnitt von 22,7 km/h einen neuen Rekord für den Anstieg zum Mont Ventoux aufstellte und damit die alte Bestmarke von Charly Gaul aus dem Jahr 1958 um 3:19 Minuten unterbot. Das zweite besondere Ereignis, an das ich mich erinnere, war die Tour de France 2001, bei der er aufgab, weil er kein Kortison zur Behandlung eines Wespenstichs über seinem Auge verwenden wollte, da das Mittel auf der Dopingliste stand. Heute ist er Teammanager und setzt sich dafür ein, die Dinge im Radsport zu verändern. Zwei Monate nach unserem Telefonat gab »JV« der Website Cyclingnews ein inspirierendes Interview:

> *Wir (ich, sportliche Leitung, Sponsoren, Management) müssen anfangen, dies als Sport zu betrachten, nicht nur als Geschäft. Wir müssen anfangen, die Athleten als menschliche Wesen zu behandeln, nicht als entbehrliches Kanonenfutter. Wenn man einem Athleten sagt: »Du musst heute gewinnen, ansonsten…«, dann wird ein cleverer Radfahrer dafür sorgen, dass er gewinnt, aber die Art und Weise, wie er das tut, ist möglicherweise nicht besonders gesund für den Sport oder seinen Körper.*

Ich war gelinde gesagt ein wenig konsterniert. Nur ein Jahr zuvor hatte mein Club kurz davor gestanden, mich rauszuschmeißen. Und noch vor einem Monat galt ich trotz verbesserter Ergebnisse immer noch als »phlegmatisch«. Die Dinge entwickelten sich zu schnell. War ich bereit, Profi zu werden? Ja. War ich bereit, Profirennen zu gewinnen? Ich war mir nicht sicher. Damals dauerte es zwischen zwei und vier Jahren, bis man als junger Profi so weit war, Rennen zu gewinnen. Teams wie La Française des Jeux schickten junge Fahrer zum Giro, »um zu lernen«. Aber es schien, dass das Einzige, was sie dort lernten, darin bestand, 3.500 zermürbende Kilometer lang im Windschatten zu hocken. Machte es ihnen Spaß? Hatten sie wirklich die Chance, einen Sieg zu erringen? Die Aussicht, diese fast schon obligatorische Zeit der Vorhölle zu überstehen, machte mich ratlos. Ich befürchtete, so etwas wie ein radsportliches Äquivalent zu einem Büropraktikanten zu werden, der dazu verdammt ist, auf ewig Kaffee zu kochen und Fotokopien zu machen. Ich hatte Angst, in einer Art Trott gefangen zu werden.

Andererseits war es schwierig, ein solches Angebot auszuschlagen. Ich würde ein Risiko eingehen, wenn ich es ablehnte. Wenn ich in der Saison 2007 bei den Amateuren bliebe und stürzen würde, könnte ich mein Talent als Rennfahrer nicht bestätigen und Jonathan Vaughters würde mich wahrscheinlich vergessen und einen anderen jungen Fahrer verpflichten. Aber wenn ich Profi werden und mir dann 2007 das Schlüsselbein brechen würde, hätte ich noch mehr als ein Jahr Vertrag, in dem ich wieder aufs Rad steigen und mich beweisen könnte.

Ein paar Tage später rief mich der amerikanische Teammanager an, um mir etwas mehr über das Projekt zu erzählen: »Hi, Dan, hier ist Jonathan Vaughters. Du bist mutig und sehr vielversprechend. Ich bin dabei, ein Team aus jungen Fahrern zusammenzustellen.« Er klang sympathisch und nett, wie jemand, mit dem man sicher gut auskommen würde. So wie er sprach, wirkte er auf mich sehr intelligent und zielstrebig und, als er mir von sich selbst erzählte, auch durchaus feinfühlig und sensibel. »Du weißt, dass ich bei der Dauphiné 2001 das Zeitfahren auf dem Ventoux gewonnen habe. Früher mochte ich auch Bergzeitfahren. Aber ich hatte nicht die Gelegenheit, so zu fahren, wie ich es gerne getan hätte… Das Team, das ich um dich herum aufbauen werde, wird die Art von Team sein, für das ich gerne gefahren wäre.«

Ich brauchte mehr als zwei Wochen, bis ich ihm antwortete: »Lieber Jonathan, vielen Dank für dein Interesse. Ich bin sehr interessiert an deinem Vorschlag und deiner Vision. Sofern du einverstanden bist, würde ich vorschlagen, dass wir uns in sechs Monaten wieder sprechen. Ich habe mich entschieden, eine weitere Saison in der U23 zu fahren. Es gibt ein paar Dinge, die ich noch lernen muss.«

Das Training war eines der Geheimnisse, hinter das ich kommen wollte. Ich benutzte einen SRM-Leistungsmesser. Es war ein nützliches Hilfsmittel, aber ich war nicht übermäßig abhängig davon.

Ich trainierte weiter auf die »altmodische Art«, indem ich mich auf meine Intuition verließ, anstatt mich an programmierte und sehr präzise Vorgaben zu halten. Ebenso beunruhigte es mich nicht, wenn ich auf unseren Gruppenausfahrten, wie zum Beispiel im monströsen Januar-Trainingslager, mal abgehängt wurde. Ich fuhr mein eigenes Tempo und ließ meine Teamkollegen ohne mich weiterfahren. Ich hörte auf meinen Körper. Ich wollte mich nicht von der Wissenschaft oder den Plänen anderer beeinflussen lassen. Wenn ich das Gefühl hatte, dass der richtige Moment gekommen war, fuhr ich von Cassis die Route des Crêtes hinauf und verausgabte mich völlig. Das gab mir nicht nur Auftrieb, sondern entwickelte auch mein Talent als Bergsprinter – oder, wie die Franzosen es lautmalerisch nennen, als »Puncheur«.

Endlich fühlte ich mich in allen Bereichen meines Umfelds wohl – beziehungsweise hätte es getan, wenn ich nicht im Frühjahr mit unerklärlichen Formschwankungen zu kämpfen gehabt hätte. Es war jedes Jahr dasselbe, aber seit ich Mitglied des Clubs in Marseille geworden war, waren die Probleme noch ausgeprägter. An manchen Tagen schwollen meine Beine an und fühlten sich hart wie Knüppel an. Das Problem wurde durch die trockene Witterung noch verschlimmert; bei Regen verschwand es fast völlig. Aber ich brauchte nur an einen anderen Ort zu fahren oder ein paar Tage zu warten, und meine Waden nahmen wieder ihre gewohnte Form mit ausgeprägten Venen an.

Ich war enttäuscht. Für mich war das kein gesundheitliches Problem – ein solches würde ich früher oder später kurieren* –, sondern ein Mangel an Kraft. Also trainierte ich noch härter. Und ich fing an zu glauben, dass, würde ich den Vertrag bei Vaughters' Team unterschreiben und Profi werden, das Frühjahr immer eine schwierige Phase für mich sein würde. Wahrscheinlich würde

---

* Siehe Kapitel 9.

ich mir am Ende die Ardennenklassiker im Fernsehen ansehen müssen...

Abgesehen von diesen unerklärlichen Formschwankungen war ich zuversichtlich, dass ich mir alles draufschaffen konnte, was ich brauchte, um auch als Profi zu bestehen. Ich begann, meinen eigenen Weg zu gehen, wenn es um die Ernährung ging, ein Thema, das für viele Radsportler eine absolute Obsession ist. Mehrere Teamkollegen meinten, dass ich »fett« sei. Im Glauben, mir zu helfen, sagte mir unser Capitaine de Route nur wenige Minuten nach meinem Sieg beim Zeitfahren im Aostatal etwas, das einen jungen Rennfahrer leicht aus der Spur hätte werfen können: »Stell dir vor, was du erreichen könntest, wenn du zwei Kilo leichter wärst.« Ein anderer meinte, man müsse sehen können, wie die Adern am Bauch hervortreten. Ich bekam gruselige Sprüche zu hören wie »Essen ist Betrug«. Ein paar Fahrer hatten sich von Milch, schnell wirkenden Kohlenhydraten wie Zucker und sogar Pasta losgesagt. Sie kompensierten das mit Bergen von Bio-Bierhefe – einer Quelle von B-Vitaminen. Abends, nachdem sie das Essen ausgelassen hatten, um den Anschein zu erwecken, dass sie hungerten, verkrochen sie sich in ihren Hotelzimmern und naschten einen Schokoriegel oder eine Tüte Süßigkeiten. Sobald sie diese gegessen hatten, steckten sie sich den Finger in den Hals und übergaben sich. Ich war entsetzt. Als Folge davon, dass sie sich selbst so viel versagten, gingen sie schließlich kaputt.

Was mich betraf, so kaufte ich mir in der Bäckerei ein Stück Kuchen, wenn ich das Gefühl hatte, es zu brauchen. Mein Körper verlangte danach, nicht als Belohnung, sondern aus Notwendigkeit. Die Forderungen, die mein Körper stellte, waren ehrlich und vernünftig. Wenn ich hungrig war, aß ich. Ich entwickelte keine neurotische Beziehung zu meinem Gewicht. Für mich war nicht die Leichtigkeit des Tanks entscheidend, sondern der Treibstoff, der darin steckte. Die Diät, an die sich einige meiner Teamkollegen hielten, führte nur dazu, dass sie im Rennen keinen Tropfen Treibstoff mehr hatten. Bei mir standen weiter Nudeln und Milchprodukte sowie Hühnchen und Salat auf dem Speiseplan, dazu genehmigte ich mir während der Etappenrennen jeden Abend ein Glas Rotwein. Das wurde fast zu einem Glücksbringer. Sogar Fred Rostaing ermutigte mich dazu und scherzte: »Vergiss dein Gläschen nicht, Dan!«

Ich gewöhnte mich daran, sehr lange Reisen zu bewältigen, die an die Substanz gingen. Wir legten Tausende von Kilometern im Bulli zurück, zum Beispiel wenn wir von Marseille zu einem Rennen in die Toskana mussten. Wir fuhren nachts, um nicht für ein Hotelzimmer bezahlen zu müssen. Anfangs hörte ich Red Hot Chili Peppers und Green Day, um das metallische Dröhnen des Motors zu übertönen, oder ich schlief. Schließlich überwand ich die Reisekrankheit und es gelang mir, während der Fahrt Zeitschriften zu lesen. So verschaffte ich mir also auf die harte Tour nach und nach das mentale Rüstzeug für die Reisen, die ich in Zukunft als Radprofi unternehmen würde, mit dem Flugzeug, dem Zug, dem Bus, dem Auto. Ich war gewappnet für unbequeme Sitze, lungentötende Klimaanlagen und verspätete Flüge, die einen komplett fertig machten.

Ich lernte die Langeweile kennen, die tägliche Routine eines Radrennfahrers abseits des Adrenalinrauschs der Wettkämpfe. Die Zeit schien sich in unserer Wohnung immer endlos zu ziehen, weswegen ich morgens keine Eile hatte, mich ins Training zu stürzen. So war der Nachmittag, wenn ich von meiner Ausfahrt zurückkam und geduscht und gegessen hatte, in aller Regel bereits vorüber. Ich sah mir die *Simpsons* oder ein Rennen auf meinem Computer an. Ich rief meine Eltern über Skype an und chattete über MSN Messenger mit Andy Birley, einem ehemaligen Trainingskameraden in England, der in Lichfield wohnte und mir Mut machte und mir die Kraft zum Weitermachen gab. Gelegentlich fuhr ich mit ein paar Freunden aus Marseille nach Cassis und trank unten am Hafen einen Kaffee. Da Daryl Impey uns im Herbst 2005 verlassen hatte, umfasste diese kleine Gemeinschaft zwei Profis, die bei La Pomme ausgebildet worden waren: meinen Landsmann Philip Deignan, einen zukünftigen Etappensieger bei der Vuelta, und Fumiyuki (Fumi) Beppu, einen der ersten beiden japanischen Fahrer, die die Tour de France beendeten. 2007 verstärkte mein australischer Teamkollege David Tanner unsere kleine Gruppe.

Ich lernte, wie ich Rennen gewann, gewöhnte mich an die vielen Unwägbarkeiten des Radrennsports und wurde immer konstanter in meinen Leistungen. Jeder Sieg bestätigte den vorangegangenen und deutete auf den nächsten hin, bis das Gewinnen zu einer unverrückbaren Idee wurde, zu einem fast permanenten Ziel. Im März gewann ich den Grand Prix de Rayol-Canadel, ein Vorbereitungsrennen an der französischen Riviera. Es war am St. Patrick's Day. Wir mussten um vier Uhr morgens aus den Federn, weil der Start bereits um sieben Uhr war. Im Mai gewann ich die letzte Etappe der Tour des Pays de Savoie auf dem Gipfel des 1.924 Meter hohen Col du Glandon, ein Erfolg, der mir auch den Gesamtsieg einbrachte. Ich blickte immer schon voraus auf das nächste Rennen. Ganz egal, wo ich ins Ziel kam: Sobald ich die Linie überquert hatte, spülte ich mich mit Wasser ab, zog mir eine Jacke über und setzte mich mit einem Proteindrink in den Teamwagen. Ich bin das Erlebte, den Renntag im Sattel, nicht noch einmal in Gedanken durchgegangen. Stattdessen habe ich das Profil der nächsten Etappe im Roadbook studiert.

Ich gewöhnte mich daran, einen hohen Preis für meine Favoritenrolle zu zahlen, an die nicht enden wollenden Attacken und an die Koalitionen, die mit der Absicht geschmiedet wurden, mich zu schlagen, aber auch an weitaus heftigere Kniffe und Kombinen. Die Gara Ciclistica Montappone in der italienischen Region Marken war ein seltsames Beispiel dafür. An diesem Tag war ein umstrittener Teammanager dabei, der wegen Dopings suspendiert worden war, aber aus unerfindlichen Gründen immer noch sein Team leiten und am Rennen teilnehmen durfte. Er war außerdem bereit, mich mit allen Mitteln aus dem Verkehr zu ziehen. Als ich nach einem Reifenschaden den Anschluss wiederherstellen wollte, kam er mir mit seinem Teamfahrzeug immer näher und ich musste stark bremsen, so dass ich fast im Gras am Straßenrand gelandet wäre. Ich konnte die Wärme spüren, die von der Karosserie seines Autos ausging. Sollte ich aufgeben oder mich von ihm umbringen lassen? Wie durch ein Wunder war der Teamwagen der britischen Nationalmannschaft in der Nähe und kam mir zur Hilfe. Rod Ellingworth, der künftige stellvertretende Teamchef von Ineos, saß am Steuer. Er bahnte sich hupend einen Weg durch die Karawane, um zu mir durchzukommen. So geschützt gelang es mir, wieder zum Feld aufzuschließen, und der irre Teamleiter ließ von mir ab. Wir wussten, dass er überaus eigensinnig war und auch vor körperlicher Gewalt nicht zurückschreckte, also dachten wir nicht daran, ihn nach der Zielankunft zur Rede zu stellen. Wir hoben uns unsere Wut für zukünftige Siege auf.

Ende Juni meldete sich Jonathan Vaughters wieder bei mir: »Alles klar? Sollen wir den Vertrag unterschreiben?«

»Wann immer du willst«, antwortete ich.

Auch La Française des Jeux hatte Interesse bekundet, aber ich hatte mein Wort gegeben. Außerdem hatte Jonathan mir angeboten, bereits im August als *stagiaire* in die Mannschaft einzusteigen. »Du wirst bei der Tour of Ireland an den Start gehen. Dein erstes Profirennen wird in deinem Heimatland stattfinden.« Wie toll! Die Irland-Rundfahrt war seit 15 Jahren nicht mehr ausgetragen worden. Ich sah mich bereits das neue Trikot tragen, meine zukünftigen Teamkollegen kennenlernen und Spaß haben auf den Huckeln und Buckeln eines Landes, in dem Schafe bekanntlich zwei kürzere Beine haben, damit sie an den Hängen nicht umkippen. In fünf Etappen würden wir durch Kilkenny, Cork, Clonakilty, Killarney, Tralee, Ennis, Galway, Athlone und Dublin fahren. Ich sah mich bereits dort. Vielleicht würde ich sogar ein paar Tage Urlaub bei meinen Großeltern machen. Ich würde in den Wicklow Mountains fahren. Der einzige Haken an der Sache war, dass die Tour of Ireland zur gleichen Zeit stattfand wie der Giro Ciclistico della Valle d'Aosta, den ich bereits sehnsüchtig erwartet hatte.

Das Rennen in den Alpen brachte mich ein wenig in eine Zwickmühle. Ein erneuter zweiter Platz oder auch eine Platzierung unter den ersten zehn wäre zwar eine solide Leistung gewesen, aber die allgemeine Wahrnehmung wäre gewesen, dass ich einen Rückschritt gemacht hätte. Es konnte für mich dort also nur um den Sieg gehen. Ich hatte Angst, unter den hohen Erwartungen zu bleiben, und die Irland-Rundfahrt hätte mir vielleicht einen Ausweg aus diesem Dilemma geboten. Aber ich ließ mich nicht beirren und wählte den Start im Aostatal. In Wahrheit hatte ich beschlossen, meinen Wechsel zu den Profis hinauszuzögern, weil ich diese Aufregung, diese Zweifel, diese Angst auskosten wollte. Ich war fest entschlossen, zu gewinnen. Am Morgen der zweiten Etappe, in den französischen Bergen nahe der Schweizer Grenze, hatte ich zum ersten Mal dieses spezielle Gefühl, dass ich gewinnen werde; ich war überzeugt davon, dass dies mein Tag werden würde. Ich schickte eine SMS an meine Eltern: »Ich werde heute gewinnen.« Sie sahen sich die Strecke im Internet an. Drei Anstiege: Les Gets, der Col de Joux-Plane und der Col de Saxel. Der letzte Gipfel lag 30 Kilometer vor dem Ziel. Theoretisch hätte diese sehr lange Abfahrt die Hoffnungen der Kletterer zunichtemachen müssen; im Grunde war es ein unmögliches Unterfangen, einen möglichen Vorsprung von der Passhöhe bis ins Ziel zu retten. Aber eine innere Stimme sprach mir beruhigende Worte zu.

Auf den ersten hundert Kilometern fühlten sich meine Beine taub an. Dann brach ein Gewitter über uns herein. Es war erst 16 Uhr, aber es wurde schon dunkel. Die letzte Abfahrt war die Abfahrt meines Lebens. Ich ließ zu, dass die Straße mein Rad und mich mit sich riss. Wir waren zu dritt in der Ausreißergruppe: Titelverteidiger Alessandro Bisolti, ein anderer Alessandro namens Colò und ich. Es regnete in Strömen, so stark, dass mir Wasser in den Mund lief. Aber es hätte auch schneien können, und ich hätte nichts gemerkt. Ich fuhr meine Ablösungen an der Spitze und machte Tempo wie ein echter Rouleur. Ich sprintete wie ein echter Sprinter. Da die Zielgerade in Ville-la-Grand leicht ansteigend verlief, trat ich als Erster an und nutzte die Überraschung, um eine entscheidende Radlänge Vorsprung zu gewinnen. Ich hatte es geschafft! Mein Giro Ciclistico della Valle d'Aosta war vorbei. Obwohl ich das von Fontina-Käse gesponserte Gelbe Trikot nicht gewann, hatten sich mir neue Möglichkeiten eröffnet. Ich war auf dem besten Weg, ein Klassikerjäger zu werden. Ich hatte an einem Tag zugeschlagen, an dem nur das Schicksal an mich geglaubt hatte.

Meine Teamkollegen waren zufrieden und erschöpft, wie sie es am Ende solcher Schlachten immer waren. Sie waren glücklich und stolz auf mich. Unbeschwert und befreit riss ich Witze auf Französisch. Nach der letzten Etappe ließen wir die besten Momente der Woche noch einmal Revue passieren: Da waren die brutal harten Anstiege und die Kolumbianer, die mit irrwitziger Geschwindigkeit kletterten, und da war der mysteriöse Van, der an einem der Anstiege heimlich einen der Hauptakteure aufgenommen, die Spitzengruppe überholt und dann unter Bäumen geparkt hatte, wo besagter Fahrer wieder ausgestiegen war – die Kommissäre der UCI bekamen Wind von dem Betrug und boten ihm an, »aus gesundheitlichen Gründen« aus dem Rennen auszusteigen, anstatt einen Skandal zu verursachen.

Wir haben viel gelacht. Dann teilte ich die Beute auf, die uns die Rennorganisation dank meiner Etappenplatzierungen und meines fünften Platzes im Gesamtklassement und der Punktewertung beschert hatte. Jedes Teammitglied bekam den gleichen Teil des Kuchens, und wie es im Profiradport üblich ist, gaben wir einen letzten Teil an die Betreuer: den Mechaniker, den Soigneur und den sportlichen Leiter. Jeder ging mit fast tausend Euro nach Hause. Geld in die Gemeinschaft zu bringen, verschafft einem definitiv Respekt.

Das war's: Mein französisches Abenteuer war zu Ende. Als ich Marseille verließ, sah ich in den Augen von Fred Rostaing Stolz und einen Hauch von Wehmut. Ich überraschte mich selbst und meine Mannschaftskameraden, als ich sagte: »Ich werde euch vermissen.« So ist es immer, wenn man auseinandergeht.

Kapitel 7

Team Garmin ist sauber (Die Angst vor Doping)

Das Schwierigste am gemeinsamen Radtraining mit David Millar war, den Schlangen auszuweichen. Es gab zwar nicht Tausende von ihnen, die im Hinterland von Girona, meiner neuen Heimat nördlich von Barcelona, auf den Straßen kreuchten und fleuchten, aber mindestens eine erschreckte uns zu Tode. Eines Tages waren wir in der Nähe von Mas Lunes unterwegs, als David mitten im Gespräch einen Schrei ausstieß. Ich drehte mich um und sah, wie er einen Bunny-Hop machte, zum Glück ohne zu stürzen. Er versuchte, einer Viper auszuweichen, die sich auf dem Asphalt zusammengerollt hatte, um sich den Bauch zu wärmen. Die Schlange war etwa einen Meter lang. Als sie den Aufruhr hörte, schoss sie nach rechts davon. Wir lachten: »Stell dir vor, die wäre dir in die Speichen geraten!« Danach trafen wir im Training auf keine weiteren Reptilien mehr, obwohl die Felsen, Wälder und Wasserlöcher in den Hügeln zwischen dem Mittelmeer und den Ausläufern der Pyrenäen zweifellos voll von ihnen waren.

David war mehr als nur mein neuer Teamkollege. Da er neun Jahre älter war als ich, war er für mich auch eine Art großer Bruder auf dem Rad. Er nahm mich 2008 unter seine Fittiche, als ich bei meinem ersten Profiteam anfing. Wir waren die einzigen beiden Fahrer im Team, die das ganze Jahr über in Girona lebten, also trainierten wir zusammen, gingen morgens ins Fitnessstudio oder abends in den Irish Pub, wo ich mich bereits mit der gesamten Belegschaft angefreundet hatte – in einem Irish Pub findet man immer Freunde. Wenn wir ein Glas Wein oder eine Flasche Wasser tranken, sagte David mehr als einmal zu mir: »Du hast echt Glück, in diesem Team zu sein.« Er wusste, wovon er sprach, denn es war genau die Art von Rennstall, die einem Fahrer noch nicht offenstand, als er 1997 Profi wurde, die Art Team, die ihn sicher vor Irrwegen und vielen Widrigkeiten bewahrt hätte.

David und ich waren uns sogar schon begegnet, bevor er versuchte, mich am Telefon davon zu überzeugen, beim Team Slipstream anzuheuern. Das erste Mal trafen wir uns 2003 auf dem Flughafen von Manchester, von wo aus wir zu den Weltmeisterschaften in Kanada flogen. Beim Abendessen am Tag vor dem Abflug gesellte er sich zu mir und Geraint Thomas und Matt Brammeier, den beiden anderen Mitgliedern des britischen Juniorenteams, und unserem Teamleiter Simon Lillistone. David war ein Star. 2000 hatte er den Prolog der Tour de France gewonnen. Er war regelmäßig auf den Titelseiten der Magazine. Ein Playboy, könnte man sagen. Aber die Begegnung mit ihm ließ mich mit gemischten Gefühlen zurück. Er hatte während des Essens kaum ein Wort gesagt, und es war klar, dass er eigentlich lieber woanders sein wollte. Aber ein paar Tage später gewann er den Weltmeistertitel im Zeitfahren.

Im Jahr darauf fand die französische Polizei in seiner Wohnung mehrere Fläschchen mit EPO. David wurde für zwei Jahre gesperrt. Wir haben nie über unsere erste Begegnung gesprochen; ich bin mir nicht einmal sicher, ob er sich daran erinnert. 2008 war er ein anderer Mensch geworden. Damals war er dreißig und wollte sich ein neues Leben aufbauen. Und er wollte mir um jeden Preis vergeudete Zeit ersparen; er wollte mir helfen, mich beraten, mich beschützen.

Das Team Slipstream, wie es ursprünglich hieß,* war der ideale Rennstall, um einen ersten Profivertrag oder eine zweite Chance zu bekommen. Ihre Philosophie war einfach: Sie wollten ein sauberes und glückliches Team sein. Ein Team frei von Sorgen, was doch ein ziemlich ambitioniertes Statement war... Tatsächlich malten wir uns bei unserem ersten Treffen im November 2007 unsere ideale Welt aus. Wir setzten uns in kleinen Gruppen zum Brainstorming zusammen, um Schlüsselbegriffe für das Team zu sammeln, die wir dann mit den anderen teilten.

Sieger
Freunde
authentisch
stylish
sauber
angriffslustig

Wir saßen in den prachtvoll getäfelten, von Buntglas beleuchteten Salons des altehrwürdigen Hotel Boulderado, einem der bekanntesten Bauten in Boulder, Colorado. Ich hatte noch nie eine so gute Energie gespürt. Ich hätte auch nie gedacht, dass solche Worte in einem Radsportteam ausgesprochen werden würden. Es hatte etwas von einem Firmenseminar, und es war klar, dass das Teammanagement damit bezweckte, sich seinen Plan von uns bestätigen zu lassen, anstatt ihn einfach aus dem Hut zu zaubern und uns vorzusetzen. Aber zumindest hatte jeder die Gelegenheit,

* Das Team Slipstream wurde 2005 gegründet und nach einem Filmprojekt benannt, das nie verwirklicht wurde. Der von Jonathan Vaughters geleitete und vom Geschäftsmann Doug Ellis finanzierte Rennstall etablierte sich zunächst in der dritten Division und stieg 2008 in die zweite Division auf, also in dem Jahr, in dem ich dazukam und in dem es auch den Namen seines neuen Sponsors, des Satellitennavigationsunternehmens Garmin, annahm.

sich daran zu erinnern, warum er sich gerade diesem Team angeschlossen hatte:

Pioniere
transparent
revolutionär

Unser Seminar fand in einer Art rotem Backstein-Lego-Herrenhaus statt, abwechselnd mit Weinverkostungen, die von einem Önologen organisiert wurden, und Anti-Doping-Vorträgen unter der Leitung von Anne Gripper, der Wissenschaftlerin, die im Auftrag der UCI die Betrüger jagte. Es war wirklich ein sehr schönes Weiterbildungsprogramm.

innovativ
zäh
eloquent

Schließlich warf David Zabriskie eine Formulierung in den Raum, die den Enthusiasmus und den Ehrgeiz aller Beteiligten auf den Punkt brachte: »nicht US Postal«. Der ganze Saal brach in Gelächter aus und wir gingen in die Stadt, um gemeinsam ein paar Bier zu trinken.

Das Team Slipstream war eine Splittergruppe des ehemaligen Teams US Postal und versuchte mit aller Kraft, etwas zu bewegen. Zabriskie, ein schwer fassbarer Charakter mit schwarzem Humor und ehemaliger Träger des Gelben Trikots bei der Tour, war ebenfalls früher für US Postal und dessen unnachgiebigen Chef Lance Armstrong gefahren. Andere Fahrer hatten denselben Werdegang: der aus Chicago stammende Rouleur und starke Kletterer Christian Vande Velde; Tom Danielson, der aufgrund seines Talents als die Zukunft des US-amerikanischen Radsports gepriesen wurde und bei den Rennen oft mein Zimmergenosse war; der kanadische Mountainbiker Ryder Hesjedal... Unser *directeur sportif* Johnny Weltz und unser Teamarzt Prentice Steffen, Leiter der Notaufnahme des San Francisco Hospital, hatten ebenfalls für US Postal gearbeitet, bevor sie wegen abweichender Meinungen kalt gestellt wurden oder das Team verließen. Ganz zu schweigen von unserem Teamchef Jonathan Vaughters. Auch David Millar war für einen Posten als Leutnant bei US Postal in Betracht gezogen worden, bevor seine Sperre ihm ermöglichte, einen neuen Weg einzuschlagen. Sie alle erhofften sich eine neue Herangehensweise an den Radsport, vereint durch ein »Geheimnis«, über das wir alle mehr oder weniger Bescheid wussten...

Unser Team war eine spannende Mischung aus erfahrenen Ex-US-Postal-Fahrern und Hipstern von TIAA-Cref, dem Vorläufer von Slipstream. Letztere konnten sich noch an die Anfänge des kleinen Rennstalls erinnern, als sich die Fahrer in einem Wohnmobil umzogen, an dem mit drei Seilen eine Plane befestigt war, um sie vor dem Regen zu schützen. Zu ihnen gehörten William Frischkorn, der ein paar Monate später Zweiter bei einer Tour-de-France-Etappe wurde, Danny Pate, ehemaliger U23-Weltmeister im Zeitfahren und ein fantastischer Domestik, und Jason Donald, der früher bei der Müllabfuhr gearbeitet hatte, um seine Radsportleidenschaft zu finanzieren. Sie waren die Repräsentanten dieses neuen amerikanischen Radsports. Ich wurde natürlich in die Gruppe der jungen Fahrer integriert, auch wenn ich die älteren Fahrer anfangs mit meiner tiefen Stimme und meinem starken West-Midlands-Akzent überraschte, der zur Zielscheibe des Spotts wurde. »Bist du sicher, dass du Englisch sprichst?«, fragten mich die Kollegen.

Nach der Zusammenkunft in Colorado war es an der Zeit, sich für einen festen Stützpunkt in Europa zu entscheiden. Das Team hatte seinen Service Course, also die Zentrale mit Materiallager,

Werkstatt und Büro, in Girona in Katalonien eingerichtet, einer Stadt, in der Lance Armstrong vor nicht allzu langer Zeit gelebt hatte – aber dazu später mehr... Es war eine Stadt von angenehm überschaubarer Größe, in der es sich sehr gut leben ließ und die in spanischen Zeitschriften häufig für ihre Lebensqualität gerühmt wurde. Girona bot nicht nur ein geeignetes Trainingsterrain, das uns in abwechslungsreiches Mittelgebirge führte, sondern auch ein Stadtbild voller alter Steinhäuser, herrliche Strände in der Nähe, an denen wir uns an Ruhetagen entspannen konnten, hervorragende Gastronomie (die von einem Restaurant mit drei Michelin-Sternen bis hin zu einem Imbiss reichte, der für die regionale Köstlichkeit aus mit Knoblauch eingeriebenem Brot mit frischen Tomaten bekannt war) und nicht zuletzt eine gute Verkehrsanbindung für die Rennen, da die Stadt ein wichtiges Drehkreuz für die Fluggesellschaft Ryanair war. Ich hatte das Gefühl, dass Girona für Radrennfahrer wie geschaffen war. Im Gegensatz zu Monaco, das ich schon ein paar Mal besucht hatte und das aus meiner Sicht tiefe Langeweile verströmte, strahlte Girona eine Lebensfreude aus, die ansteckend war.

Die meisten älteren Mitglieder des Teams zogen in ruhige Häuser mit Swimmingpools in den Hügeln um die Stadt, um das Familienleben zu genießen. Die Jüngeren, wie ich, zogen in die Altstadt mit ihren ziemlich lauten, aber fröhlichen Gassen. Durch Mundpropaganda kamen wir an einschlägige Adressen, direkt am Markt, im alten jüdischen Ghetto oder in der Nähe der Kathedrale – einem riesigen Bau, in dem Szenen aus *Game of Thrones* gedreht wurden. Anfangs teilte ich mir die Wohnung mit Christophe Laurent, einem Franzosen, der verpflichtet worden war, nachdem er bei der Tour of California als kämpferischster Fahrer ausgezeichnet worden war. Aber er war nie da, also hatte ich die Unterkunft praktisch für mich allein. Im folgenden Jahr teilte ich mir eine Wohnung mit meinem Landsmann Philip Deignan, der damals für das Schweizer

Team Cervélo fuhr. Ob jung oder alt, Amerikaner oder Europäer: Wir hatten alle denselben Treffpunkt an der Pont de Pedra, um neun Uhr morgens. Zwischen Februar und September konnte das Trainings-Peloton durchaus aus zehn oder mehr Fahrern bestehen. Im Winter trafen wir uns dann zu zweit oder zu dritt im Café Boira neben der Brücke: Neben David Millar war noch ein anderer ehemaliger US-Postal-Fahrer mit von der Partie, der nicht zu unserem Team gehörte, aber ein Freund war, der Kanadier Michael Barry.

David lebte mit seiner Frau Nicole und ihrem kleinen Hund Zorro im Stadtzentrum, bevor er nach Banyoles zog, etwa 15 Kilometer von Girona entfernt, am Rande der Berge. Er hatte im Team die Rolle des erfahrenen, altgedienten Routiniers angenommen, aber er hatte sich die Seele eines Neoprofis bewahrt. Er staunte darüber, welches Glück wir hatten, in diesem Team sein zu dürfen. Es überraschte und rührte ihn, dass wir, je weiter die Saison voranschritt, immer kompromissloser wurden und an den Grundprinzipien festhielten, die wir im Winter in dem Hotel in Boulder festgelegt hatten. Und ich war überrascht und gerührt von David. Wenn ich den Artikeln in der Presse Glauben schenken durfte, vor allem denen, die über seinen Aufstieg und Fall und sein Comeback berichteten, dann gab es im Leben eines jungen Profis immer einen Moment, in dem er mit der Realität hinter den Kulissen konfrontiert wird und die Doppelzüngigkeit durchschaut. Jahrzehntelang war diese harte Konfrontation mit der Realität Tausenden von Fahrern schmerzhaft widerfahren.

Wäre es ein paar Jahre früher und in einem anderen Team gewesen, wären die Trainingsausfahrten, die ich mit David unternahm, die ideale Gelegenheit gewesen, mir Ratschläge zum Thema Doping zu geben. Um mir aufrichtig zu helfen, hätte der »alte Hase« mir praktische Tipps gegeben, wie man an Produkte kommt und die entsprechenden Dealer auftut. Natürlich lässt sich das nicht mit Bestimmtheit sagen, aber zu einem anderen Zeitpunkt oder in einem anderen Team hätte ich wahrscheinlich solche Dinge zu hören bekommen. Im Kern hätte die Botschaft, die mein Mentor mir hätte vermitteln wollten, wohl gelautet: »Du hast keine andere Wahl, so ist es nun mal, da musst du durch.« Aber wenn ich mit David unterwegs war, bekam ich nichts dergleichen zu hören. Wir unterhielten uns über die schönsten Strecken rund um Girona, über die großen Pässe und heiligen Orte des Radsports, die er erklommen hatte und die ich unbedingt entdecken wollte, über unsere gemeinsame Leidenschaft für gutes Essen und über die Schlangen, die auf den Straßen ihr Nickerchen hielten.

Wenn wir über Doping und dessen Bekämpfung sprachen, war David sehr enthusiastisch: »Niemand geht so weit wie wir. Wir sind den anderen weit voraus. Wenn wir zeigen können, dass wir Rennen ohne Doping gewinnen können, geben wir anderen Teams und Fahrern Hoffnung. Wir werden das Doping nicht zu 100 Prozent ausrotten, aber ich glaube, wir werden es deutlich reduzieren. Deine Generation wird eine der ersten sein, die davon profitieren wird.« Der Radsport machte damals eine sehr schlimme Phase durch. Nach Lance Armstrongs fragwürdiger Dominanz bei der Tour de France von 1999 bis 2005 wurde der Sieger der nächsten Ausgabe, Floyd Landis, disqualifiziert, nachdem er positiv auf Testosteron getestet worden war. Im Jahr 2007 dann wurde der Träger des Gelben Trikots, Michael Rasmussen, wenige Tage vor seinem sicher scheinenden Sieg des Landes verwiesen, weil er die Anti-Doping-Behörden während der Vorbereitung auf das Rennen über seinen Aufenthaltsort angelogen hatte, womit er sich möglicherweise vor Dopingkontrollen in seiner Heimat hatte drücken wollen. Es gab eine Flut von Skandalen. Als er bei der Tour de France 2006 sein Comeback nach abgesessener Sperre feierte, war David im gleichen Team wie der italienische Kletterer Riccardo Riccò, Spitzname »Kobra«, der während der Tour de France 2008 von der Polizei verhaftet wurde. Viele wären an dieser Situation verzweifelt.

Aber, wie David schon sagte, wir hatten Glück. Unsere Verträge mit dem Team Slipstream, inzwischen als Team Garmin-Chipotle unterwegs (ein Unternehmen, das GPS-Technologie in den Radsport einführte, sowie eine Kette mexikanischer Restaurants), enthielten die Auflage, ein sehr strenges Anti-Doping-Programm einzuhalten. Wir durften keine anderen als die vom Team empfohlenen Produkte zu uns nehmen; wir durften keine Ärzte konsultieren, die nicht zum Team gehörten. Wir durften keinerlei Substanzen in unsere Körper injizieren, einschließlich Kochsalzlösung, Vitaminen, Mineralien und Glukose, und auch keine der zugelassenen sogenannten »Regenerations-Produkte«. Das Team war der Meinung, dass man leicht zu verbotenen Substanzen greifen könnte, wenn man sich erst einmal daran gewöhnt hat, sich eine Nadel in den Arm zu stechen. 2011 weitete die UCI unsere Initiative auf das gesamte Peloton aus und führte die sogenannte »No Needle Policy« ein. Darüber hinaus mussten wir uns zu Hause unangekündigten Dopingkontrollen unterziehen, die von einem unabhängigen, vom Team beauftragten Labor durchgeführt wurden. In manchen Monaten musste ich drei- oder viermal Blut und Urin abgeben, und zwar im Rahmen separater Tests, die von der UCI, vom irischen Verband und im Zuge unseres teaminternen Programms durchgeführt wurden. Die Kontrolleure standen noch vor Sonnenaufgang an der Tür, womit sie mich meistens aus dem Bett klingelten. Es war anstrengend, aber es war die Sache wert.

Im Großen und Ganzen empfand ich die Atmosphäre innerhalb der Mannschaft als sehr beruhigend. Bei den Mahlzeiten gab es für uns keinerlei Einschränkungen. Allen Lim, der leitende Trainer des Teams, hatte eine sehr menschliche Sicht auf das Essen. Er empfahl uns, dass wir uns einfach satt essen sollten. »Ihr braucht Kalorien, denn bei eurer Arbeit verbrennt der Körper eine Menge davon«, ermahnte er uns. Wenn man während der Saison plötzlich ein oder zwei Kilo zunahm, relativierte Dr. Lim: »Das kann an deiner Fitness liegen. Der Körper wird vaskularisiert – du hast mehr Blut und damit auch mehr Wasser im Körper. Eine Zunahme der Körpermasse ist nicht zwingend etwas Schlechtes.« Diese Betrachtungsweise unterschied sich doch drastisch von dem drakonischen Ansatz, den ich in Marseille erlebt hatte und der häufig eine wohlbekannte Spirale nach sich zog: Mangelerscheinungen, Leistungsabfall, Depression und möglicherweise Doping. Aber ich gehörte einer Mannschaft an, deren Cheftrainer sich in seiner Freizeit einen Spaß daraus machte, sich Gourmet-Sportrezepte auszudenken, wie zum Beispiel selbstgemachte Müsliriegel oder einen Snack, der bald von unseren Konkurrenten kopiert wurde, einen Reiskuchen mit Speck und Rührei (mit Ahornsirup und manchmal einem Hauch von Parmesan).

Ich war in der richtigen Mannschaft, in einem Team, das meine Ansichten über den Sport und das Leben teilte. Vielleicht fuhr ich auch in der richtigen Ära. Trotz der großen Skandale, die immer wieder auftraten, machte ein Teil des Pelotons einen Prozess der Selbstreinigung durch. Obwohl ich sauber war, erzielte ich Resultate, die nicht lange zuvor für nicht gedopte Fahrer als unerreichbar galten. Der Giro della Valle d'Aosta, den ich so sehr liebte, war Anfang der 2000er-Jahre von einigen Teams aus ihrem Rennkalender gestrichen worden, weil sie nicht glaubten, mit Teams mithalten zu können, deren Fahrer bis obenhin voll mit EPO waren. Aber ich konnte dort zwei Etappen gewinnen, gestärkt durch den Molkenprotein-Recoverydrink, den ich unmittelbar nach der Etappe zu mir nahm. Das war ermutigend. Man nannte mir die Namen von Fahrern, die potenziell verdächtig waren, und es gelang mir, sie zu schlagen. Ich fühlte mich durch diese Ergebnisse bestärkt, ermutigt und in gewisser Weise über mich hinauswachsend. Ich wollte meine Profikarriere auf die gleiche Weise beginnen, wie ich meine Lehrzeit in der U23 beendet hatte: mit Siegen, die von diesen Milchshakes gespeist wurden.

Ich war nicht überrascht, als die ehemaligen US-Postal-Fahrer 2012 zugaben, was sie getan hatten, bevor sie zum Team Garmin stießen. Ich machte ihnen keine Vorwürfe. Ich konnte erkennen, dass sie in einer sehr düsteren Welt gelitten hatten und nun dafür kämpften, sich und ihren Sport zu verändern. Als die Details der Untersuchung der US-Anti-Doping-Agentur (USADA) an die Presse gelangten, war ich gerade bei der Tour de France und teilte mir ein Zimmer mit Christian Vande Velde. Es war der Tag des Einzelzeitfahrens in Besançon. Die Medien umzingelten unseren Mannschaftsbus. Unser Kapitän wollte sich an diesem Tag nicht äußern und wartete bis zum Ende der Saison, um seine früheren Taten zu bestätigen und sein Bedauern auszudrücken, aber er wandte sich an mich und fragte: »Hast du die Nachrichten im Fernsehen gesehen? Falls du Fragen hast, ich höre zu.« Ich sagte ihm, dass ich glaubte zu verstehen.

Mein Charakter und meine Einstellung zum Leben spielten ebenfalls eine Rolle in diesen kritischen Momenten, in denen man von Zweifeln überwältigt werden kann und auf die falsche Seite zu geraten droht. Ich war in keiner Weise anfällig für Doping. Ich hätte mich nie dazu verleiten lassen, egal in welcher Situation. Ich erinnerte mich an die Rennen, die wir uns als Familie während des EPO-Jahrzehnts im Fernsehen angesehen hatten, und daran, dass mein Vater manchmal mit den Augen rollte. Diese Botschaft reichte mir. Ich wusste, dass mit unserem Sport etwas nicht stimmte. Ich liebte den Radsport, aber ich war nicht dumm.

Gleich in meiner ersten Profisaison 2008 entschied ich, mich auf keinen Fall von meinem Kurs abbringen zu lassen. Manche behaupteten, dass alle gedopt gewesen seien, aber ich brauchte mich nur in meinem eigenen Team umschauen, um zu erkennen, dass dem nicht so war. Darüber hinaus bot mir der weit verbreitete Betrug, der sich abspielte, eine angesichts meines Werdegangs und meiner Unabhängigkeit durchaus vertraute Zuflucht. Ich hatte es fast ganz allein dorthin geschafft, wo ich jetzt war, unterstützt nur von meiner Familie und einer Handvoll Freunde. Ich gehörte keinem Clan an und versuchte nicht, es allen recht zu machen oder so zu sein wie alle anderen. Wenn man mir erzählte, dass man ohne Doping nicht gewinnen könne, hat mich das nur angespornt, den Leuten das Gegenteil zu beweisen.

Wenn ein Fahrer über das Doping nachdenkt, das in seinem Umfeld stattfindet, hat er vier Möglichkeiten:

A) Du übst deinen Sport mit einer mutlosen und defätistischen Grundhaltung aus.
B) Du gibst deinen Sport auf.
C) Du fängst selbst an zu dopen.
D) Du denkst nicht darüber nach.

Ich entschied mich für Option D.

Ich wusste, dass es Doping gab, aber ich habe mich von diesem Wissen nicht beeinflussen lassen. Außerdem wurde ich während meiner gesamten Laufbahn nie Zeuge eines Betrugs. Niemand hat mir eine verbotene Substanz angeboten oder empfohlen, niemand hat mir je eine solche gezeigt, geschweige denn sie vor meinen Augen konsumiert. Es stimmt, dass ich bei Teams unterschrieben habe, in denen einige Fahrer und Mitarbeiter zu Dopingvergehen befragt worden waren oder in naher Zukunft befragt werden würden. Aber keiner dieser Leute hat je mit mir über dieses Thema gesprochen. Kurzum, mir wurde nie etwas angeboten. Überall, wo ich hinkam, wurde ich respektiert. Jeder machte sein eigenes Ding.

Vielleicht war ich auch von Natur aus mit einer gehörigen Portion physischer Stärke gesegnet, die mir zugutekam. Jonathan Vaughters bestätigte, dass ich in physiologischer Hinsicht viel stärker war als der Durchschnitt, und hatte auch eine wissenschaftliche Erklärung dafür. Der Teammanager von Garmin beharrte darauf, dass ich nach den Gesetzen der Natur die gesamte DNA meiner Mutter geerbt habe, und da Stephen Roche ihr Bruder war, musste man davon ausgehen, dass ich einige der Eigenschaften des »Triple Crown«-Siegers von 1987 teilte. Dieser Gedanke amüsierte meine Mutter, die daraufhin die volle Verantwortung für mein sportliches Können für sich reklamierte. Auch mein Vater lachte darüber und sagte: »Ich hatte also nichts damit zu tun?«

Davon abgesehen war ich nie häufig zum Arzt gegangen, und meine Hausapotheke war fast leer. Deshalb ärgerte ich mich, als ich feststellte, dass die Formschwankungen, die jedes Jahr im Frühjahr auftraten, mit einer Allergie zu tun haben mussten. Ein paar Freunde brachten mich schließlich auf diese Erklärung, die mich eigentlich hätte ermutigen sollen: Ich war nicht schlecht in Form, sondern hatte lediglich gesundheitliche Probleme, die ich mit der richtigen Behandlung kurieren könnte. Dennoch machte mich diese Aussicht nicht glücklich. Ich hatte von Fahrern gehört, die von einer Arztpraxis zur anderen pendelten, um die beste Allergiebehandlung zu finden, und wie viel Zeit das in Anspruch nahm. Ich war besorgt, dass die Produkte nichts bringen oder Nebenwirkungen haben würden. Und ich sträubte mich immer noch gegen die Einnahme von Medikamenten, obwohl sie in meinem Fall eindeutig notwendig waren.

Es widerstrebte mir sogar, eine Schlaftablette zu nehmen, denn ich wollte, dass mein Körper sich selbst heilte, und ich war der Meinung, dass ein natürlich herbeigeführter Schlaf viel effektiver ist. Indem ich meine Koffeinaufnahme auf nur 50 Milligramm beschränkte, die als Gel eingenommen wurden, schlief ich jede Nacht wie ein Baby. Dies war das synthetische Äquivalent zu einer Tasse Espresso, aber weit weniger als die in den Jahren bis 2004, als das Internationale Olympische Komitee einen erhöhten Koffeinspiegel noch als Doping einstufte, maximal tolerierte Dosis. In der letzten Stunde eines Rennens spürt man definitiv eine Wirkung, und bei Eintagesrennen, bei denen die Erholung danach nicht wichtig war, erhöhte ich meine Dosis zum Teil auf bis zu 100 Milligramm, auch wenn das hieß, dass ich dann oft nicht vor drei Uhr morgens einschlafen konnte.

Schmerzen gehören zum Radsport, aber statt sie zu verdrängen, entschied ich mich in den meisten Fällen dafür, das Gefühl bereitwillig anzunehmen. Von Zeit zu Zeit nahm ich Paracetamol, um die Müdigkeit und die dumpfen Schmerzen zu betäuben, die drei Wochen brutaler Rennsport dem Körper zufügen, aber dann stellte ich fest, dass es sich eher um ein Placebo handelte. Ich zog es vor, auf die Botschaften meines Körpers zu hören und zu spüren, wo meine Grenze lag. Denn so hoffte ich, mich präziser in jenem minutiösen Drahtseilakt bewegen zu können, der unausweichlich ist, wenn man am oberen Rand seines Leistungsbereichs unterwegs ist. Oft sind es nur ein paar Watt, die den Unterschied ausmachen, ob man komplett platzt oder das angeschlagene Tempo bis ins Ziel durchhalten kann.

In Wahrheit konnte ich auf Schmerzmittel verzichten, weil ich eine viel höhere Toleranz gegenüber körperlichen Qualen habe als der Durchschnittsfahrer. Das wusste ich schon seit meinem 13. Lebensjahr, als ich mir bei einem Fußballspiel im St. Francis College den Daumen auskugelte, um ein Tor zu verhindern. Ich weigerte mich, das Spielfeld zu verlassen. Als meine Eltern mich später aus dem Krankenhaus abholten, erzählte ich ihnen stolz: »Nun, die anderen haben kein Tor gemacht.« Es hatte so viel auf dem Spiel gestanden, dass ich entschlossen war, den Schmerz zu verdrängen. Die gleiche Einstellung hatte ich später auf dem Rad, wenn ich mich verletzte oder wenn ich mich auf den Sieg konzentrierte und spürte, wie mein Körper brannte.

Kapitel 8

Sean Kelly austricksen (Die Angst vor dem Verlieren)

Marseille, Mittelmeer, Mistral: Mein erstes Rennen als Profi hatte etwas von einem Déjà-vu. Ich begann die Saison 2008 mit dem Grand Prix La Marseillaise, dem Eröffnungsrennen in Europa, auf den Straßen, auf denen ich früher trainiert hatte. Jedes Element der Szenerie war genau so, wie ich es in Erinnerung hatte. Der Sonnenschein täuschte, denn der Mistral, ein Wind aus dem Norden, hatte die Temperatur auf etwa zehn Grad gedrückt. Wir übernachteten in einem Hotel, das zwei Kilometer vom Service Course des Vélo Club La Pomme entfernt war. Das Ziel lag am Vieux Port, im Herzen von Marseille, inmitten von Touristen, Fischern und Souvenirverkäufern. Ich kam im Hauptfeld ins Ziel. Ich war endgültig auf dem Weg.

Tourmalet, Terror, Tempo: Mein erstes Ziel des Jahres war es, Mitte Juni den Pass zu bezwingen, der in meiner Jugend so wichtig gewesen war. Das Etappenrennen Route du Sud fand zwischen dem Critérium du Dauphiné und der Tour de France statt. Es würde sich wahrscheinlich in den Pyrenäen entscheiden, wo die Hitze glühend und die Luft trocken war und der Wind kaum Abkühlung brachte. Mein Onkel Stephen hatte das Rennen im Jahr 1985 gewonnen. 14 Jahre später gewann unser Teammanager Jonathan Vaughters die Rundfahrt. 2008 begann die dritte Etappe am Fuße des Tourmalet, genau wie bei meinem Ferienabenteuer als Teenager. Ich bezog Kraft aus dem besonderen Ort, aus dieser von mächtigen Kräften gestalteten Hochgebirgslandschaft. Nachdem ich das kleine Dorf Barèges durchquert hatte, konnte ich sehen, wie sich die Straße in anarchischen Kurven durch die grünen Weiden schlängelte wie eine Spaghettinudel durch Pesto. Die letzten zwei Kilometer bis zum Gipfel waren die schwersten. Der Tourmalet flüsterte mir ins Ohr: »Das ist dein Tag! Du weißt, dass ich dir Glück bringe. Trink, iss, atme, lass die Pedale kreisen. Und genieße es!«

Die Mannschaft machte das Tempo für mich wie für das Gelbe Trikot bei der Tour de France, die Jungs fuhren hintereinander aufgereiht und nahmen mich aus dem Wind, weil ich in der Gesamtwertung an zweiter Stelle lag und sie an mich glaubten. Wir fuhren über den Col d'Azet und den Col de Peyresourde. Von dort aus ging es hinab nach Bagnères-de-Luchon und dann wieder hinauf zum Skigebiet von Superbagnères. Christophe Moreau, der frühere Festina-Fahrer, war an meinem Hinterrad und bereit, mich anzugreifen. Er war mein gefährlichster Gegner. Er hatte einen aufrechten Fahrstil, einen gut gestutzten Ziegenbart, trat einen großen Gang im Stile eines Rouleurs und trug stolz das Trikot des Französischen Meisters. Aber fünf Kilometer vor dem Ziel erhöhten wir ein klein wenig das Tempo, um kaum einen Kilometer pro Stunde, und das gab ihm den Rest. Das passierte in dem Moment, als mein letzter verbliebener Teamkollege, der Australier Trent Lowe, ausscherte, um mich vorbeizulassen. Ich hielt das leicht erhöhte Tempo aufrecht und hängte Moreau ab, ohne eine Attacke fahren zu müssen. Im Ziel lag ich 58 Sekunden vor ihm. Der Etappensieg ging an den polnischen Kletterer Przemysław Niemiec. Ich übernahm das orangefarbene Leadertrikot. Es war ein schöner Moment, aber aus Aberglauben habe ich zu den Journalisten gesagt: »Ich möchte nicht heute schon sagen, dass ich glücklich bin.« Aber es gelang mir, das Trikot des Gesamtführenden auf der letzten Etappe zu verteidigen. Mit 21 Jahren wurde ich der jüngste Sieger in der Geschichte der Route du Sud.

Als ich nach Girona zurückkam, merkte ich, dass meine Teamkollegen alle sehr aufgeregt waren, vor allem die jüngeren, denn sie hatten erkannt, dass sie in den Rennen ihre Chancen bekommen würden. Wenn sie das Gefühl hatten, die Beine zu haben, um zu gewinnen, würde das Team sie nicht zurückhalten. Sie waren nicht nur dazu verdammt, Wasserträger für die Routiniers zu spielen oder als Praktikanten im Büro Kaffee zu kochen. Jeder hatte eine Chance. Ein paar Monate später, bei der Tour of Great Britain, bekam ich sogar Unterstützung von unserem »freundlichen Riesen«, dem Schweden Magnus Bäckstedt, immerhin Sieger von Paris–Roubaix 2004. Magnus war einer der letzten Fahrer aus einer Ära, in der Radprofis das komplette Gewichtsspektrum zwischen 50 und fast 100 Kilogramm abdeckten – er lag am oberen Ende, mit 94 Kilogramm, mit denen er die härtesten Alpen- oder Pyrenäenpässe hinaufkam. Ich habe das Rennen zwar letztlich nicht gewonnen, aber Magnus hatte sich, Teamkamerad durch und durch, voll und ganz in meinen Dienst gestellt. Es gab keine Hackordnung entsprechend der Palmarès der Fahrer. Es galt das Motto: Einer für alle, alle für einen.

Mein Sieg bei der Route du Sud war ein fantastischer Start in mein erstes Jahr als Profi, aber ich wurde von dem Gefühl geplagt, dass das Rennen zu einfach gewesen war und ich nicht genug gelitten hatte. Ich hatte nicht erwartet, dass mein erster Profisieg sich so anfühlen würde und dass ich so schnell ein Rennen gewinnen könnte. Ich ließ das Geschehen auf den vier Etappen noch einmal Revue passieren. Auf der ersten Etappe kam ich in eine Ausreißergruppe mit etwa 30 Fahrern. Auf der zweiten, einem 17 Kilometer langen Bergzeitfahren zum Kurort Cauterets, konnte ich meinen Rückstand auf 44 Sekunden begrenzen. Letztendlich musste ich nur Christophe Moreau schlagen. »Das gehört dazu, ein Sieg wird Etappe für Etappe aufgebaut. Du warst der Klügste und der Konstanteste«, ermutigten mich einige erfahrene Teamkollegen. »Die anderen hätten halt darauf achten müssen, auch in die Ausreißergruppe am ersten Tag zu kommen!«

Dann unterhielt ich mich mit David Millar, der in der ersten Saisonhälfte ebenfalls erfolgreich war, als Teil des Slipstream-Teams beim Giro, das Anfang Mai das Mannschaftszeitfahren in Sizilien gewann. Er freute sich über unsere Siege: »Diese Siege machen Hoffnung auf weitere Erfolge in der Zukunft. Früher musste man eine Wahl treffen. Entweder hat man gewonnen, musste dafür aber dopen, oder man hat sich geweigert zu dopen, aber es war fast unmöglich zu gewinnen.«

Eine Woche nach der Route du Sud fanden die Irischen Meisterschaften statt und ich richtete meinen Fokus auf den Rundkurs von Midleton im County Cork, der auf Rouleure, Sprinter und angriffslustige Fahrer gleichermaßen zugeschnitten zu sein schien. Angesichts meiner Form hoffte ich auf einen Podiumsplatz, vorausgesetzt, ich könnte das Team An Post loswerden. Ich trat als Einzelstarter an, mein Vater fungierte als Teammanager in einem gemieteten Begleitfahrzeug, und ich musste gegen ein Bataillon »irischer Postboten« antreten, deren Teamchef Sean Kelly war. Ich würde es schlau anstellen müssen... Zunächst wollte ich es in eine Ausreißergruppe schaffen. Ich griff nach zehn Kilometern an, um zu verhindern, dass ich in einem Peloton festsitze, in dem sich alle gegenseitig beäugen und eher darauf bedacht sind, die Attacken der Konkurrenten zu neutralisieren, als selbst die Initiative zu ergreifen. Einer der erfahrensten Fahrer im Feld, Ciarán Power, war quasi als Manndeckung mit mir in die Gruppe gegangen. Wir wurden nach etwa 50 Kilometern wieder eingeholt, aber ich schlüpfte in eine andere Ausreißergruppe. Jedes Mal wies Sean Kelly einen seiner Männer an, bei mir zu bleiben. Paídi O'Brien war einer von ihnen. Er stammte aus dem County Cork und war für seine Sprintschnelligkeit bekannt, vor ihm musste ich mich also in Acht nehmen. Ich wusste, dass er sich je nach Gegebenheiten mit einem der anderen Ausreißer wie Brian Kenneally oder David O'Loughlin zusammentun könnte. Für sie war ich der Mann, den es zu schlagen galt, und ihr Plan würde aufgehen, wenn sie mich abwechselnd angreifen würden.

Ich begann, meine Schultern kreisen zu lassen und vor Schmerzen das Gesicht zu verziehen. Sean sah das und wies seinen Fahrer an, aufs Tempo zu drücken, in der Hoffnung, dass er mich brechen würde. Ich blieb an seinem Hinterrad. Keiner der anderen Fahrer forderte mich auf, mich an der Führungsarbeit zu beteiligen, denn sie rechneten damit, dass ich mich jeden Moment aus der Spitzengruppe verabschieden würde. 25 Kilometer vor dem Ziel geschah genau das, allerdings fiel ich nicht zurück, sondern fuhr vorne raus. Ich attackierte am Saleen Hill, und niemand konnte mir folgen. Es war weit und breit kein Motorrad zu sehen, das uns mit einer Schiefertafel über die Zeitabstände zwischen den Gruppen informieren würde. Tatsächlich hatte ich das ganze Rennen über noch keins gesehen. Um auf Nummer sicher zu gehen, fuhr ich daher einfach weiter so schnell, wie ich konnte. Fünf Kilometer vor dem Ziel fuhr mein Vater im Mietwagen zu mir auf und teilte mir mit, dass mein Vorsprung etwas mehr als drei Minuten betrug. Ich drückte weiter aufs Tempo und gewann das Rennen vor Paídi O'Brien und Brian Kenneally. Mein Cousin Nico wurde Vierter. Unweit des Podiums traf ich auf Sean Kelly, der mich fragte: »Ich habe gesehen, dass du in Schwierigkeiten warst. Was ist passiert?«

»Sean«, antwortete ich, »ich habe mich zu keinem Zeitpunkt schlecht gefühlt. Es war alles nur gespielt.« Ich hatte es tatsächlich geschafft, den Meistertaktiker Kelly auszutricksen.

Wir feierten das Meistertrikot mit dem Kleeblatt im Kreis der Familie, denn die Reise nach Irland war eine schöne Gelegenheit, ein paar Tage bei meinen Großeltern in Dublin zu verbringen. Wir verlebten einen Nachmittag am Strand von Seapoint, wo mein Großvater und meine Mutter früher trotz der Kälte und der Strömungen fast jeden Tag schwimmen gegangen waren. Ein paar Jahre zuvor hatte ich hier noch bei Ebbe Muscheln gesammelt, zusammen mit meinem Bruder Tom, Nico und seiner Schwester Christel. Das Haus in Dublin war voller Erinnerungen an meine Cousins und Cousinen. Jedes Mal, wenn ich die Treppe im Wohnzimmer sah, dachte ich an die kleinen Spielzeugautos, mit denen Nico und ich zwischen den einzelnen Stufen um die Wette gefahren waren. Keiner von uns wollte verlieren; Gott behüte, dass ich den Namen des Gewinners verrate. Ich dachte auch an den Tag zurück, als ich elf Jahre alt war und wir versuchten, Tandem zu fahren, Nico als Pilot und ich auf dem hinteren Sattel. Für mich war es das pure Grauen, nicht die Fahrtrichtung bestimmen zu können. Seit diesem Tag habe ich nie wieder auf einem Tandem gesessen.

Ich freute mich darauf, Ende August bei der Tour of Ireland im Trikot des Landesmeisters an den Start zu gehen. Das Rennen ging über fünf Etappen mit Start in Dublin und Ziel in Cork, mit Zwischenstopps in Waterford, Thurles, Loughrea, Ballinrobe, Galway, Limerick, Dingle und Killarney. Wieder zurück in Girona besprach ich meine Pläne – natürlich standesgemäß in einem Irish Pub – mit Alyssa Morahan, der leitenden Soigneurin unseres Teams, die mir inzwischen zu einer Vertrauten und Freundin geworden war. Sie war schon seit 2003 dabei und hatte miterlebt, wie sich das Team von einem Juniorenprogramm zu einem ernstzunehmenden Profirennstall entwickelt hatte. Ein Teil ihrer Familie stammte aus Irland, und so hatte sie natürlich Gefallen am »irischen Burschen« im Team gefunden. »Das wird super! Du wirst es lieben«, sagte sie, um mich zu ermutigen. Die Tour of Ireland war das vorletzte Rennen einer Reihe von Etappenrennen, in denen das Team mich testen wollte, um mich auf größere Aufgaben vorzubereiten. Ich hatte die Dänemark-Rundfahrt und die Portugal-Rundfahrt absolviert, und die Tour of Britain stand mir noch bevor. Das bedeutete, dass ich innerhalb von anderthalb Monaten 30 Etappen in vier verschiedenen Ländern fahren würde. Meine erste »Grand Tour«, wenn man so will, von meinen Teammanagern maßgeschneidert. Diese Erfahrung war so wichtig für meine Entwicklung, dass ich die Chance auf meine ersten Olympischen Spiele in Peking, für die ich im Sommer nominiert worden war, ausschlug. Leider dauerte meine Tour of Ireland wegen einer Magenverstimmung nur zwei Tage. Noch bedauerlicher ist, dass ich nie zu meiner nationalen Rundfahrt zurückkehrte. 2009 entschied ich mich stattdessen, mein Debüt bei der Vuelta a España zu geben, und danach wurde die Tour of Ireland leider eingestellt.

Bei der Spanien-Rundfahrt, der ersten Grand Tour meiner Karriere, kam ich einigen der Geheimnisse auf die Spur, die zum Sieg führen:

1. Den Sieg fängt man wie einen Fisch. Man wirft den Köder aus, wartet darauf, dass er anbeißt, und glaubt daran, dass man ihn fangen wird. Vielleicht muss man lange darauf warten. Man muss sich selbst davon überzeugen, dass man ihn fangen wird, und zwar nicht in vager »Früher oder später wird's schon klappen«-Manier, sondern innerhalb eines abgesteckten Zeitrahmens, der kurz genug ist, um den Fisch im richtigen Moment an den Haken zu bekommen. Ein Sieg kann überraschend kommen, aber er wird herbeigesehnt worden sein, den Gedanken daran wird man tief in sich gehegt haben.
2. Siege sind kumulativ. Je mehr man gewinnt … desto mehr gewinnt man. Das Gegenteil ist sogar noch wahrer: Wenn man vergisst, wie man gewinnt, und eines Tages dann auf die

richtigen Reflexe angewiesen ist, um zu gewinnen, weil nun endlich ein Sieg winkt, hat man letztlich keine Chance.

Ich habe bei der Spanien-Rundfahrt 2009 keine Etappe gewonnen, aber ich habe gesehen, wie meine Teamkollegen es taten, und ich habe von ihnen gelernt, wie man sich besser mit dem Sieg vertraut macht.

Tyler Farrar gewann die elfte Etappe im Sprint. Ryder Hesjedal gewann die Bergankunft auf der nächsten Etappe. David Millar gewann das Zeitfahren am Tag vor der abschließenden Tour d'Honneur nach Madrid. Jeder von ihnen hatte in seiner persönlichen Domäne geglänzt, aber jeder dieser Siege war auch mit den anderen verknüpft. Der Appetit kommt mit dem Essen, heißt es. Ebenso glaube ich, dass jeder Sieg den jeweils nächsten ermöglichte. Nicht etwa, weil wir von dem Wunsch getragen waren, den Teamkollegen nachzueifern oder ihnen in nichts nachzustehen. Es ist einfach so, dass das Siegen eine starke und gesunde Energie erzeugt, und davon haben wir alle profitiert.

Der andere Sieger dieser Vuelta, auch wenn er während des Rennens nicht auf dem Podium stand, war Svein Tuft, der Mann, der immer vorne fuhr. Der Kanadier hatte sich lange Zeit mit allen erdenklichen kleineren Jobs durchgeschlagen, um sich erstaunliche Soloreisen leisten zu können – bzw. Reisen mit seinem Hund, um genau zu sein. Er fuhr mit dem Schlitten nach Alaska und mit dem Fahrrad nach Mexiko. Tausende von Kilometern, um die Welt zu sehen und unter den Sternen zu schlafen. Aber er machte nicht den Eindruck, dass es ihn langweilte, im Peloton mitzufahren. Für ihn war diese Erfahrung nur ein weiteres seiner Abenteuer. Er gab sein Bestes, oft zum Wohle anderer. Svein war eine Inspiration aufgrund seiner Charakterstärke und Aufopferung. Er erinnerte uns daran, dass der Sieger eines Radrennens das Äquivalent zu einem Fußballer ist, der den Ball ins Tor schießt. Aber wer hat den entscheidenden Pass gespielt? Wie ist der Ball zu ihm gekommen? Tylers Sieg, Ryders Sieg und sogar Davids Zeitfahrsieg waren das Verdienst aller im Team Garmin, einschließlich des Trainer- und Betreuerstabs. Auf die ewige Frage »Ist der Radsport ein Einzel- oder ein Mannschaftssport?« haben wir eine klare und eindeutige Antwort gegeben.

Ich beendete diese erste Vuelta auf dem 53. Platz, eine Stunde und 26 Minuten hinter Alejandro Valverde, und das war eine tolle Leistung. Ein Resultat ist etwas anderes als eine Leistung, auch wenn wir dazu neigen, die beiden zu verwechseln. Es gibt tausend Arten und Weisen, ein Resultat zu erzielen. Umgekehrt kann man außergewöhnliche Anstrengungen unternehmen, ohne dafür mit einem guten Resultat belohnt zu werden. Ich blieb den Grundsätzen der Bescheidenheit treu, die meine Altvorderen mir beigebracht hatten: Gib dein Bestes, und dann werden wir sehen; wenn du von jemandem geschlagen wirst, der stärker ist als du, hast du nichts zu bedauern.

Meinen ersten Etappensieg bei einer Grand Tour errang ich zwei Jahre später. Es war wieder bei der Vuelta, am 28. August 2011. Im Laufe der Zeit hatte ich gelernt, mich dem Sieg anzunähern, indem ich mir alle möglichen strategischen Erkenntnisse zunutze machte. An diesem Tag stellte ich mir vor, ein Sprinter zu sein. Ich wollte so fahren wie sie, denn sie sind die Fahrer, die am besten darin geschult sind, sich komplett auf ein Ziel zu fokussieren und genaue Berechnungen anzustellen – sie haben keinen Spielraum für Fehler, ihr Spielfeld ist kaum 300 Meter lang. Das Ziel war der Gipfel von La Covatilla, oberhalb der Stadt Béjar. Auf halber Höhe des Anstiegs, sechs Kilometer vor dem Ziel, griff Vincenzo Nibali an, wurde aber wieder eingeholt. Kurz danach habe ich mir gesagt, dass ich es versuchen muss. Ich griff über die linke Seite der Straße an. Auf der rechten Seite sah ich einen Fahrer, der das Gleiche tat wie ich. Ich blickte hinüber: Es war Nico. Wir fuhren weiter. Unser

Ziel war es, einen kleinen Vorsprung auf die großen Favoriten herauszufahren. Ich trat sehr hart in die Pedale, fuhr aber in meinem eigenen Tempo. Was nun zählte, war weniger Kraft als reine Geschwindigkeit.

Drei Kilometer vor dem Ziel wurde die Etappe fast wie ein flämischer Klassiker. Ich wurde eingeholt. Ein furchterregender Seitenwind fegte über uns hinweg. Ich suchte ein wenig Deckung am Straßenrand neben den Absperrungen und versuchte, mich so gut es ging vor dem Wind zu schützen. Die Gruppe der Kletterer zog sich in die Länge und drohte auseinanderzubrechen. Wir wechselten uns in der Führungsarbeit ab, um uns vor den Böen zu schützen. Windstaffeln begannen sich bilden – auf einer Bergetappe. Die beiden Sky-Fahrer Bradley Wiggins und Chris Froome drückten ordentlich aufs Tempo. Der Niederländer Bauke Mollema wurde von seinen langen Beinen angetrieben, beflügelt von der Aussicht, das Rote Trikot des Gesamtführenden von Joaquim Rodríguez zu übernehmen, der zurückgefallen war. Alles, woran ich denken konnte, war der Bogen, der den letzten Kilometer ankündigte. Das würde meine Ziellinie sein. Was auch immer danach passieren würde… Das ist ein weiterer Trick, den ich von den Sprintern gelernt habe. Die *flamme rouge* markiert den Beginn der Siegeszone. Ich kontrollierte meine Atmung. Man musste vor den letzten 200 Metern attackieren, denn diese verliefen wieder leicht bergab. Der Erste, der attackierte, würde gewinnen, es sei denn natürlich, seine Beine wären zu Pappe geworden. Ich griff an. In diesem Moment wusste ich, dass ich meine Vuelta-Etappe gewonnen hatte.

Ich dachte an meine erste Spanien-Rundfahrt. An die Siege, die meine Freunde im Team eingefahren hatten. Dieses Rennen war eines derjenigen, die mich am meisten ins Grübeln gebracht hatten. Vor allem, als mein Teamkollege Christian Meier vier Tage vor Madrid das Rennen verlassen musste. Christian war ein ruhiger und ausgeglichener Fahrer, der wie Svein Tuft aus Kanada stammte, wo er viel Zeit auf der Farm seiner Großeltern verbracht hatte. Nach dem Ende seiner Karriere pflegte er seine Leidenschaft für sehr guten Kaffee und eröffnete mit seiner Frau Amber eine Rösterei und einen Laden, der zu einem Anlaufpunkt in Girona werden sollte. Ich konnte spüren, wie er sich zurückzog. Abends nach den Etappen hatte er einen abwesenden Blick. Eine Zeit lang wollte er mir nicht sagen, was ihn bedrückte. Dann, eines Tages, erklärte er sich mir. Sein älterer Bruder hatte über Kopfschmerzen geklagt und als er sich untersuchen ließ, hatte man einen Hirntumor entdeckt. Zwei Tage später war er operiert worden. Sein Leben und das seiner Familie hatten sich von jetzt auf gleich verändert. Im September 2009 erlitt sein Bruder einen Rückfall. Sein Krebs breitete sich aus. Er starb während der Vuelta. Alles andere wurde dann bedeutungslos. Unsere Ausreißversuche, unsere Stürze, unsere Siege. Christian ließ sich zum Gedenken an seinen verstorbenen Bruder eine Botschaft auf den rechten Unterarm tätowieren: »Letzte Chance«. Um uns daran zu erinnern, dass wir unser Leben leben müssen und dass sich unser Schicksal von einem Moment auf den anderen verändern kann…

Kapitel 9

Die Geburt des Pandas

Ich musste drei meiner Körperteile auf Vordermann bringen, um stolzes Mitglied des Lüttich-Bastogne-Lüttich-Clubs zu werden: meine Beine, mein Gehirn und meine Nasenscheidewand. Letzteres war zweifellos die heikelste Aufgabe, die es zu meistern galt; ich verbrachte mehrere Monate damit, von einer Klinik zur nächsten weitergereicht zu werden und mich mit Medizinern zu beraten.

Ich hatte schließlich herausbekommen, dass meine Probleme im Frühjahr und insbesondere bei den Ardennenrennen auf eine bestimmte Art von Pollen zurückzuführen waren, und Untersuchungen hatten ergeben, dass das Problem durch eine Fehlbildung der Nasenscheidewand, des knöchernen Knorpels, der die Nasenlöcher voneinander trennt, verschlimmert wurde. Durch die Allergie hatte sich das Gewebe in meinen Nasengängen um 150 Prozent vergrößert und meine Atmung verlangsamt. Anfangs lernte ich, meine Atmung durch den Mund zu kontrollieren, doch dann war ich gezwungen, einen medizinischen Eingriff vornehmen zu lassen. Mein Weg nach Lüttich führte also im September 2010 über London, wo ich die Gelegenheit nutzte, mich während der Tour of Britain einer MRT-Untersuchung zu unterziehen, um die Schwere des Problems zu klären. Einige Tage später hinterließ die Klinik eine Nachricht auf meinem Anrufbeantworter, während ich noch bei dem Rennen war: »Mr. Martin, Sie müssen so schnell wie möglich zu einer Nachuntersuchung erscheinen.«

Ich seufzte. Ich hatte keine Ahnung, warum ich noch einmal kommen sollte, aber weil die Chance bestand, dass ich dann vielleicht diese verdammten Allergien loswerden würde und fortan so unbeschwert wie alle anderen Rennen fahren und mich endlich ganz auf die Klassiker konzentrieren könnte, die ich so sehr liebte, rief ich die Klinik an und fuhr zurück nach London.

Der Eingriff an meiner Nasenscheidewand wurde im November 2010 in Girona durchgeführt. Die Operation verlief gut – zumindest so lange, bis ich in der Nacht niesen musste. Gegen drei Uhr morgens bekam ich starke Magenkrämpfe, die sich erst besserten, als ich anfing, mich zu übergeben. So fand ich heraus, dass ein Blutgefäß in meiner Nase geplatzt war und mein Körper das Blut, das ich unwissentlich »getrunken« hatte, abstieß. Als die Sonne aufging, wurde ich in den Operationssaal gebracht, um die Blutung zu stoppen. Letztlich zahlte es sich aber aus, dass ich die OP hatte machen lassen: Im darauffolgenden Frühjahr konnte ich endlich sowohl durch die Nase als auch durch den Mund atmen.

Um 2013 vom Panda gejagt werden zu können, musste ich außerdem Erfahrungen sammeln. Meine Beziehung zu La Doyenne war keine Liebe auf den ersten Blick, sondern eine, die Zeit brauchte, um sich zu entwickeln. Meine ersten Teilnahmen an Lüttich-Bastogne-Lüttich waren nicht besonders vielversprechend gewesen. Die erste erfolgte am 1. Mai 2005, in meinem ersten Jahr beim Vélo Club La Pomme Marseille, als ich in der U23-Kategorie fuhr. Wie so oft in dieser Saison wurde ich in letzter Minute als Ersatzfahrer nominiert. Die folgenden Worte schrieb ich an diesem Tag in mein Renntagebuch: »Platz 40. Am Vortag erfahren, dass ich fahre. Außerhalb des 5-Minuten-Zeitlimits.« Diese Espoirs-Version von La Doyenne erstreckte sich über 178 Kilometer und war eher für Rouleure und sogar Sprinter geeignet, die mit Hügeln zurechtkamen, denn die Strecke führte über die Côte d'Ans hinaus über eine lange Scheinebene bis zum Ziel in einem Beton-Velodrom. Mein moldawischer Teamkollege Ruslan Sambris belegte den dritten Platz. Die siegreiche Ausreißergruppe setzte sich bereits kurz nach dem Start ab und bestand aus etwa 30 Fahrern. Ich erreichte das Velodrom, wurde aber von den Kommissären nicht gewertet, weil ich außerhalb des knapp bemessenen Zeitlimits ankam.

Das Rennen begann in Bastogne, das auf der Hälfte der Strecke liegt, die die Profis absolvieren. Dort übernachteten wir in der Nacht vor dem Start. Die zum Frühstück servierte Pasta war dermaßen ungenießbar, dass ich sie mit Aprikosenmarmelade bestrich. So bekam ich wenigstens genug Zucker... Bevor ich mich am Start einschrieb, stieß ich auf dem Hauptplatz von Bastogne auf einen bizarren US-Panzer, der mit einem großen weißen Stern bemalt war. Ich hatte irgendwo gelesen, dass es sich um ein Relikt aus dem Zweiten Weltkrieg handelte. Im Sumpf steckengeblieben, war er während der Ardennenoffensive im Winter 1944/45 von der deutschen Artillerie beschossen worden. Seine fünf Insassen wurden gefangen genommen. Nach Kriegsende sollte der Panzer an einen Schrotthändler verkauft werden, doch der Landwirt, dem das Feld gehörte, auf dem er abgestellt worden war, erhob Einspruch, da er befürchtete, dass bei der Demontage des Wracks Öl auslaufen und der Boden verunreinigt werden könnte. Daraufhin wurde er als Kriegsdenkmal in das Stadtzentrum verlegt, wo er heute praktisch ein Museumsstück ist. Ich habe zahllose Fahrer hinaufklettern sehen, um für ein Foto zu posieren.

Drei Jahre später war ich das nächste Mal bei La Doyenne dabei. Diesmal hatte ich die komplette 261 Kilometer lange Strecke im Profipeloton zu absolvieren. Das Rennen war Teil des ProTour-Kalenders. Der Panda war noch nicht da, dafür aber Alejandro Valverde. Er pulverisierte Davide Rebellin und Fränk Schleck, seine beiden Mitausreißer, im Sprint. Was mich angeht, so kämpfte ich mit den Nachwirkungen meines Sturzes beim Flèche Wallonne vier Tage zuvor. Mein linker Zeigefinger schmerzte. Jedes Mal, wenn ich über ein Schlagloch in der Straße fuhr, verstärkten die

Vibrationen den Schmerz. Ich entschied mich, vorzeitig auszusteigen. Auch diese Leistung ist aus einigen Internetarchiven getilgt worden, aber ich kann bestätigen, dass ich bei dieser Ausgabe von Lüttich-Bastogne-Lüttich am Start war und das Ziel nicht erreicht habe. Ich habe das Rennen oben auf der Côte de la Haute-Levée aufgegeben, 60 Kilometer vom Ziel entfernt.

Bei meinen nächsten beiden Teilnahmen, 2009 und 2010, gelang es mir, das Ziel zu erreichen. Beim ersten Mal kam ich als 98. ins Ziel, elf Minuten und fünf Sekunden hinter dem Sieger Andy Schleck, beim zweiten Mal wurde ich 56. mit sieben Minuten und fünf Sekunden Rückstand auf Alexander Winokurow. Es sah vielleicht nicht so aus, aber ich machte Fortschritte. Jede Minute, die man den Kontakt zum Feld nicht verliert, jeder gewonnene Kilometer ist ein kleiner Sieg. Ich lernte die Fallstricke kennen, denen es auszuweichen galt. Lüttich ist voll davon. Ich habe in Radsportmagazinen viel über den besonderen Reiz und die Herausforderungen von Paris-Roubaix und der Flandern-Rundfahrt gelesen, aber nichts dergleichen über Lüttich-Bastogne-Lüttich. Aber ein Rennen braucht kein Kopfsteinpflaster, um episch zu sein. Lüttich ist eine Kunstform.

In Bastogne zum Beispiel kann man entweder aufgeben oder sich nach vorne arbeiten. Zu diesem Zeitpunkt sind noch 150 Kilometer zu fahren. Mein Geheimnis war, keine Verpflegung anzunehmen. Mir die Musette zu schnappen, die mir von einem unserer Betreuer gereicht wurde, war nutzlos, weil ich mindestens die Hälfte der darin enthaltenen Nahrung nicht essen würde. Ich fuhr stattdessen mit sechs Energieriegeln in den Trikottaschen, einer für jede Stunde des Rennens. Die Verpflegungskontrolle ist eine gefährliche Zone. Fahrer, die nach den Beuteln greifen, können leicht stürzen. Ich machte sie mir zunutze, um mich im Feld nach vorn zu arbeiten. Das war ein sinnvolles Manöver, bevor wir die »Mauer« von Saint-Roch erreichten, wo uns die luxemburgischen

Fans immer mit ziemlichem Tamtam empfingen. Der Anstieg ist kurz und sehr steil, und man kommt fast zum Stillstand. Wenn man am Ende des Feldes ist, ist man gezwungen, einen Fuß auf die Straße zu setzen und zu warten, dass die ersten Fahrer den Gipfel erreichen. Ich zog es daher vor, in den vorderen Reihen in den Anstieg zu gehen, denn so hatte ich auch die Möglichkeit, kurz hinter dem Gipfel noch einmal zu pinkeln, wenn das Feld zu einer langen Schlange auseinandergezogen war.

Bei La Doyenne muss man auf alles achten. Eine Abfahrt oder ein flacher Abschnitt in den Tälern kann mehr Probleme verursachen als ein Anstieg. Beim Anstieg zur Côte de Wanne hielt ich mich bewusst unter den ersten acht Fahrern des Feldes auf, um in der besten Position für die folgende Abfahrt zu sein. Es ist eine furchteinflößende Abfahrt, bei der es oft zu Stürzen kommt und die Luft schwer vom Geruch der Anspannung ist. An der nächsten Steigung, der Côte de Stockeu, befindet man sich oft noch in der gleichen Position wie auf dem Gipfel und in der Abfahrt der Côte de Wanne. Oben auf der Côte de Stockeu steht neben der Straße ein Denkmal zu Ehren von Eddy Merckx. Die nächsten Anstiege sind nicht mehr so strapaziös, aber man darf nicht in seiner Konzentration nachlassen. Man überquert die Haute-Levée, den Col du Rosier, die Côte du Maquisard, die Côte de Theux, bevor man die mythische La Redoute in Angriff nimmt…

Meine ersten Erinnerungen an den Radsport sind definitiv mit diesem steilen Streifen Asphalt verknüpft, der einen grasbewachsenen Hügel hinaufführt. 1,7 Kilometer lang geht es bergauf, und die Steigung lässt auch in den Kehren nicht nach. Überhaupt folgt die Côte de La Redoute, ein vertikales Ungetüm, einer brutal geraden Linie. Als ich 1999 in Birmingham vor dem Fernseher saß, sah ich, wie Michele Bartoli die Steigung hinaufsprintete, während Frank Vandenbroucke ihn zu einem Duell herausforderte, die Hände im Unterlenker. Die Kette auf einem riesigen 53er-Blatt trat

VDB dort, wo die Steigung 14 Prozent erreicht, einen unglaublichen Gang den Hügel hinauf. Ich fuhr hier immer eine viel bescheidenere Übersetzung von 39 x 28.

Als Fahrer habe ich gelernt, dass die sehr schnelle Abfahrt nach der Redoute genauso entscheidend ist wie der Anstieg. Sie wird mit 80 km/h gefahren und es ist wichtig, recht weit vorne im Feld platziert zu sein. Es ist schwierig, die richtige Balance zu finden: Wenn man sich zu nahe der Spitze aufhält, steht man zu sehr im Wind und verbraucht zu viel Energie; ist man zu weit hinten, kommt man nicht mehr nach vorn und steckt hinter Löchern fest, die man in den Anstiegen nicht mehr zufahren kann. Man ist immer nur fünf Plätze von der Niederlage entfernt.

Man muss die 260 Kilometer durchlitten haben, um sie zu verstehen. Man muss in Zeitlupe geklettert sein, schwankend, taumelnd, verzweifelt, um die Chance zu haben, jedes Stückchen Asphalt zu analysieren. Die Straße prägt sich in den menschlichen Körper ein. Ich habe den Streckenplan von Lüttich-Bastogne-Lüttich von Kopf bis Fuß in mich eingeprägt.

Nachdem ich 2011 nach einem Sturz beim Flèche Wallonne aufgegeben hatte – die Geschichte neigt dazu, sich zu wiederholen –, fand ich 2012 den Schlüssel zu Lüttich-Bastogne-Lüttich. Bei meiner fünften Teilnahme belegte ich den fünften Platz. Die Straßen hinter Bastogne waren vom Regen komplett nass. Unsere Beine fühlten sich wie Blei an. Wir brauchten eine halbe Stunde länger als bei der Vorjahresausgabe, um das Ziel zu erreichen. Ich trug Armlinge, um die Kälte abzuwehren. Niemand schien zu einer nennenswerten Tempoverschärfung in der Lage. An der Côte de la Roche aux Faucon, dem Anstieg nach der Redoute, schlich sich Vincenzo Nibali eher davon, als dass er richtig attackierte, gefolgt von Maxim Iglinski. Dann setzte Joaquim Rodríguez zum Gegenangriff an. Fünf Kilometer vor dem Ziel trat ich an der Côte de Saint-Nicolas an. Ich schloss die Lücke zu Rodríguez. Aber

Iglinski war immer noch vor uns, und kurz vor der Ein-Kilometer-Marke würde er Nibali einholen und ihn stehen lassen. Somit stritten wir und ein paar andere uns um den dritten Platz auf dem Podium.

Zu diesem Zeitpunkt steckten mir bereits mehr als sechs Rennstunden in den Beinen, aber dank meines speziellen Trainings war ich für dieses ungewöhnliche Ausmaß der Anstrengung gerüstet. Ich hatte gezielt daran gearbeitet, meine Qualitäten als Puncheur zu verbessern; obwohl ich im Sprint besser war als andere Fahrer mit vergleichbarer Statur, waren mir diese Fähigkeiten keineswegs angeboren. Zwei Wochen vor den Ardennenklassikern hatte ich eine letzte große Generalprobe absolviert, bei der ich in einer Trainingseinheit einen Energieverbrauch von mehr als 5.000 Kilojoule generierte, was dem eines langen Renntages wie bei La Doyenne entsprach. Der Plan war, vier Stunden lang ein gleichmäßiges, aber hartes Tempo zu fahren, so wie das Peloton, wenn es eine Ausreißergruppe verfolgt, und dann anderthalb Stunden lang die Leistung zu erhöhen, wie in der Schlussphase des Rennens zwischen der Redoute und der Côte d'Ans. Ich fuhr im Windschatten eines Motorrads, das von meinem Vater auf einem kurzen Rundkurs mit mehreren kurzen Anstiegen gesteuert wurde, den ich in der Nähe von Girona abgesteckt hatte. Mein Ziel: das Motorrad schlagen. Wir drehten immer weiter unsere Runden, bis ich einfach nicht mehr konnte, und hängten dann noch einen letzten Bergsprint hinten dran. Es war eine echte Willensanstrengung, bei der der Geist Oberhand über den Körper behalten musste. Das bereitete mich mental darauf vor, zu ignorieren, wenn die Muskeln um Gnade betteln, und wappnete mich für die Anstrengungen, die beim härtesten aller Eintagesrennen erforderlich waren…

Dieser besondere Tag war der letzte Feinschliff am Ende eines langfristig angelegten Programms, das ich auf und neben dem

Rad verfolgte und das bereits im Winter begonnen hatte, als ich dreimal pro Woche ins Fitnessstudio ging. Mein Trainer Adrie van Diemen, ein niederländischer Sportwissenschaftler, der zwei Jahrzehnte zuvor mit dem dreifachen Tour-de-France-Sieger Greg LeMond gearbeitet hatte, hatte dieses spezielle »Puncheur-Programm« entworfen. Es umfasste Kniebeugen (30 Wiederholungen in 35 Sekunden, 30 Sekunden Pause, das ganze zwölfmal) und das gleiche Pensum an Beinpressen – mit jedem Bein. Es war eine enorme Quälerei, nach der ich fast außerstande war, nach Hause zu laufen, aber es trainierte meinen Körper, hohe Mengen an Laktat zu tolerieren und sich schnell von der Anstrengung zu erholen. Selbst wenn mein Körper voller Giftstoffe war, konnte er hohe Anstrengungen einfach wiederholen. Ich glaube nicht, dass es den anderen Besuchern des Fitnessstudios gefiel, dass David Millar und ich die Trainingsstationen so lange in Beschlag nahmen; die Sessions dauerten oft länger als eine Stunde. Unsere anschließende Trainingsausfahrt mit dem Rad verlief im Schneckentempo. Aber ich verstand den Prozess, und ich fühlte mich mehr und mehr bereit für Lüttich.

Endlich war es so weit: die Côte d'Ans. Wir befanden uns an dem Abschnitt der Straße, der so entscheidend für meine Karriere werden würde. Den letzten Teil des Anstiegs, der im folgenden Jahr zur »Panda-Zone« werden sollte, überstand ich ohne Probleme. Ein Schild zeigte an, dass noch 400 Meter zu fahren waren. Ich versuchte, meine Schultern zu kontrollieren, die dazu neigen, sich so schnell zu bewegen wie meine Beine. Ich habe mich auf die letzte Tücke von Lüttich-Bastogne-Lüttich konzentriert, einen Punkt auf der Strecke, vor dem ich immer auf der Hut war, obwohl er so unschuldig aussieht: die Kurve 200 Meter vor dem Ziel. Ich wollte als Erster in die Kurve gehen, weil ich wusste, dass der Sprint zwischen Fahrern stattfinden würde, die auf der letzten Rille fuhren. Aufgrund von Ermüdung würden in der vielleicht zehnköpfigen Gruppe alle mit vergleichbarem Tempo sprinten. Als Erster in die Kurve zu gehen, wäre ein großer Vorteil. Letztendlich wurde ich aber von Enrico Gasparotto und Thomas Voeckler überholt. Als Dritter im Sprint wurde ich Fünfter des Tages, 36 Sekunden hinter dem Sieger.

Ich hatte gelernt, dass ich in der Lage war, dieses Rennen zu gewinnen. Für die 2013er-Ausgabe würde ich mehr als nur bereit sein. Ich würde gewinnen – und dem Panda begegnen.

Kapitel 10

Die Glocken, die Glocken (Die Angst, zu spät dran zu sein)

Die Strecke des Giro di Lombardia, der Lombardei-Rundfahrt, führt entlang der trägen, tiefen Seen Norditaliens. Dieses Eintagesrennen findet Anfang Oktober in der leicht feuchten Herbstatmosphäre und im fahlen, bronzenen Herbstlicht statt, und zunächst glaubte ich, es handele sich, wie der sanftmütige Spitzname »das Rennen der fallenden Blätter« vermuten lässt, um einen vergleichsweise harmlosen Klassiker zum Saisonkehraus. Bis ich die Matratzen sah, die am Ausgang jeder Kurve eilig vor die Felswände gelegt worden waren, für den Fall, dass ein Fahrer einen Fehler machen würde. Eine Matratze ist viel weicher als eine nackte Felswand! Als ich die Schutzmaßnahmen sah, zu denen der Rennveranstalter nicht verpflichtet war, die er aber offenbar für notwendig hielt, lief mir ein Schauer über den Rücken: Auf diesen engen, kurvenreichen Bergstraßen könnte man sich ernsthaft verletzen.

2009, in meiner zweiten Profisaison, startete ich einen Angriff am höchsten Punkt der Lombardei-Rundfahrt, auf dem Ghisallo-Pass, wo die Steigung 14 Prozent erreicht. Als das Peloton auf dem Weg hinauf zur Passhöhe langsamer wurde, beschleunigte ich mit aller Kraft. Die Tifosi wussten nicht, wer ich war, aber das spielte keine Rolle, sie waren begeistert. Ich hatte für mich eine persönliche Ziellinie auf dem Gipfel des Anstiegs gezogen, bekannt als Madonna del Ghisallo, einer der berühmtesten Orte der Radsportwelt. Ich sah die Wallfahrtskirche auf der linken Seite der Straße näher kommen. Die Glocken läuteten bereits, ihr Gebimmel übertönte ohrenbetäubend den Lärm der Menge – dies ist ein alljährliches Ritual, ein Fest des italienischen Radsports. In diesem Moment fühlte ich mich als Teil von etwas, das größer war als ich.

Die Abfahrt nach Como schüchterte mich ein: Hier hatte ich die Matratzen gesehen. Aber ich hatte keine Zeit, um zu stürzen oder auch nur für einen Moment die Konzentration zu verlieren. Zu mir gesellte sich eine Auswahl von Fahrergrößen jener Ära, die am Ende ihrer Laufbahn zusammen eine Tour de France, drei Italien- und zwei Spanien-Rundfahrten gewonnen haben würden: Cadel Evans, Ivan Basso, Damiano Cunego, Alexander Winokurow, Chris Horner. Wir kämpften um den vierten Platz und landeten acht Sekunden hinter dem Sieger, dem Belgier Philippe Gilbert, meinem zukünftigen Teamkollegen. Ich wurde Achter. Die Lombardei-Rundfahrt war meine erste vielversprechende Erfahrung bei einem »Monument«. Neben Lüttich–Bastogne–Lüttich und dem Flèche Wallonne war dies einer meiner Lieblingsklassiker, einer der wenigen, die für Kletterer geeignet sind, und ein Rennen, bei dem ich mein Potenzial unter Beweis stellen konnte, Jahre bevor ich in Lüttich etwas erreichte.

Im Jahr darauf, 2010, wurde ich durch einen Sturz außer Gefecht gesetzt, nicht etwa bei der Abfahrt von der Madonna del Ghisallo, sondern bereits etwa 20 Kilometer vorher, als wir in die Stadt Lecco einfuhren. Meinem Geschwindigkeitsmesser zufolge war ich zum Zeitpunkt des Unfalls mit 68 km/h unterwegs. Ich wähnte mich in Sicherheit, um Platz hundert herum im großen Feld fahrend, doch dann stürzten einige Fahrer ganz vorne. Der Regen und ein Dieselfleck – oder vielleicht waren es die gefallenen Blätter – führten dazu, dass ich mich mit einem leichten Zug an der

Bremse zu ihnen gesellte; meine Reifen verloren sofort die Bodenhaftung und ich schlug lang hin. Ich schloss die Augen. Als ich sie wieder öffnete, hatte die Zeit sich verlangsamt. Mir kam sogar der Gedanke: »Wow, ich bin schon eine ganze Weile gerutscht.« Ich sah eine Mauer, die näher und näher kam… Ich stieß mich mit dem Fuß von der Mauer ab, um sie nicht mit voller Wucht zu treffen.

Offenbar rutschte ich mehr als hundert Meter weit über den Asphalt. Und mein Fahrrad machte seinen eigenen kleinen Ausflug. Ich brauchte einige Minuten, um es zu bergen und wieder aufzurichten, während die Autos im Konvoi vorbeifuhren und Zuschauer mit Regenschirmen mir ihre Hilfe anboten. Ich hätte auf den Fahrer hören sollen, der mir auf dem Gipfel des Colle di Balisio gesagt hatte: »Ich halte hier an, ich fahre nicht runter nach Lecco, die Straße ist zu rutschig, es ist bescheuert, weiterzufahren.« Aber da sie im feucht-kalten Oktober stattfindet, ist die Lombardei-Rundfahrt nun mal unweigerlich mit Risiken verbunden.

Im folgenden Jahr wurde ich Zweiter und versuchte mein Glück erneut an der Madonna del Ghisallo. Dort, am Königsanstieg des Rennens, hatte ich erst das Gefühl, als würde ich auf der Straße festkleben. Aber mein Cousin Nico fuhr heran und machte mir Mut. Er kannte jeden Zentimeter der Strecke, denn er wohnte in der Nähe von Varese. »Komm schon, Dan! Du machst das super! Du kannst heute gewinnen!« Diese wenigen Worte haben mich aufgerichtet. Man muss sie von jemand anderem hören, damit man sie glauben kann. Ich schaltete einen Gang kleiner und ging aus dem Sattel.

Die Glocken läuteten. Ich attackierte nicht, aber ich war in einer guten Position im Feld, als ich die Madonna del Ghisallo erreichte. Im Roadbook stand, dass diese Kirche – von der Größe her eher eine Kapelle – im 17. Jahrhundert von einem Adligen erbaut wurde, der sich dafür bedanken wollte, vor den Angriffen von Räubern beschützt worden zu sein. So besagt es jedenfalls eine lokale

Legende. Sicher ist, dass sie später, nach dem Zweiten Weltkrieg, vom Papst als »Kirche der Radfahrer« geweiht wurde. Fausto Coppi und Gino Bartali führten bei dieser Gelegenheit eine Prozession zu diesem Anstieg an. Heute ist Madonna del Ghisallo einer der heiligen Orte des Radsports, zusammen mit dem Wald von Arenberg bei Paris-Roubaix, dem Koppenberg bei der Flandern-Rundfahrt und La Redoute bei Lüttich-Bastogne-Lüttich.

Zu meiner persönlichen Liste heiliger Radsport-Orte würde ich noch den Ty-Marrec (bretonisch für »das Haus der Familie Marrec«) hinzufügen, einen 1,6 Kilometer langen Hügel, wo es auf schnurgerader Straße mit recht gleichmäßiger Steigung hinaufgeht und der sich oft beim Grand Prix de Plouay, dem ersten Klassiker, den ich im August 2010 fast gewonnen hätte, als entscheidend erweist. Nachdem ich mich damals bergauf hatte absetzen können, wurde ich auf der Abfahrt zurück in Richtung Ziel wieder eingeholt. Ergänzen würde auch den in den japanischen Zedern versteckten Kogashi-Anstieg, eine Waldstraße, auf der ich 2010 den Japan Cup gewann. Aber Madonna del Ghisallo ist zweifellos der berühmteste Klassiker-Anstieg, denn er ist im wahrsten Sinne des Wortes und dank seiner Kirche auch im übertragenen Sinne eine echte Pilgerstätte für Radfahrer.

Mein Cousin hätte fast recht behalten: Beinahe hätte ich tatsächlich gewonnen. Im Ziel schlug ich Ivan Basso und Joaquim Rodríguez im Sprint, aber es ging nur noch um den zweiten Platz. Ein relativ unbekannter Schweizer namens Oliver Zaugg hatte zehn Kilometer vor dem Ziel angegriffen, und wir hatten es nicht geschafft, ihn einzuholen. Er hatte die perfekte Taktik für einen Außenseiter angewandt. Du versteckst dich in der Gruppe, sorgst dafür, dass keiner mehr auf dich achtet, und dann…

2014 eröffnete sich mir endlich eine Chance. Das Mauseloch. Genau die Sekunde, in der ich mich davonschleichen könnte. Der

Ghisallo-Pass war viel zu weit vom Ziel entfernt, denn aufgrund von Streckenänderungen befand er sich nun in der Anfangsphase des Rennens. Keinem war es gelungen, sich abzusetzen, als das Rennen in die entscheidende Phase ging. Ich befand mich in der Gruppe der Favoriten und wartete ab, aber je näher wir dem Ziel in Bergamo kamen, desto mehr dachte ich an den Sprint, der unweigerlich kommen würde. Vier Kilometer vor dem Ziel passierten wir die Porta Garibaldi, eines der historischen Stadttore von Bergamo, einen Torbogen mit zwei Holztoren, die in die Città Alta, die Oberstadt, führen. In einer Rechtskurve ging es zum letzten Anstieg auf der Via della Boccola, einer 600 Meter langen Gasse, die zwar nicht besonders steil, aber mit runden Kopfsteinen gepflastert ist. Durch die vielen Zuschauer wurde sie noch enger, so dass wir in einer Reihe fahren mussten. Philippe Gilbert war der Einzige, der es schaffte zu attackieren, aber er konnte keine Lücke reißen.

Oben angekommen war das Rennen noch nicht entschieden. Es ging nur noch bergab in den unteren Teil der Stadt. Das Problem dabei? Wir waren vorne immer noch zu neunt. Ich ließ mich ans Ende der Gruppe zurückfallen, um meine Gegner zu beobachten. Da waren Alejandro Valverde, mein Dauer-»Rivale« Joaquim Rodríguez und Philippe Gilbert, beide bereits Zweifachsieger dieses Rennens, und der schnelle Michael Albasini. Auch Samuel Sánchez, der bei der Lombardei-Rundfahrt schon dreimal auf dem Podium gestanden hatte, Fabio Aru, Rui Costa und Tim Wellens waren Fahrer, die man genau beobachten musste. Wir wussten alle, dass der Fahrer, der es schaffte, als Erster in die letzte Rechtskurve zu gehen, die sich nur 200 Meter vor dem Ziel befand, gute Chancen auf den Sieg hatte. Wir hatten alle die gleiche Taktik. Aber es ist leichter gesagt als getan.

Plötzlich, 600 Meter vor dem Ziel, stellte Gilbert, der an der Spitze der Gruppe war, seine Arbeit ein, und das Tempo wurde langsamer. Das Pokerspiel begann. Ich befand mich im hinteren Teil der Gruppe, und sobald ich spürte, dass das Tempo nachließ, griff ich auf der rechten Seite der Straße an. Gilbert wollte mir den Weg versperren, aber ich sah eine Lücke, einen denkbar schmalen Korridor zwischen dem Belgier und den Absperrungen. Er hatte begriffen, was los war, war aber sportlich genug, mich nicht vollständig zu blockieren. Von hinten kommend hatte ich die Überraschung auf meiner Seite, und mein Tempo trug mich von meinen Konkurrenten weg. Valverde schaute die anderen an, offensichtlich in der Hoffnung, dass sie mir hinterhersteigen würden. Die anderen sahen Valverde an. Ich habe keinen Moment gezögert und mich nicht ein einziges Mal umgesehen. Die letzte Kurve. Es war mir egal, ob sie direkt hinter mir waren; ich hatte mein erstes Ziel erreicht, als Führender in die letzte Kurve zu gehen! Ich fuhr in Zeitlupe durch die Kurve und sprintete mit aller Kraft, die ich noch hatte, heraus. Sie hatten verloren. Die Zielgerade war in blendendes Licht getaucht, so strahlend weiß, dass es in den Augen brannte und die Fahrer in Geister verwandelte. Ich hatte die Lombardei-Rundfahrt gewonnen.

Meine »Von hinten kommen«-Taktik schien erfolgversprechend zu sein, und nach meinem erfolgreichen Coup in Italien versuchte ich, beim Flèche Wallonne auf die gleiche Weise zu fahren.

Der Flèche war definitiv der Klassiker, der das meiste Leiden verlangte. Im letzten Anstieg, der Mur de Huy, würden unsere Beine in Flammen stehen. Das hat mit ihren außergewöhnlichen Eckdaten zu tun. Sie ist nur 1,3 Kilometer lang, hat aber eine durchschnittliche Steigung von 9,8 Prozent und eine maximale Steigung von 26 Prozent. Es gibt in der ganzen Saison kaum eine schlimmere Steigung, es sei denn, die Organisatoren des Giro oder der Vuelta entdecken einen unerschlossenen Maultierpfad und bauen ihn in den Parcours ihrer Rundfahrt ein. Auf einer Bergetappe braucht man nur langsamer zu fahren, und die Schmerzen verschwinden, aber an der Mur de Huy zwang uns die unerbittliche Steigung dazu, ohne Unterlass zu treten. Wir kannten dieses Ritual, dass wir einmal im Jahr von der Milchsäure dermaßen aufgefressen werden, dass wir hinter der Ziellinie keinen Meter mehr in die Pedale treten können und das Einzige, was uns vor einem Sturz bewahrt, ein Mitarbeiter der Rennorganisation ist, der herbeieilt, um uns zu packen und uns weiter die Straße hinauf zu den wartenden Soigneurs zu schieben.

Der Flèche Wallonne ist ein weiterer meiner Lieblingsklassiker, der an einem heiligen Ort stattfindet. Der Schlussanstieg, die Mur de Huy, die auf den Karten als »Chemin des Chapelles« bezeichnet wird, ist ein Kalvarienberg und wenn man ihn hinauffährt, kann man leicht die kleinen weißen Kapellen zählen, die Kreuzwegstationen, in ganz ähnlicher Manier, wie ich an diesem Anstieg im Rennen die Fahrer zählte, die ich überholt hatte und die noch vor mir waren…

So sah mein typisches Rennen an der Mur de Huy aus: eine wilde Verfolgungsjagd auf dem längsten Kilometer der Saison. Ich plante nicht bewusst, am Fuß der Mauer in »schlechter« Position zu sein, ich fuhr einfach gegen den Anstieg statt gegen meine Konkurrenten. Ich hatte es mir zur Strategie gemacht, mir meine Körner perfekt einzuteilen. Aber nun musste ich noch an den vielleicht 15 Fahrern vor mir vorbeikommen, die sich praktisch in einer Reihe hintereinander aufgereiht den Berg hinaufschlängelten wie ein müdes Reptil, das Mühe hat, sein Tempo zu halten. Zwischen dem führenden Fahrer und mir klaffte eine Lücke von mehr als 20 Metern. Dieser Abstand hatte an der Mur de Huy eine enorme Bedeutung. Ich arbeitete mich nach vorn, immer weiter. Nur noch zwölf Fahrer waren vor mir. Eine Rechtskurve, die Straße wurde nochmals steiler. Nur noch neun Fahrer.

So wie das Gefühl, überholt zu werden, ein lähmender Schock ist, so erfüllt einen das Gefühl, andere Fahrer zu überholen, mit

Energie, Freude, Stolz und Wut. Wir erreichten die Kurve, die jene monströse Steigung von 26 Prozent aufweist – wenn man sie auf der Innenseite nimmt. Nur noch fünf Fahrer vor mir. Die Scheinebene, die sich anschließt, sieht im Fernsehen tatsächlich flach aus, macht ihrer Umschreibung aber alle Ehre: Die Straße steigt hier immerhin noch mit zehn Prozent an. Das macht sie zu einer schwierigen Prüfung für Kopf und Beine; man geht in der Annahme in diese Passage hinein, sich hier vielleicht ein bisschen erholen zu können, aber das Gegenteil ist der Fall, man befindet sich in einem Zustand der Apnoe, die Atmung setzt für den finalen Sprint aus, als ob man unter Wasser wäre.

Ich legte noch eine Schippe drauf, als ich die »Los, Dan!«-Rufe hörte und ein paar grün-weiß-orange gestreifte Flaggen an den Absperrungen hängen sah. Dank des Zaubers der Billigfluglinien flogen jeden April hundert irische Fans von Dublin nach Charleroi, um das Bier und den Radsport zu genießen. Sie trugen mich über das hinaus, was sie sich an diesem mörderischen Anstieg hatten vorstellen können. Meine letzten Anstrengungen waren eine Art Dankeschön an sie.

Es waren nur noch vier Fahrer übrig. Zweihundert Meter vor der Ziellinie. Keiner von uns fuhr mehr in gerader Linie. Wir sahen aus wie Betrunkene auf Rädern. Nur noch zwei. Würde ich es schaffen?

Zu spät. Als ich die Ziellinie überquerte, waren zwei Fahrer vor mir. Es hatte nicht ganz gereicht.

Meine Taktik, das Feld von hinten aufzurollen, war beim Flèche Wallonne nicht aufgegangen, und ich sah, dass meine sportlichen Leiter um Fassung rangen. Ich hatte das Gegenteil dessen gemacht, was sie uns bei Garmin permanent über den Teamfunk predigten: »Nach vorne! Nach vorne!« Das ist einer der häufigsten Sätze, die ein Radrennfahrer zu hören bekommt. Es gibt eine alte Regel, der zufolge man sich den ganzen Tag in den vordersten Reihen des

Pelotons aufhalten muss, denn wenn es zu einem Sturz kommt und sich das Feld teilt, ist man in der richtigen Hälfte. Man wird keine Zeit verlieren. Außerdem sind die Fahrer im hinteren Teil des Pelotons tendenziell erschöpft, unaufmerksam und daher anfälliger für Stürze.

Aber der Radsport hatte sich verändert und mittlerweile gab es viele Stürze an der Spitze des Feldes. Warum war das so? Weil wir ständig zu hören kriegen: »Nach vorne! Nach vorne!« Jeder Fahrer aus jeder Mannschaft wurde angehalten, in den vorderen Positionen zu bleiben. Das bedeutete, dass 150 Fahrer um 20 Plätze kämpften.

Selbst bei der Gabun-Rundfahrt, als wir durch die Regenwälder am Äquator fuhren, bekam ich diese nervige Order zu hören. Das war im Januar 2006, als ich noch das Trikot des Vélo Club La Pomme trug. In Afrika war alles ganz anders als auf den europäischen Straßen – bis auf die Anweisungen, die wir über die Knopfhörer im Ohr erhielten. Unser *directeur sportif* in Gabun war Alain Santy, eine frühere französische Nachwuchshoffnung und Gewinner des Critérium du Dauphiné 1974. Alain war ein sportlicher Leiter der alten Schule. Er rauchte hinterm Lenkrad des Teamfahrzeugs, sprach wenig, wollte aber, dass man ihm gehorchte. Von seinem Auto aus beobachtete er, ob wir uns nach vorne arbeiteten. Das Peloton bestand aus höchstens hundert Fahrern, und niemand war daran gelegen, sich zu verausgaben. Solange wir uns nicht auf einen Sprint vorbereiteten, vermied ich es, meine physischen und nervlichen Energien zu verschwenden, indem ich versuchte, mich unter den ersten 20 Fahrern zu halten. Zur Strafe entschied Alain, 1.000 Euro des Preisgeldes einzubehalten, das mir aufgrund unserer Ergebnisse zugestanden hätte. Das war der Preis, den ich dafür zahlen musste, nicht »nach vorne« gefahren zu sein.

In Wirklichkeit kommt in einem Rennen immer der Moment, in dem man sich »nach vorne« arbeiten muss. Beim Flèche

Wallonne lag ich ungefähr auf Platz 30, als wir auf die letzten 20 Kilometer gingen, und auf Platz 20, als wir unter dem aufblasbaren Bogen hindurchkamen, der sich fünf Kilometer vor dem Ziel befand. Das Feld zog sich auf den unmerklich ansteigenden vermeintlichen Flachstücken vor der Mur de Huy in die Länge und drohte wie ein Gummiband zu reißen. Ich wollte nicht von irgendwelchen Löchern, die erschöpfte Fahrer vor mir aufgehen lassen könnten, aufgehalten werden, also begann ich, mich nach vorne zu arbeiten. An der Mur machte ich weiter Plätze gut. Bis zum finalen Sprint, als ich im Kampf um den zweiten oder dritten Platz hinter dem Sieger starb. »Mist!«, dachte ich in dem Moment. »Schon wieder Valverde!«

Alejandro Valverde war mein Angstgegner bei den Klassikern und auch bei der Volta a Catalunya, der Katalonien-Rundfahrt. Er hat mich oft geschlagen, aber manchmal gelang es mir auch, den Spieß umzudrehen. Der aus Murcia stammende Spanier brachte eine Menge Erfahrung mit. Er war 2002 Profi geworden, zu einer Zeit, als ich nur zwei- oder dreimal im Jahr fuhr, in den Alpen oder den Pyrenäen während der Sommerferien. 2005, in meinem ersten Jahr beim Vélo Club La Pomme, gewann er eine Tour-de-France-Etappe. Als ich meine Karriere beendete, war er immer noch eine feste Größe im Peloton.

Alejandro war bekanntlich in die Dopingaffäre »Operación Puerto« verwickelt und wurde daraufhin gesperrt. Später kehrte er ins Peloton zurück und setzte seine Karriere fort. Wir unterhielten uns von Zeit zu Zeit in einer Mischung aus Spanisch und Englisch, aber oft war es gar nicht nötig, mit ihm zu reden. Ich beobachtete, wie er sich im Peloton bewegte. Er versteckte sich und tauchte dann im richtigen Moment auf, nicht zu früh und nicht zu spät. Er kämpfte nicht aggressiv um seine Position, denn vor ihm schien sich immer eine Lücke aufzutun. War dies ein Privileg, das er aufgrund seines Alters und seines Palmarès hatte? Ich war nicht eingeschüchtert, wenn ich gegen ihn antreten musste, denn ich hatte das Gefühl, dass ich es in Bestform mit jedem meiner Rivalen aufnehmen konnte. Aber Valverde kam perfekt mit dem Tempo der Klassiker zurecht, und es lohnte sich, ihn dabei zu beobachten, wie er es anstellte. Sein Team übernahm weit vor dem Ziel die Kontrolle über das Peloton. Wenn er attackierte, dann auf dem letzten Kilometer oder sogar auf den letzten 200 Metern. Ich griff für gewöhnlich nach ihm an, aber da war ich schon geschlagen.

Einige meiner sportlichen Leiter und Teamkollegen und auch mehrere Journalisten sagten zu mir, nachdem sie das Rennen im Fernsehen gesehen hatten: »Wenn du an der *flamme rouge* nicht auf Platz zwölf gewesen wärst, hättest du gewonnen.« Sie hatten ausgerechnet, dass ich die Mur de Huy schneller als alle anderen hinaufgefahren war. Aber so einfach kann man die Mathematik nicht auf den Radrennsport anwenden. Wäre ich am Fuße der Mur an dritter Stelle gewesen, wäre ich oben vielleicht nur Fünfter geworden, weil ich beim Versuch, mich in den steilen Rampen abzusetzen, geplatzt wäre, geschwächt von all den Strapazen, die ich angehäuft hätte, nur um gut positioniert zu sein. Ich habe scherzhaft geantwortet, dass ich lieber im Ziel gut platziert sein möchte als ein paar hundert Meter davor.

Diese Herangehensweise führte dazu, dass ich ein paar Siege verpasste, aber dafür andere erringen konnte. Sie war auch einer der Schlüssel zu meinem Seelenfrieden. Und ich habe diese Taktik sogar in dem Rennen angewandt, bei dem es für jeden Fahrer heißt: »Nach vorne! Nach vorne!« – bei der Tour de France. Zwischen 2015 und 2021 fuhr ich die Tour wie ein ungezogener Schuljunge, der hinten im Klassenzimmer rumlümmelt. Ich stand nur auf, wenn es Zeit war, an die Tafel zu gehen: in dem Moment, wenn das Rennen wirklich losging.

Kapitel 11

Gefangen im Tour-de-France-Trubel (Die Angst, besessen zu werden)

Ich kam nicht mit den üblichen alles verzehrenden und überwältigenden Träumen von der Tour de France zur Welt. Mein Onkel Stephen hatte daran sicher einen Anteil. Da ich mit einem früheren Tour-Sieger verwandt bin, übte der Heilige Gral des Radsports nie eine solche Anziehungskraft auf mich aus. Ich habe etliche Weihnachten damit verbracht, dem ehemaligen Gewinner des Gelben Trikots beim Truthahnessen gegenüberzusitzen, und soweit ich mich erinnere, scheint er ein ganz normaler Mann zu sein. Ich habe mir also nie ausgemalt, die Tour de France zu gewinnen, nicht einmal in meinen Kindheits- oder Jugendträumen. Aber ich habe auch nie gedacht, dass der Berg zu hoch wäre, um ihn zu erklimmen. Ich wusste, dass ich eines Tages an der Tour teilnehmen würde, und damit hatte sich's dann auch schon.

Dieser respektvolle und zugleich unerschrockene Blick auf die Tour de France ist in der Radsportwelt nicht unbedingt weit verbreitet. In den Köpfen der Öffentlichkeit, der Sponsoren und der Teamchefs gibt es zwei Kategorien von Fahrern: diejenigen, die an der Tour teilnehmen, und diejenigen, die es nicht tun. So unfair es auch ist, leidet die zweite Kategorie unter mangelndem Respekt. Jonathan Vaughters hatte mich angeheuert, um Teil der ersten Kategorie zu sein. Leider fürchtete ich, dass er es sich im Frühjahr 2010, nach meinem ersten Giro d'Italia, anders überlegen würde. Die Resultate waren gemischt. Einerseits wurde ich bescheidener 57. in der Gesamtwertung, die von Ivan Basso gewonnen wurde. Andererseits wurde ich immerhin Neunter auf der Etappe zum Monte Zoncolan, einem herrlich absurden Berg, bei dem es nicht darum geht, sich mit anderen Fahrern zu messen, sondern nur darum, nicht umzufallen – und alles, was man dafür tun kann, ist, irgendwie die Pedale weiterzudrücken, auch wenn die Steigung einem vorkommt, als führte sie senkrecht den Berg hinauf. Unser sportlicher Leiter Matt White sagte nach der Rundfahrt zu mir: »So stark bist du bei den Grand Tours also wohl doch nicht, schade eigentlich.« Danke für die Aufmunterung! Ich hätte viele Erklärungen und auch ein paar Ausreden anbieten können, aber ich versuchte es gar nicht erst. Für einen jungen Fahrer ist das eine prekäre Situation: Wenn man als 23-jähriger Fahrer in Ungnade fällt, kann es mit der Profikarriere schnell vorbei sein.

Das Lustige ist, dass ich im Jahr vor jenem Giro d'Italia beinahe bereits meine erste Tour de France bestritten hätte. Die Tour 2009 begann in Monaco, folgte dem Mittelmeer in Richtung Westen, passierte Girona auf dem Weg nach Barcelona, kletterte hinauf nach Andorra und endete praktisch auf dem Ventoux, einen Tag vor dem Finale auf den Champs-Élysées. Nur zwei Wochen vor dem Start bekam ich Schmerzen im rechten Knie. Zunächst habe ich mir keine Gedanken darüber gemacht. Das Knie fühlte sich etwas warm an, wie es manchmal der Fall war, wenn ich vom Training zurückkam, aber in der Regel hatte es sich am nächsten Tag wieder gelegt. In diesem Fall war die Entzündung aber immer noch da. Alles deutete darauf hin, dass ich zum ersten Mal in meiner Karriere eine Sehnenscheidenentzündung hatte, aber ich wollte es nicht wahrhaben. Der Osteopath empfahl mir, zwei oder drei Tage zu pausieren. Am nächsten Tag wollte das Team die Tour-Etappe zwischen Barcelona und Andorra-Arcalis erkunden. Ich wollte unbedingt die sechs Stunden fahren, die man braucht, um diese Strecke zu absolvieren, und so fuhr ich mit, wobei ich meine Kniescheibe mehr belastete, als ich es hätte tun sollen. Danach haben wir noch für das Mannschaftszeitfahren in Montpellier trainiert. Die Teamleitung überließ mir die Entscheidung: »Es liegt an dir, ob du die Tour fährst oder nicht. Du kannst jederzeit die Notbremse ziehen.« Ich versicherte, dass ich mich bereit fühlte, zumal die Schmerzen allmählich nachließen.

Drei Tage vor dem Start musste ich den Tatsachen ins Auge sehen. Nach einer letzten Trainingseinheit in der Gegend um Monaco wurde mir schließlich klar, dass die Entzündung nicht so schnell verschwinden würde. Ich glaube, aus rein medizinischer Sicht hätte mir ein Arzt grünes Licht für den Start geben können. Die Schmerzen ließen nach und ich hätte sicher damit umgehen können. Natürlich hätte ich das ohne Medikamente getan. Aber ich wollte bei der Tour nicht einfach nur dabei sein: Ich war fest entschlossen, etwas zu zeigen. Das setzte aber voraus, dass der Körper in perfekter Verfassung ist. Ich fürchtete, meinen eigenen Erwartungen nicht gerecht zu werden und meine Teamkollegen zu enttäuschen. Ich teilte meine Entscheidung der sportlichen Leitung mit und wurde durch einen unserer Kopfsteinpflaster-Spezialisten, den Niederländer Martijn Maaskant, ersetzt.

Zwei Tage später schnappte ich mir einen Rucksack und besuchte den Prolog der Tour auf der Formel-1-Strecke von Monte Carlo. Ich stand mitten in der Menschenmenge, nur einer von vielen Zuschauern. Aber ich bedauerte nicht, nicht auf der anderen Seite der Absperrgitter gestanden zu haben. Ich vertraute dem Schicksal. Einmal mehr war es auf meiner Seite, einmal mehr half es mir. Es hielt mich nicht von der Tour fern. Es teilte mir lediglich mit, dass ich noch nicht bereit sei, dass ich erst noch Erfahrungen bei der Vuelta und dem Giro sammeln müsse, bevor ich mich dem Kampf um das Gelbe Trikot stellen könne.

Ich wartete und wartete... Drei Jahre vergingen bis zu meiner Feuertaufe. 2010 wurde ich zum Giro geschickt. Die Teamleitung war der Meinung, dass es für mich besser sei, die *strade bianche* zu bewältigen als das Kopfsteinpflaster, das bei der Tour wartete. 2011 wurde ich zur Vuelta a España geschickt, weil bei der Tour ein Mannschaftszeitfahren vorgesehen war, und ich konnte auf den spanischen Straßen meinen ersten Etappensieg bei einer großen dreiwöchigen Landesrundfahrt erringen. Matt Whites Urteil belastete mich nicht mehr. Inzwischen war klar, dass ich eher früher als später an der Tour teilnehmen würde. 2012 glaubte ich, auf dem richtigen Weg zu sein, aber es gab noch einen letzten Test vor der Tour. Es stand fest, dass ich bei der Tour an den Start gehen würde, aber beim Critérium du Dauphiné im Juni, diesem schönen Rennen, das als perfekte Vorbereitung auf das große Rendezvous im Juli gilt, erlitt ich einen schweren Sturz. Auf der zweiten Etappe kam ich mit 60 km/h aus einem Kreisverkehr heraus und stürzte. Mein Kopf schlug auf dem Asphalt auf und mein Helm zersprang in zwei Teile. Ich war eine ganze Weile benommen, konnte mich aber wieder aufrappeln und kam 16 Minuten hinter dem Sieger ins Ziel, im Schlepptau von Sep Vanmarcke. Es tat mir leid, dass ich Simon Gerrans zu Fall gebracht hatte, und ich entschuldigte mich am nächsten Tag bei ihm. Noch schlimmer war jedoch, dass ich starke Schmerzen in der Schulter hatte. Röntgenaufnahmen im örtlichen Krankenhaus hatten ergeben, dass kein Bruch vorlag. Der Schmerz war offenbar muskulär bedingt. Aber was waren das für Schmerzen!

Ich ging davon aus, dass die Mannschaft mich nach Hause schicken würde, damit ich mich erholen könnte. Aber Jonathan

Vaughters hielt das nicht für die beste Vorgehensweise. Er meinte, dass ich die Dauphiné unbedingt zu Ende fahren müsse, um meine Fitness zu erhalten. Die Order war unerbittlich: Keine Dauphiné bedeutete keine Tour. Ich akzeptierte diese Anordnung, ohne zu ahnen, dass sich die Situation drei Jahre später wiederholen und mir echte Qualen bereiten würde. Ich fuhr weiter und biss die Zähne zusammen. Meine Schulter tat so weh, dass ich den Lenker kaum noch greifen konnte. Ich musste mit der linken Hand am rechten Schalthebel den Gang wechseln. Unterwegs konnte ich weder essen noch trinken. Fünf Etappen lang habe ich durchgehalten, in den Bergen und in der Ebene, und sogar bei einem 53 Kilometer langen Einzelzeitfahren. Einmal gönnte ich mir den kleinen Luxus eines Sprints und wurde 17. im Tagesklassement. Die Teamleitung schien zufrieden zu sein. Als sie mit mir sprachen, kam es mir vor, als würden sie mir ein schönes Weihnachtsgeschenk machen. »Alles okay, in drei Wochen bist du bei der Tour de France dabei«, sagten sie.

In jenem Jahr führte die Route der Tour über den Col du Glandon, den Gipfel, auf dem ich die Tour de Pays de Savoie in der U23-Kategorie gewonnen hatte, sowie über den Col du Tourmalet, den Berg, der meine Teenagerjahre geprägt hatte. Das Sahnehäubchen auf dem Reiskuchen: Die Tour startete in Lüttich, wo ich mich als Rennfahrer schon immer zu Hause gefühlt hatte. Zum Start des Prologs in Belgien waren die Schmerzen in meiner Schulter verschwunden, aber meinen Beinen fehlte es an Kraft. Das Team hatte Ryder Hesjedal und Christian Vande Velde als Kapitäne bestimmt, während ich eine freie Rolle hatte. Ich strebte einen Etappensieg an und hatte außerdem ein Auge auf das gepunktete Trikot des besten Bergfahrers geworfen. Leider hatte ich mir eine Erkältung und einen Husten eingefangen, der sich zu einer Bronchitis entwickelte, und die Antibiotika, die ich zur Bekämpfung meiner Bronchialinfektion einnahm, beeinträchtigten meine Leistungen. Trotzdem gelang es mir, auf einer Alpenetappe eine ermutigende Leistung zu zeigen, als ich mich am Col de Madeleine einer Ausreißergruppe von etwa 20 Fahrern anschloss. Ich war einer der sieben Überlebenden dieser Gruppe auf dem nächsten Pass, dem Glandon, an den sich unmittelbar noch der kurze Anstieg zum Col de la Croix de Fer anschloss. Obwohl ich am Ende mit 14 Minuten Rückstand ins Ziel kam, war das ein vielversprechendes Zeichen.

Sechs Tage später würden wir den Tourmalet und danach den Col d'Aspin überqueren, dasselbe Duo, mit dem ich es in jenem Sommer als 16-Jähriger und später bei der Route du Sud im Jahr 2008 zum ersten Mal zu tun bekommen hatte. Wir fuhren außerdem den Aubisque zu Beginn der Etappe und als letzten Anstieg den Peyresourde, bevor es runter ins Ziel nach Bagnères-de-Luchon ging. Ich brannte auf den Tourmalet. Diesmal flüsterte er mir zu, so dass es niemand im Feld hören konnte: »Fahr eine Attacke und hab Spaß!« Also griff ich an. Meine Lunge war immer noch von der Infektion beeinträchtigt, und in Verbindung mit der Höhe wurde meine Atmung immer schwerer. Ich fühlte mich zurückversetzt in meinen Sommer des Feuers, da war der Wildbach, der hinab ins Tal stürzt, die Felsen, die auf beiden Seiten Wache halten, das Dorf Barèges...

Ich wurde von zwei Franzosen begleitet, Brice Feillu und Publikumsliebling Thomas Voeckler. Drei Kilometer vor der Passhöhe blickte ich hoch zum Gipfel und entschuldigte mich beim Col du Tourmalet. »Mehr ist nicht drin«, gestand ich ihm. Ich versuchte, meine unvermeidliche Niederlage hinauszuzögern. Jedes Mal, wenn ich meine Ablösungen an der Spitze der kleinen Ausreißergruppe fuhr, wurden wir langsamer. Feillu und Voeckler warteten nicht auf mich. Ich wurde an diesem Tag Siebter. Am nächsten Tag wurde ich Zehnter auf dem Col de Peyresourde, den wir ein zweites Mal erklommen, diesmal von der anderen Seite.

Die Pyrenäen hatten bei meinem Tour-de-France-Debüt meine Ehre gerettet. Ein paar Ausreißversuche, drei Top-Ten-Platzierungen und ein 35. Platz in der Gesamtwertung, eine Stunde und 25 Minuten hinter meinem ehemaligen Teamkollegen Bradley Wiggins. Die Vorherrschaft des Team Sky im Kampf um das Gelbe Trikot hatte begonnen. Journalisten erzählten die Geschichte darüber, wie diese kleine Radsportnation mächtig geworden war, wie dieses Team von Verfolgern, die auf der Bahn unschlagbar waren, es geschafft hatte, die Straße zu erobern. In etlichen Artikeln war die Rede davon, dass sich das Wagnis von Sky-Teamchef Dave Brailsford bezahlt gemacht habe.

Um ehrlich zu sein, hatte ich meine erste Tour de France nicht genossen. Der einzige Lichtblick in drei Wochen Dunkelheit war der Etappensieg meines Freundes David Millar. David hatte am Tag nach der Glandon-Etappe seinen Mitausreißer im Zielsprint geschlagen. Ich war so glücklich, als ob ich selbst gewonnen hätte. Den Rest der Zeit hatte ich das Gefühl, nur Dienst nach Vorschrift zu machen. Ich war mental nicht vorbereitet gewesen.

In jenem Jahr hatte das Rennen auf den engen und sehr schnellen Straßen Nordfrankreichs begonnen, und im Feld befanden sich viele Klassikerspezialisten, Fahrer, die sich im Sprint, in Windstaffeln und im Mannschaftszeitfahren pudelwohl fühlten. Sie hatten Tour-Erfahrung und waren 20 Kilo schwerer als ich. Sie konnten mich mit einem einzigen Schubser mit der Schulter aus dem Weg befördern. Ich musste daher ununterbrochen um meine Position kämpfen. Die Franzosen benutzen das Wort *frotter*, wörtlich »reiben« oder »rubbeln«, um diesen Kampf Schulter an Schulter zu beschreiben, und ich empfand es als einen ungewollten Moment der Intimität mit den Fahrern um mich herum. Es wird ziemlich viel gerempelt bei 60 km/h, aber wie durch ein Wunder stürzt man nicht oft. Wenn der Fahrer rechts neben mir seine Schulter gegen meine drückte, konnte ich fast seinen

Herzschlag hören. Der Fahrer hinter mir war so nah, dass er seine Brems- und Schalthebel in meinen Hintern pflanzte. Um einen herum ist nicht genug Luft zum Atmen. Die verrücktesten Fahrer versuchen, sich durch sogenannte »Mauselöcher« nach vorne zu schieben. Der untere, schmalere Teil des Rads – der Rahmen, die Reifen – passt hindurch, aber oben touchiert der Lenker die Fahrer auf beiden Seiten. Und genau dann passieren Unfälle.

Einer Zählung des deutschen Routiniers Jens Voigt zufolge, der sich nach der Rundfahrt im Feld umhörte, stürzten bei der Tour de France 2012 zwischen 65 und 70 Prozent des Pelotons mindestens einmal. Der spektakulärste Sturz ereignete sich auf der sechsten Etappe, als rund 60 Fahrer bei einer leichten Abfahrt mit 70 km/h auf dem Asphalt aufschlugen. Ich hatte das Glück, dass ich mich zu diesem Zeitpunkt am Ende des Feldes befand und Trinkflaschen für meine Teamkollegen holte. Ich wollte gerade wieder zum Peloton aufschließen, als ich ein furchtbares Geräusch hörte, eine Kombination aus dem Krachen von Metall und den Schreien verletzter Fahrer. Ich ging so heftig in die Eisen, dass ich fast die Gummibeläge von den Bremssätteln riss. Wie durch ein Wunder kam ich nur einen Zentimeter vor dem Aufprall zum Stehen. Es gelang mir, auf den 3.494 Kilometern allen Stürzen aus dem Weg zu gehen, aber ich war nach jeder Etappe so ausgelaugt, als hätte ich den ganzen Tag in einer Waschmaschine verbracht. Meine Nerven lagen blank und ich konnte keine Freude daran empfinden. Ich hoffte, dass sich das bei der Tour 2013 ändern würde. Die Rundfahrt begann diesmal auf Korsika und hielt am zweiten Tag einige ziemlich große Anstiege bereit. Ich ging davon aus, dass dies von den großen Rouleuren unweigerlich einen körperlichen Tribut fordern und die Zahl der Stürze zurückgehen würde.

Auf der neunten Etappe, zwischen Saint-Girons und Bagnères-de-Bigorre, erhielt ich endlich die Chance, auf die ich gehofft hatte.* Am 7. Juli 2013 überquerte ich als Erster die Ziellinie und wurde von einem Freudentaumel überwältigt. Aber vor allem war dieser Moment der Freude nur der Höhepunkt eines großen Radsporttages voller Attacken, Zweifel, Jubel und einer grundlegenden Veränderung meines Stellenwerts, eines Tag, der die Fans auf ihren Sofas vor dem Fernseher fesselte. Ich war wieder in den Pyrenäen, allerdings zählte der Tourmalet nicht zu den fünf Anstiegen, die wir auf 168 Kilometern zu bewältigen hatten. Stattdessen standen der Col du Portet d'Aspet, der Col de Menté, der Col de Peyresourde, der Col d'Azet und die Hourquette d'Ancizan auf dem Programm. Robby Ketchell, unser sportwissenschaftlicher Leiter und Datenspezialist, hatte die Strecke mit Hilfe mehrerer Algorithmen analysiert. Er war sich sicher, dass die Ausreißer an diesem Tag durchkommen und die Anwärter auf das Gelbe Trikot nicht um den Etappensieg mitfahren würden. Robby, der zwei Jahre später seine Fähigkeiten in den Dienst des Team Sky stellen würde, ermutigte uns, seine Theorien an jenem Tag auf die Probe zu stellen. Die Wissenschaft sagte uns, dass es möglich war. Wir könnten den Sky-Zug zum Entgleisen bringen.

Wir probierten etwas, das wahrscheinlich nicht funktionieren würde: als Team anzugreifen. Aber es klappte! Nach fünf Kilometern hörten wir, dass Jack Bauer und David Millar gemeinsam an der Spitze lagen, mit 30 Sekunden Vorsprung. Am ersten Pass fuhr ich zu ihnen auf. Auch Ramunas Navardauskas und Andrew Talansky waren bei mir. Unser Team war den anderen zahlenmäßig überlegen. Erstaunlicherweise war Chris Froome,

---

* Am 18. Juni 2013 wurde der Tourmalet von sintflutartigen Überschwemmungen heimgesucht. Das Dorf Barèges wurde teilweise zerstört und die Täler von Argelès-Gazost und Lourdes überflutet. Am Fuße des Col du Menté trat auch die Garonne über die Ufer und verursachte erhebliche Schäden. Wir beschlossen daher, alle Siegprämien der Etappe nach Bagnères-de-Bigorre für den Wiederaufbau der betroffenen Gebiete zu spenden.

das Gelbe Trikot, nicht dabei. Gedanken schossen mir durch den Kopf. Ich malte mir aus, zu einem kleinen Moment der Radsportgeschichte beizutragen. Wir würden dem Team Sky eine Niederlage beibringen und die Gesamtwertung gehörig durcheinanderwirbeln. Ich sah mich als Teil einer Welle, die sich brach. Wir konnten etwas unglaublich Aufregendes schaffen, wie es die Tour seit vielen Jahren nicht mehr gesehen hatte. Zur damaligen Zeit eroberte das Team des Topfavoriten irgendwann das Gelbe Trikot und gab es nicht mehr ab, indem es das Rennen zu jedem Zeitpunkt kontrollierte. Erst 2020, dank Tadej Pogačar, setzte sich die heute wieder übliche Form von Radrennen durch, in der die Fahrer den offenen Schlagabtausch suchen.

Ich ging als Zweiter über den Col du Portet d'Aspet, Tom Danielson war Dritter. Mein amerikanischer Teamkollege übernahm am nächsten Pass die Führung, dann ging Ryder Hesjedal nach vorne und setzte sich ab. Chris Froome hatte es geschafft, wieder Anschluss zu finden, aber unsere aggressive Taktik richtete erheblichen Schaden an. Die Köpfe unserer Gegner wackelten vor Erschöpfung, sie schnappten nach Luft und ihre Münder standen offen. Wenn sie uns ansahen, machten sie große Augen, als wollten sie sagen: »Was um alles in der Welt treibt ihr da?« In Wahrheit machten uns die Schmerzen in den Beinen genauso zu schaffen wie allen anderen, denn wir setzten ja das Tempo, dem alle folgen mussten. Aber ich wurde damit fertig, denn ich war Feuer und Flamme. Meine Teamkollegen arbeiteten brutal hart, und ich musste sie belohnen, indem ich am Ende den Sieg für uns davontrug. Ich wusste, dass sich am letzten Anstieg eine Chance bieten würde. Die Favoriten waren geschwächt, verwirrt und weitgehend auf sich allein gestellt. Also schlich ich 35 Kilometer vor dem Ziel durch mein eigenes »Mauseloch« davon. Chris Froome beobachtete Nairo Quintana, der gerade eine kurze Attacke lanciert hatte. Da sie sich gegenseitig beäugten, nahm ihr Tempo ab. Ich nutzte die

Gelegenheit, um auf die rechte Seite zu wechseln, fast ins Gras, und schob mich an dem Fahrer neben mir vorbei, als ich beschleunigte. Niemand folgte mir. Dann schloss der Däne Jakob Fuglsang zu mir auf. Wir waren noch vier Kilometer vom Gipfel der Hourquette d'Ancizan entfernt. Es waren noch mehr als 30 Kilometer bis zum Ziel. Unser Schicksal würde sich auf der langen Abfahrt entscheiden.

Wir hatten eine Minute Vorsprung, als wir an einer abgelegenen Steinhütte auf einer Wiese zu unserer Rechten vorbeikamen; es ist ein legendärer Ort, die Schmiede, in der Eugène Christophe 1913 sein Fahrrad selbst reparierte, nachdem seine Gabel auf dem Tourmalet gebrochen war. 40 Sekunden. 30 Sekunden. Zehn Kilometer vor dem Ziel waren es noch 25. Wir rasten mit etwa 70 km/h hinunter ins Tal. Das TV-Motorrad, das uns aus nächster Nähe filmen wollte, nahm uns in sein Kielwasser. Unsere Verfolger wurden durch das zweite TV-Motorrad unterstützt und hatten die beiden Autos direkt hinter uns im Visier, ein gelbes neutrales Servicefahrzeug und einen roten Wagen der Rennleitung. Dieses Duell hinter den Motorrädern war ausnahmsweise fair. Die Nähe der beiden Motorräder erhöhte sowohl unser Tempo als auch das der Verfolger. Die sanfte Abfahrt war schnell vorbei, der Wind pfiff um uns herum. Wir fuhren in Bagnères-de-Bigorre ein. Ich nahm die letzte Kurve an der Spitze, 150 Meter vor dem Ziel. Ich hatte die Ankunft vor dem Start studiert. Es war die Art von Kurve, die über den Sieg entscheidet. Fuglsang hatte mir gestattet, sie als Erster zu durchfahren. Das war's, ich hatte gewonnen. Ich streckte meine Arme in den Himmel.

Als ich vom Siegerpodest herunterstieg, traf ich David Millar und Jack Bauer, die soeben im Gruppetto ins Ziel gekommen waren. »Dan, was machst du denn hier? Heißt das…?« Sie sprangen in meine Arme und wir umarmten uns vor Freude. Sie wären fast wegen Zeitüberschreitung aus der Wertung geflogen, weil sie sich zu Beginn der Etappe für mich verausgabt hatten.

Die Erinnerung daran, wie meine Mannschaftskameraden meine Freude teilten und so viel opferten, wird mir für immer eine Gänsehaut bereiten. Wir hatten es geschafft. Unser Team hatte einen Keil in die scheinbar unbesiegbare Macht der Tour de France getrieben. Ein paar Minuten lang hatten wir das Team Sky, das die Tour seit 2012 dominiert hatte, an den Rand des Thronsturzes gebracht.

An diesem Tag hätte Chris Froome beinahe das Gelbe Trikot verloren. Es war eine knappe Angelegenheit. Sein Leibwächter Vasil Kiryienka war so weit abgeschlagen, dass er außerhalb des Zeitlimits ins Ziel kam. 120 Kilometer vor dem Ziel war Froome inmitten seiner Konkurrenten isoliert gewesen. Seltsamerweise schloss sich aber niemand gegen ihn zusammen. Movistar zog es vor, seine Fahrer an der Spitze des Feldes zu positionieren, anstatt Quintana in eine Ausreißergruppe zu schicken. Ich bin mir sicher, dass die spanische Mannschaft den Sky-Kapitän unter Druck hätte setzen und Froome sogar das Gelbe Trikot hätte abnehmen können. Aber sie griffen ihn nicht an. Noch seltsamer war, dass sie ihm indirekt sogar halfen, indem sie den letzten Teil der Etappe kontrollierten. Was mich betraf, so wurde ich daran erinnert, warum ich nie zum Team Sky gehören wollte. Ich liebte die offensive Fahrweise über alles. Und bei der Überquerung der Pyrenäen hatte ausnahmsweise einmal der Radsport, wie ich ihn liebte, gesiegt.

Kapitel 12

Eine Philosophie der Stürze (Die Angst hinzufallen)

Meine Pechsträhne begann Ende Sommer 2013, nach einer erfolgreichen Zeit mit Siegen bei der Katalonien-Rundfahrt, Lüttich-Bastogne-Lüttich und einer Pyrenäen-Etappe der Tour de France. Ich habe die genauen Daten dieser Unfallserie parat. Sie begann am 30. August 2013 und dauerte bis zum 5. Oktober 2014. Insgesamt hatte ich sechs schwere Stürze. Jeder von ihnen war einzigartig und unvorhersehbar. Ich kann mich an jedes Detail jedes einzelnen Unfalls erinnern, wie an einen Zeitstempel, der sich in mein Gedächtnis eingebrannt hat.

Sturz Nummer eins. Danach war ich fast besinnungslos vor Schmerzen. Auf der siebten Etappe der Vuelta 2013 sprintete ich an der Seite des Feldes nach vorn, um elf Kilometer vor dem Ziel an einer Steigung ein paar Plätze gutzumachen. Mein Vorderrad traf bei 50 km/h auf einen Stein. Meine Hände lösten sich vom Lenker und ich stürzte kopfüber, als wäre ich von einem Baum gefallen. Durch den Aufprall war ich wie benommen. Ich erlitt schreckliche Schürfwunden auf der ganzen rechten Seite, von der Schulter bis zum Oberschenkel. Ich stand auf und machte mich, begleitet von meinen Teamkollegen, wieder auf den Weg Richtung Ziel in Mairena del Aljarafe am Stadtrand von Sevilla. Unser sportlicher Leiter, Bingen Fernández, begleitete mich ins Krankenhaus.

Als ich auf der Trage lag, hatte ich das Gefühl, dass meine Haut brannte, ein Feuer, das nicht erlöschen wollte. Meine Haut war rot und schwarz wie gebratenes Fleisch. Die tieferen Schichten traten blutig hervor, während verkrusteter Teer und winzige Splitter kohlschwarze ringförmige Abdrücke in meinem Oberschenkel hinterließen. Die medizinische Abteilung kleidete die Hälfte meines Körpers in Verbänden ein. Röntgenaufnahmen ergaben, dass mein Becken nicht gebrochen war, aber ich konnte in dieser Nacht nicht schlafen. Ich hätte mir beinahe gewünscht, tiefere Wunden zu haben, damit die Nerven nicht so gereizt und empfindlich wären.

Am nächsten Morgen konnte ich kaum aufstehen. Ich stieg aus dem Bett und machte einen Schritt, dann einen zweiten ... und dann begann ich zu taumeln. Das Problem war nicht die Erschöpfung oder der Schmerz. Es war viel beunruhigender. Der Teamarzt vermutete eine Gehirnerschütterung und führte unser internes Protokoll durch. Das Team Garmin war ein Vorreiter im Umgang mit diesem potenziell sehr ernsten Problem. »Du kannst noch nicht nach Hause. Bleib noch zwei oder drei Tage bei uns. Wir nehmen dich im Bus mit, du kannst mit ins Hotel. Wir werden uns um dich kümmern«, sagten mir die Mitarbeiter des Teams. Sie waren beruhigend und rücksichtsvoll. Sie sagten mir immer wieder Dinge wie: »Nimm dir Zeit, dich zu erholen« und »Brich die Saison ab, wenn es sein muss. Deine Gesundheit geht vor.« Es war tatsächlich eine Gehirnerschütterung, und sie zog meinen ganzen Körper in Mitleidenschaft. Ich habe zwei Nächte mit offenen Augen verbracht und an die Decke gestarrt, trotzdem war ich morgens nicht müde. Das Protokoll untersagte auch, dass ich mir Videos auf dem Handy ansah, aber ich hielt mich nicht daran. Übel ist mir ja nicht, redete ich mir ein.

Zwei Wochen später fuhr ich wieder Rennen, bei der Tour of Britain. Wiederum zwei Wochen später stand ich am Start der Straßenweltmeisterschaft in Florenz in Italien.

Sturz Nummer zwei: 29. September 2013. Auf der WM-Strecke vermischte sich heftiger Regen mit dem Staub und der Schicht aus Öl und Benzin, die in den trockenen Sommermonaten in die Straße gesickert waren, zu einer seifigen Schmiere, wie sie Radfahrer fürchten. Es war ein Massaker. Die gesamte irische Mannschaft kam zu Fall: mein Cousin Nico, Matt Brammeier und Sam Bennett. Für mich war es so weit, als 50 Kilometer vor dem Ziel ein Fahrer in einer Abfahrt direkt vor mir stürzte. Ich kam mit einer Prellung am Arm davon.

Eine Woche später, immer noch in Italien und auf einer anderen regennassen Straße: Sturz Nummer drei. Lombardei-Rundfahrt, 6. Oktober 2013. Der Pole Rafał Majka und ich kämpften um den dritten Platz, hinter den Spaniern Joaquim Rodríguez und Alejandro Valverde. 200 Meter vor dem Ziel am Ufer des Comer Sees kam eine Kurve. Kurz vor ihrem Ausgang setzte ich zum Sprint an und mein Hinterrad rutschte weg. Ich war enttäuscht, aber nicht verletzt. Ich sprang wieder auf mein Rad und legte die Kette, die runtergefallen war, wieder auf. Ich wusste nicht, dass Enrico Gasparotto von hinten angerauscht kam, schaffte es aber glücklicherweise, die Linie zu überqueren, bevor er an mir vorbeiflog. Ich hatte den vierten Platz im »Rennen der fallenden Blätter« belegt.

Der berühmt-berüchtigte Sturz auf den letzten Metern von Lüttich-Bastogne-Lüttich – Sturz Nummer vier, wieder in einer Kurve – ereignete sich sechs Monate später. Es war der 27. April 2014. Alles schien wie in Zeitlupe abzulaufen, bis zu dem Punkt, an dem ich fast zum Zuschauer meines eigenen Untergangs wurde. Mein Körper war von dem Aufprall weit weniger in Mitleidenschaft gezogen als mein Stolz; es war der peinlichste und unerklärlichste Unfall meiner Karriere. Bevor ich mich in den Teambus flüchtete, die Augen schloss und versuchte, den Kopf irgendwie zu leeren – es war sinnlos, den Hergang noch einmal durchspielen zu wollen –, schilderte ich den wartenden Journalisten meine Eindrücke: »Ich glaube, ich hatte Tränen in den Augen, bevor ich überhaupt auf dem Asphalt aufschlug. Dafür gibt es eigentlich keine Worte. Sieben Stunden lang Rennen fahren, und dann passiert so was in der letzten Kurve – das ist Poesie!«

Sturz Nummer fünf: 9. Mai 2014, auf der ersten Etappe des Giro d'Italia. Das Rennen begann mit einem Mannschaftszeitfahren in Belfast in Nordirland. Es regnete. Ich hätte die Vorzeichen erkennen müssen: Die Startrampe befand sich vor dem Titanic-Museum. Auf halber Strecke, etwa 13 Kilometer vor dem Ziel, traf ich auf meinen »Eisberg«, der vermutlich ein tiefer Gullydeckel war. Meine Hände lösten sich vom Lenker und ich wurde vom Rad geschleudert. Ich nahm drei Teamkollegen mit, die glücklicherweise weiterfahren konnten, während ich in den Pfützen sitzen blieb und mir die Schulter hielt. Alles deutete darauf hin, dass ich mir das Schlüsselbein gebrochen hatte, was sich dann auch bestätigte. Es war das erste Mal, dass ich mir in meiner Rennkarriere einen Knochen gebrochen hatte. Aber mir war nicht danach zumute, die Tatsache zu feiern, dass ich diesem Schicksal bis dahin entgangen war.

Der Sturz in Belfast hat meine Moral ziemlich angekratzt. Ich fühlte mich schuldig, weil ich die Hälfte meines Teams ausgeschaltet hatte, vor allem Koldo Fernández, der sich ebenfalls das Schlüsselbein brach und das Rennen am nächsten Tag aufgeben musste. Ich dachte an meinen Freund Ryder Hesjedal, Giro-Sieger von 2012 und immer noch einer der Favoriten. Er war zwar nicht gestürzt, aber ich hatte unser Teamzeitfahren dermaßen sabotiert, dass ich ihm nicht gerade den optimalen Start in die Rundfahrt ermöglicht hatte. In meiner Eile, ins Krankenhaus zu kommen, um mich operieren zu lassen, habe ich mich nicht von den Jungs verabschiedet, was ich zutiefst bedauere. In meinem Kopf schwirrten alle möglichen Gedanken herum. Ich hätte das Rennen, das zwei Tage später in der irischen Hauptstadt Dublin Station machte, der Stadt, in der meine Großeltern lebten, wirklich gerne zu Ende gefahren… Ich hätte den Lenker fester greifen sollen… Ich verstehe nicht, warum mir dieses zweite Saisonziel entrissen wurde, keine zwei Wochen nach Lüttich-Bastogne-Lüttich... Ich sollte mich nicht beklagen... Das habe ich noch nie gemacht, ich darf bloß nicht damit anfangen…

Am 29. Juni kehrte ich bei den Irischen Meisterschaften in Multyfarnham ins Renngeschehen zurück und wurde immerhin Achter, eine Minute und 32 Sekunden hinter Ryan Mullen. Im Anschluss bestritt ich dann die Österreich-Rundfahrt (15.), die Clásica San Sebastián (25.) und die Tour de l'Ain (3.) und nahm die Spanien-Rundfahrt ins Visier. Seit dem Giro war ich nicht mehr gestürzt und ich dachte, mein Glück habe sich gewendet – aber dieser Optimismus war fehl am Platz. Am 27. August 2014, auf der 15. Etappe der Vuelta, als wir durch die Berge von Asturien fuhren, stürzte ich am Puerto del Torno. Der Fahrer vor mir scherte aus und ich ging über die Leitplanke und stürzte in eine Schlucht. Ich spürte mein Bein auf der Metallbarriere aufschlagen. Ich fiel vier Meter in die Tiefe, Zeit genug, um mich zu fragen, wie ich das hier wohl überstehen würde. Das war Sturz Nummer sechs.

Zum Glück landete ich auf einem Bett aus Farnen und weicher Vegetation. Nathan Haas, der gesehen hatte, was passiert war, kletterte in die Schlucht hinunter, um mich zu bergen, und half mir dabei, wieder nach oben zu krabbeln. Ich klammerte mich an Blätter, Wurzeln, an alles, was ich in die Finger bekam. Das Team wartete auf mich und hoffte, dass ich in einem Stück wieder auftauchen würde. Sie untersuchten mich und stellten fest, dass mit mir alles in Ordnung war, und ich signalisierte ihnen, dass wir weiterfahren sollten. Wir nahmen die Verfolgung auf. Da bei der Abfahrt eine Menge Fahrer gestürzt waren, gelang es uns, den

Rückstand aufzuholen. Wir waren sogar in der Position, um für den Etappensieg in Frage zu kommen. Ryder Hesjedal schleppte mich zurück an die Spitze des Rennens und leistete mir dann am legendären Schlussanstieg zu den Lagos de Covadonga wichtige Unterstützung. Ich wurde Siebter, und es war fast so, als ob nichts passiert wäre.

Ich hatte immer Angst davor gehabt, in eine tiefe Schlucht zu stürzen, aber das Schlimmste war vermieden worden. Ich fürchtete, mir ein Bein zu brechen, aber ich kam mit einer tiefen Schnittwunde am Schienbein davon. Nach einem langen Bustransfer wurde die Wunde von unserem Teamarzt Dr. Lorenz Emmert um ein Uhr morgens in meinem Hotelzimmer unter örtlicher Narkose genäht. Da die Schnitte bis auf den Knochen gingen, bestand ein hohes Infektionsrisiko und ich musste bis zum Ende des Rennens Antibiotika einnehmen, was sich sofort auf meine Form auswirkte. Trotzdem beendete ich die Vuelta als Siebter, etwa zehn Minuten hinter Alberto Contador. Mehr als mein spektakulärer Sturz in eine Schlucht war es diese Leistung, an die ich mich erinnern wollte. Und an die Tatsache, dass sie das Ende einer Reihe von Rückschlägen bedeutete – für den Moment jedenfalls – bis vielleicht zur nächsten Pechsträhne...

So seltsam es auch klingen mag, ich glaube, man muss vom Rad fallen, um sich an das zu gewöhnen, was immer ein traumatisches Ereignis bleiben wird – das Gehirn verabscheut diesen Sekundenbruchteil, in dem es merkt, dass dem Körper eine schlimme Zeit bevorsteht. Wenn man nicht oft genug stürzt, vergisst man die Wirkung, die es hat. Wenn man hingegen ein- oder zweimal im Jahr auf die Bretter geht, fängt man an, die Folgen herunterzuspielen, so dass einem in dem Moment, in dem man realisiert, dass man im Begriff ist zu stürzen, nicht mehr der Arsch auf Grundeis geht. Wenn ein routinierter »Bruchpilot« direkt vor sich einen Massensturz sieht, sagt er sich: »Ich werde stürzen, aber es wird schon nicht so schlimm sein...«

Meine sechs Stürze zwischen der Vuelta 2013 und der Vuelta 2014 haben mir auf verschiedene Weisen Angst eingejagt und eine Reihe von Verletzungen beschert, aber keiner von ihnen hat mich für längere Zeit aus der Bahn geworfen. Jedes Mal habe ich mich wieder erholt und zwischen den Stürzen sogar einige gute Ergebnisse erzielt. Ich nahm die Stürze gelassen hin und betrachtete sie als Erfahrungen, ähnlich wie einen Spaziergang durch ein Unwetter – früher oder später wird es schon wieder aufhören zu regnen.

Mein Glück wendete sich, und mein endgültiger Durchbruch im Radsport erfolgte am 5. Oktober 2014 zwischen Como und Bergamo, bei der 108. Auflage der Lombardei-Rundfahrt, die ich gewann, indem ich aus dem Rücken der Spitzengruppe heraus attackierte.

Die Erinnerungen an meine sechs Stürze liefen mir wie ein Schauer die Beine hinab. Als ich 200 Meter vor dem Ziel allein in Führung lag, nahm ich die letzte Kehre mit der Leichtigkeit eines Anfängers, der auf einer Trainingsstrecke um einen Poller herumsteuert. Soll heißen: Ich saß vollkommen steif im Sattel und verkrampfte an den Bremshebeln, so dass ich fast zum Stillstand kam. Aber ich blieb aufrecht und überquerte die Ziellinie als Erster. Mehrere Journalisten sprachen von »Wiedergutmachung« und fragten mich: »Ist das nach all den Stürzen eine Art Befreiung? Ist es eine Art von Vergeltung?« Ja, ohne jeden Zweifel.

Manchen Theorien zufolge gibt es verborgene und unbewusste Gründe dafür, warum ein Radrennfahrer zu Fall kommt. Zum Beispiel, dass man nie ganz zufällig zu Boden geht und der Sturz gewissermaßen einen Ausweg darstellt: Das Gehirn entscheidet, dass dies der beste Weg ist, um aus einem Rennen herauszukommen, das man nicht gewinnen kann. Auch wenn es den Körper in

Gefahr bringt, vermeidet das Gehirn die traumatische Erfahrung der Niederlage. Da mag etwas Wahres dran sein. Nach einem guten Start in die Saison 2013 bot meine Sturzserie meinem Körper und meinem Geist die Möglichkeit, sich auszuruhen, als die Müdigkeit und der Druck zunahmen. Die Stürze ermöglichten es mir, das Peloton zu vergessen und die Vuelta 2014 als Siebter zu beenden und die Lombardei-Rundfahrt zu gewinnen. Mehr noch, sie gaben mir die Chance, eine unerwartete und vielleicht sogar undenkbare Erfahrung im hektischen Leben eines Radprofis zu machen. Ich spreche vom Beginn meiner Beziehung zu meiner zukünftigen Frau.

Ich lernte Jess im Frühjahr 2014 in der Sierra Nevada in Spanien kennen. Die Wege eines irischen Radrennfahrers und einer britischen Leichtathletin kreuzten sich zufällig auf einem Berg mitten in der Wüste, an dessen Fuß es superheiß und dessen Gipfel schneebedeckt ist. Wir waren beide dort, um die Zahl unserer roten Blutkörperchen zu steigern. Jess nahm an einer Universitätsstudie über die Auswirkungen des Aufenthalts in der Höhe teil, der die Produktion von Blutzellen anregt und eine 100-prozentig natürliche Methode zur Sauerstoffanreicherung des Blutes ist, die mit der Zeit nützliche, wenn auch begrenzte Vorteile bietet. Ich war dort, um meine Ausdauer in den Bergen in Vorbereitung auf den Giro zu verbessern. Wir wohnten nicht weit voneinander entfernt im und am Centro de Alto Rendimiento, einem Leistungszentrum, das auf 2.320 Metern liegt und Sportler aller Disziplinen willkommen heißt. Die Höhe fördert die natürliche Sauerstoffzufuhr und eine gewisse geistige Erholung – ein weiterer Vorteil, den die Studie letztendlich bestätigte. Unser Team hatte drei Fahrer in dieses Mini-Trainingslager geschickt – Alex Howes, Phil Gaimon und mich –, aber Phil wurde nach ein paar Tagen für den Circuit de la Sarthe in Frankreich berufen, so dass Alex mein einziger Begleiter auf diesem kleinen Abenteuer war. Er stammte aus

Boulder in Colorado und war 2007 Profi bei Slipstream geworden, im selben Jahr, in dem ich mich für eine zusätzliche Saison beim Vélo Club La Pomme entschieden hatte, und unsere Wege hatten sich 2008 auf besondere Weise gekreuzt: Ich schloss mich der amerikanischen Mannschaft an, während er seinerseits bei dem Club in Marseille unterschrieb, um erst mal noch Erfahrungen bei den Amateuren zu sammeln, bevor er ins Profilager zurückkehrte. Er war ein Abenteurer, der sich später Gravel-Rennen, Mountainbiking und Ultradistanzen im Gelände zuwandte und mehrere hundert Kilometer durch die Weiten der amerikanischen Wildnis fuhr.

Alex hatte außerdem eine Leidenschaft für die Ardennenklassiker. Er war ein idealer Begleiter für ein Trainingslager. Wir hatten drei Mitarbeiter dabei: den sportlichen Leiter Rob Hunter, den Mechaniker Juanito und unseren Soigneur Ricardo.

Am 7. April 2014 beendeten wir unsere Trainingsfahrt mit dem Anstieg zum Alto de Monachil, eine der Routen, die die Ebene von Granada mit dem Centro de Alto Rendimiento verbinden. Wir waren etwa einen Kilometer vom Gipfel entfernt, als uns ein dunkelblaues Auto entgegenkam, in dem, wie es aussah, fünf Frauen saßen. Wir fuhren weiter, erklommen die Passhöhe und fuhren dann hinab, bis wir die Ebene erreichten. Dann signalisierten wir dem Teamfahrzeug, das uns folgte, uns einzusammeln, um uns den nächsten Teil der Strecke auf der Hauptstraße durch die Sierra Nevada zu ersparen, die ziemlich lang und eintönig war, zumal wir sie eine Woche lang jeden Tag hinaufgestiefelt waren.

Gerade als wir von den Rädern steigen und unsere Jacken anziehen wollten, tauchte das dunkelblaue Auto wieder auf und wendete. Die Insassen schienen sich verfahren zu haben. Der Wagen hielt neben uns an. Es saßen tatsächlich fünf junge Frauen darin. Eine von ihnen öffnete die Tür und fragte, ob sie ein Foto machen dürfe; sie war Radsportfan.

Es stellte sich heraus, dass es sich bei den fünf um britische Leichtathletinnen handelte, die nicht weit vom Leistungszentrum ihre Unterkunft hatten. Die Frau, die Radsportfan war, hieß Lily Partridge, und eine ihrer Freundinnen war Jess Andrews.

Unsere Blicke waren sich bei dieser Gelegenheit schon begegnet, aber erst zwei Tage später knüpften wir eine echte Verbindung. Lily, Jess, Alex und ich gingen in ein ruhiges Café. Wir wollten mal rauskommen aus dem Leistungszentrum mit seinem olympischen Schwimmbecken, den Turnhallen und der Cafeteria, wo wir alle dazu neigten, uns im Kreis zu bewegen. Wir setzten uns vor dem Café an einen Tisch und bestellten uns alle eine große Tasse heiße Schokolade. Vor uns standen Skifahrer Schlange vor den Liften. Ich saß Jess gegenüber und sie erzählte mir ein wenig über sich. Sie war 21, auf der Isle of Wight geboren und Mittelstreckenläuferin. Sie hatte etwas Einnehmendes an sich: Sie redete ohne Unterlass. Wenn sie innehielt, übernahm ich das Wort, dann fing sie wieder an, und so ging es weiter. Wir fingen ein Gespräch an, das nie endete. Mir kam es vor, als würde ich sie schon ewig kennen. Drei Tage nach unserer heißen Schokolade lud ich sie zum Abendessen ins Tito Luigi's in der Stadt ein. Nur sie und ich. Eine Platte spanischen Schinken und eine Flasche Wein.

Wir sprangen von einem Thema zum anderen, wobei wir uns weniger auf Sport als auf die Vorzüge der spanischen Küche konzentrierten, insbesondere auf die *paleta bellota*, die wir aßen. Dabei handelt es sich um den wunderbar gepökelten und gereiften Vorderschinken des Ibérico-Schweins, der dank der Fütterung der freilaufenden Tiere mit Eicheln zu den besten der Welt gehört.

Am nächsten Tag trafen wir uns mit etwa 20 anderen Athleten im Saal des Leistungszentrums und sahen uns Paris–Roubaix auf der großen Leinwand an. Ich musste Jess die Feinheiten eines Sports erklären, den ich immer für ziemlich einfach gehalten hatte. Warum war ich nicht bei Paris-Roubaix dabei? Gute Frage…

Am nächsten Tag musste ich meinen Koffer packen und mich auf den Weg in die Ardennen machen. Aber dank der Magie von WhatsApp erhielten wir die Verbindung jeden Tag, ja, sogar jede Stunde aufrecht.

Eine Woche später regneten Nachrichten von Jess wie eine wohltuende Dusche auf mich herab, als ich am Flèche Wallonne teilnahm, einem Rennen, das sie zum ersten Mal verfolgte. »Fünf Kilometer bis zum Ziel. Dieses Rennen ist irre.« »Noch 500 Meter, dieser Anstieg nimmt kein Ende.« »Unglaublich, dass du Zweiter geworden bist. Bist du zufrieden?« Vier Tage später gipfelte meine Pechsträhne in meinem Sturz bei Lüttich-Bastogne-Lüttich. Innerhalb von zwei Wochen musste Jess zweimal mitansehen, wie ich stürzte, zuerst bei La Doyenne, als ich kurz vor dem Sieg stehend in der letzten Kurve zu Fall kam, und dann beim Mannschaftszeitfahren beim Giro. Es gibt keine behutsame Einführung darin, wie es ist, mit einem Radrennfahrer zu leben, und ich weiß nicht, wie es mir auf dieser Achterbahn der Gefühle ergangen wäre, wenn wir uns nicht getroffen hätten, denn ihre Anwesenheit in meinem Leben gab mir Halt in den schwierigsten Momenten meiner Karriere.

An einem Tag Podium, am nächsten Tag Sturz. Die Extreme der Gefühle. Jess wusste, dass ich nach meinem Schlüsselbeinbruch einige Zeit brauchen würde, um mich zu erholen. Sie flog nach Girona. Ich holte sie, einhändig fahrend, vom Flughafen ab. Wir verbrachten die Zeit zu Hause und taten das, was wir am liebsten taten: über alles Mögliche reden, lachen und das Leben genießen. Wir konnten reden und die Zeit vergessen, als ob es Tag und Nacht nicht mehr gäbe. Wir konnten auch mal gemeinsam schweigen. Wir konnten einander lesen.

Der Sport war unser beider Broterwerb, er hatte uns zu denen gemacht, die wir waren, aber er hatte uns auch verletzlich gemacht. Jess war unglaublich talentiert und fleißig, aber sie war sich bereits bewusst, wie überdrüssig man der Jagd nach ein paar Sekunden um einer besseren Platzierung willen werden kann.

Sie fühlte sich vom ewigen Rundendrehen auf der Laufbahn eingeengt. Sie vermisste es, in den Himmel zu schauen und durchatmen zu können. Ich schlug vor, dass wir gemeinsam eine Pause machen sollten. Meine dauerte ein paar Wochen, ihre ein paar Monate. Bevor ich mich wieder ins Getümmel stürzte, beruhigte ich sie: »Jess, mach dir keine Sorgen, wenn du mich im Fernsehen stürzen siehst. Ich verspreche dir, dass ich nicht auf dem Boden liegen bleiben werde. Ich werde aufstehen, sobald ich kann. Das werde ich für dich tun.«

Kapitel 13

Der Panda kommt aus dem Unterholz

Der Panda war wieder hinter mir her. Diesmal nicht in Lüttich, sondern in China.

Sechs Monate nach meinem Sieg bei La Doyenne stand ich bei der dritten Etappe der Tour of Beijing nicht weniger als 40 Pandabären gegenüber, die sich an der Straße postiert hatten. Die kostümierten Fans standen am Anstieg zum Si Haï, einem der beliebtesten Radsportberge in der Region (14,7 Kilometer bei 4,3 Prozent). Sie riefen. Sie sangen. Sie tanzten. Sie waren für mich da und um dem Rennen etwas mehr Farbe zu verleihen. Sie wollten einen Preis für den »Panda der Berge« vergeben, einen inoffiziellen Titel, der einen Kilometer vor dem Banner für den »König der Berge« ausgetragen würde. Mit einer Spraydose hatten sie eine nicht ganz gerade Linie auf die Straße gemalt. Als ich den ersten Panda auf der rechten Seite sah, mit dem riesigen Wanst eines Tieres, das zu viel Bambus gefressen hat, trat ich an und konnte mich auch ein wenig vom Feld absetzen. Leider hatten wir einen Ausreißer ziehen lassen, so dass ich den Preis nicht gewann, aber sie hatten ihr Ziel erreicht: Die Zuschauer waren wie gebannt.

Die »Panda-Party« hatte schon an unserem ersten Tag in China begonnen. Die Organisatoren wollten zwei Fliegen mit einer Klappe schlagen: Sie wollten dem ungewöhnlichen Tier, das im Frühjahr im Fernsehen zu sehen gewesen war, als es mich im Finale von Lüttich-Bastogne-Lüttich verfolgte, ein zweites Leben schenken und gleichzeitig ihrer Rundfahrt ein Maskottchen verschaffen, ähnlich dem Plüschlöwen der Tour de France. Der Panda war eine naheliegende Wahl: Er ist für die Chinesen ein heiliges Tier. Seit Jahrhunderten verkörpert er aufgrund seiner beiden Farben, Schwarz und Weiß, die Dualität von Yin und Yang; er verkörpert Werte wie Frieden und Freundschaft, da er seinesgleichen nie angreift – aber wenn er gestört wird, kann er so furchterregend sein wie ein Tiger. 2013 wurde der Panda zum Wahrzeichen der Tour of Beijing. Und weil ich der »Panda-Fahrer« war, jagte an jedem Start- und Zielort ein riesiges Maskottchen hinter mir her, damit wir für Fotos posieren konnten.

Um die Party am Si Haï möglich zu machen, hatten die Organisatoren einen Bus gechartert. Etwa 40 freiwillige Pandabären stiegen zu. Während ich mein Rennen fuhr, wurden sie in ein echtes Drama verwickelt. Der Bus bog falsch ab und kam zu spät am Fuß des Passes an. Wären sie fünf Sekunden später angekommen, hätte die Polizei die Zufahrt ohne Ausnahmen gesperrt. Nach der langen Fahrt waren auch die schwarz-weißen Bären ziemlich gar. Den Preis für den Panda der Berge gewann an diesem Tag der Neuseeländer Hayden Roulston. Ich musste mich mit dem zweiten Platz in der Gesamtwertung trösten, zehn Sekunden hinter Beñat Intxausti.

2014 nahm ich erneut an der Tour of Beijing teil. Und natürlich war auch der Panda wieder dabei. Er schien zu einer Art Besessenheit zu werden. Dieses Mal reiste das Tier auf meinem Kopf mit, zwischen Bambushainen, auf einem weißen POC-Octal-Helm, der speziell für das Rennen entworfen worden war. Er war ein wahres Prachtstück, das nach der Rundfahrt zugunsten des WWF versteigert wurde. Das Team war guter Dinge, als wir von der Lombardei-Rundfahrt aus, die wir gewonnen hatten, über Paris, wo wir uns im Hotel mit Burgern und Pommes gestärkt hatten, nach China reisten. Dort angekommen, liefen die Dinge aber nicht mehr so glatt, und ich fürchtete schon, wir müssten den Rest unseres Lebens auf dem internationalen Flughafen von Peking verbringen. Wir saßen anderthalb Stunden in der Ankunftshalle, ohne das irgendetwas passierte. Zumindest am Anfang plauderten wir noch, lachten und seufzten, während wir anderen Passagieren dabei zusahen, wie sie leichtfüßig, wenn auch ein wenig übermüdet ihre Koffer abholten, glücklich darüber, nach langem Flug an ihrem Zielort angekommen zu sein. Dann wurde uns endlich mitgeteilt, dass unser Bus eingetroffen war. Die Fahrer von etwa einem halben Dutzend Profiteams stiegen ein. Doch falscher Alarm: Nach einer halben Stunde war immer noch nichts passiert. Wir standen immer noch am selben Fleck. Ein Reiseleiter teilte uns mit: »Wir müssen warten, bis Ihre Räder durch den Zoll sind.«

Wir stiegen wieder aus dem Bus aus, ließen aber sicherheitshalber die abnehmbaren Schaumstoffkissen leihweise mitgehen – sehr zum Unmut des Fahrers. Aus ihnen bauten wir uns auf dem Asphalt des Parkplatzes ein königliches Sofa. Optimaler Komfort, viel Platz, um die Beine auszustrecken, echter Luxus! Wir warteten zwei Stunden lang, halb schlafend, halb lachend. Es war heiß und schwül. Ryder Hesjedal sagte: »Ich geh mal pissen«, und ging zurück ins Terminal. Als er wiederkam, hatte er eine Tasche voll mit kaltem Bier dabei. Wie ein vom Himmel gefallener Engel stand er vor uns und erstrahlte in einem Lichthof. Durstig öffneten wir die Dosen. In diesem Moment rief jemand: »Jetzt ist alles gut, der Bus wird Sie zum Hotel bringen!« Endlich! Der Motor sprang an. Das Gefährt setzte sich Bewegung. Wir fingen an zu applaudieren. Doch nach einer Stunde Fahrt und einem halben Dutzend Kurven bot sich uns ein vertrauter Anblick. »Ist das nicht der Flughafen?« In der Tat, das war er, wir waren zu unserem Ausgangspunkt zurückgekehrt. Wir fragten den Reiseleiter, warum wir in den Bus gesetzt worden waren. »Ach das? Das war nur, um Sie zu beschäftigen.«

Offenbar hielten die Zollbeamten unsere Räder immer noch fest. Wir kehrten zum Parkplatz zurück, wo wir uns weitere zwei Stunden lang zu Tode langweilten, während der Tag voranschritt. Als klar wurde, dass das Zollproblem an diesem Abend nicht gelöst werden würde, stiegen wir wieder in den verdammten Bus und verließen den Flughafen, diesmal zum Glück endgültig. Wir machten uns auf den Weg zu unserer Unterkunft im 200 Kilometer entfernten Chongli, dem künftigen Standort des Athletendorfs der Olympischen Winterspiele 2022. Es war ein Uhr nachts, als wir in unsere Zimmer eincheckten. Wir bestellten einen Snack, der um zwei Uhr morgens auf kleinen Tabletts ankam, und legten uns dann voll bekleidet auf unsere Betten. Die Anreise von Paris nach Peking hatte weniger Zeit in Anspruch genommen als der Weg vom Flughafen zum Hotel.

Nachdem wir unsere Räder zurückbekommen hatten, widmeten wir uns ganz dem Kampf auf der Straße. Der Preis für den Panda der Berge wurde dieses Jahr an einem anderen Anstieg als 2013 vergeben. Wieder einmal scheiterte ich kläglich, und die begehrte Trophäe ging an den Niederländer Karsten Kroon. Unser Team musste sich mit zwei Etappensiegen begnügen. Der erste ging auf das Konto von Tyler Farrar, der den Sprint in Qianjiadian gewann, das zwischen Bergen und einem Fluss gelegen und für seine kühlen Sommer bekannt ist. Am nächsten Tag gewann ich die Bergankunft. Wir fuhren entlang der Chinesischen Mauer, spürten den feuchten Geruch der Wälder und die Ruhe der buddhistischen Tempel, inmitten von Bäumen, die sich in herbstlichen Rot- und Gelbtönen färbten. Auf dieser Königsetappe machte Ryder Hesjedal den Weg für uns frei, indem er sich einer Ausreißergruppe anschloss. Die Straße führte hinauf zum Mentougou Miaofeng, was so viel wie »Gipfel des Wunders« bedeutet. Der zwölf Kilometer lange Schussanstieg hatte ein eher welliges Profil und wurde durch Gegenwind erschwert. Einen Kilometer vor dem Ziel griff ich an und holte mir den Etappensieg. Auch in diesem Jahr wurde ich erneut Zweiter in der Gesamtwertung, drei Sekunden hinter Philippe Gilbert.

Wie beendeten die Tour of Beijing stilecht, dank einer Einladung ins Serk, ein Radsportcafé und -geschäft im Zentrum von Peking. Die Besitzer waren begeisterte Befürworter des »Panda der Berge«-Preises. Leider aber mussten wir, während andere Teams sich in die Feierlichkeiten nach dem Rennen stürzten – praktisch noch im Renneinteiler, wenn man so will –, nach einer kurzen Nacht im Hotel am nächsten Morgen zum Flughafen, von wo aus wir zum Japan Cup reisten.

Auch in diesem zweiten asiatischen Land war mein Schutzengel wieder dabei: Ein paar Fans schenkten mir Zeichnungen eines Großen Pandas – die Bilder von Lüttich-Bastogne-Lüttich hatten sie offensichtlich sehr amüsiert und beeindruckt. Der schwarzweiße Bär ist zwar auf dem japanischen Archipel nicht heimisch und dort nur in einigen wenigen Zoos anzutreffen, aber ich glaube, dass es ihm durchaus gefallen würde, im üppigen, friedlichen Kogashi-Wald zu leben, wo sich der entscheidende Berg beim Japan Cup befand. Der Anstieg ist fast fünf Kilometer lang, und obwohl die durchschnittliche Steigung bei nur rund fünf Prozent liegt, wird es auf den letzten zwei Kilometern mit durchschnittlich neun oder zehn Prozent richtig steil. Anstelle der vertrauten Tannen und Kiefern, die man in Europa bei den Bergetappen sieht, war die Straße von riesigen, majestätischen japanischen Zedern gesäumt. Dann erreichen wir eine Art Mini-Alpe-d'Huez, mit Haarnadelkurven, auf die Straße gepinselten Namen und großen Ansammlungen von begeisterten Fans... Das Rennen wurde von den leidenschaftlichsten Zuschauern verfolgt, die ich je erlebt habe, vielleicht weil es das einzige Rennen der japanischen Saison ist, bei dem man den Fahrern der Tour de France ganz nahe kommen kann.

Der Japan Cup war für mich eine schöne Gelegenheit, die Saison mit einem Sieg bei einem Klassiker zu beenden. Ich konnte mich 38 Kilometer vor dem Ziel in Utsunomiya, der Radsporthauptstadt des Landes, mit einer Attacke absetzen. Im Ziel hatte ich 54 Sekunden Vorsprung vor einer Gruppe von Verfolgern. Zwei Jahre später wurde ich Zweiter hinter dem ehemaligen Giro-Sieger Ivan Basso. Aber die darauffolgenden Starts beim Japan Cup haben mir noch mehr Spaß gemacht, einfach weil ich viel für die Mannschaft gearbeitet habe. Zum Glück trug diese Arbeit immer zu einem Sieg unserer Truppe bei. 2013 fuhr ich für Jack Bauer, einen Fahrer, der mich bei vielen Gelegenheiten vor dem Wind und anderen Gefahren geschützt hat. 2014 habe ich mich in den Dienst meines Freundes Nathan Haas gestellt, der immer an meiner Seite war, egal ob ich gewonnen habe oder gestürzt bin. Die Umstände führten dazu, dass ich nicht viele Gelegenheiten hatte, mich in einem Rennen als Helfer auszeichnen zu können, aber der Japan Cup war eine Ausnahme von dieser Regel und gab mir die Möglichkeit, meinen Freunden für alles zu danken, was sie während der Saison für mich getan hatten. Ich habe versucht, mich als hilfreich und dankbar zu erweisen – genau wie der Panda.

Ich war immer noch auf der Jagd nach »meinem« Pandabären, dem einzig wahren, demjenigen, der mir in Lüttich über den Weg gelaufen war. Bei meinen kniffligen Nachforschungen über dieses mysteriöse Geschöpf war mir ein wichtiges Detail aufgefallen. Ich habe mir die Fernsehbilder Dutzende Male angesehen, um die Szene zu analysieren, und es gibt keinen Zweifel daran: Mein Panda hatte Komplizen. Mindestens drei. Er ging voran, aber während er mich verfolgte, liefen sie hinter ihm her. Zwei von ihnen waren identisch gekleidet, in Anzug und Krawatte. Der dritte trug eine schwarz-weiß karierte Jacke und schwenkte eine nicht genau identifizierbare schwarze Fahne, möglicherweise eine Piratenflagge mit Totenkopf und gekreuzten Knochen. Ich würde sagen, sie waren höchstens Mitte zwanzig. Ihre Gesichter waren wiedererkennbar. Dies sind entscheidende Elemente für die Ermittlungen. Eines der Bandenmitglieder aufzuspüren, könnte zur Entlarvung des mutmaßlichen Anführers führen: des Pandabären von Lüttich.

Kapitel 14

Ein Schiff ohne Kapitän (Die Angst, ein Leader zu sein)

Das Schiff glitt durch die See wie unsere Reifen über eine Bergstraße. Sein Rumpf wurde von der Geschwindigkeit geschüttelt, mit der er durch die Dünung schnitt, während das Rollen und Stampfen zunahm. Wie ein guter Seemann schaute ich die ganze Zeit geradeaus und versuchte, nicht seekrank zu werden. Unser erstes Etappenrennen der Saison 2015 war ein Segeltörn rund um die Insel Tortola auf den Britischen Jungferninseln. Das Team war auf 13 Boote aufgeteilt, die jeweils mit drei Männern besetzt waren, die von einem professionellen Skipper unterstützt wurden. Ich war mit Ryder Hesjedal und unserem deutschen Trainer Sebastian Weber an Bord. Wir mussten mit dem Wind spielen wie bei einem Klassiker, aber ohne die Fahnen der Zuschauer am Straßenrand, die uns zeigten, aus welcher Richtung der Wind wehte, und es uns so leichter gemacht hätten, das Meer und seine Strömungen zu lesen, uns in den Windschatten der anderen zu begeben, mit möglichst wenig Reibung durch die Wellen zu gleiten und Tempo aufzunehmen.

Ryder stand mit der ruhigen, entschlossenen Miene eines Fischers auf Thunfischfang am Ruder. In der Zwischenzeit versuchte ich herauszufinden, wie man die verschiedenen Segel hisst und einholt, und vor allem, wie man es vermied, sich mit den Füßen in den Seilen zu verheddern.

Jeden Abend ging unsere Flottille aus 13 Booten in einem anderen Hafen vor Anker. Wir aßen gemeinsam am Strand und kehrten dann zum Schlafen auf unsere Boote zurück. Wir aßen hervorragende lokale Speisen und genossen Bier und Cocktails am Strand, während wir uns gegenseitig von uns erzählten und uns näher kennenlernten. Morgens frühstückten wir an Bord, bevor wir auf das Meer hinausfuhren, um unser nächstes Ziel anzusteuern. Mittags machten wir Halt, um im azurblauen Wasser zu schwimmen oder uns mit unseren schwächlichen Radfahrerarmen im Tauziehen zu messen. Die Atmosphäre war nett, aber ein bisschen dubios, fast als würden wir an einer Reality-TV-Show auf einer einsamen Insel teilnehmen. Es gab aber nicht viele Kameras oder Fotos, nur eine Handvoll Bilder, die im Internet gepostet wurden. In Wirklichkeit ging es bei dieser Segelregatta darum, eine neu formierte und etwas zerrüttete Mannschaft zusammenzuschweißen. Außerdem galt es, einen Leader für die kommende Saison zu finden. Und zwar dringend.

Das Team Garmin hatte sich gerade mit dem Team Cannondale zusammengeschlossen und würde dessen Namen annehmen. Wir mussten zwei verschiedene Rennställe und deren Mitarbeiter kombinieren, viele von ihnen aus unterschiedlichen Kulturen und etliche zudem verbittert darüber, einige ihrer früheren Kollegen verloren zu haben. Die Fusion hatte bedeutet, jeweils die Hälfte der beiden Teams zu opfern, um ein einziges zu schaffen. Auf der einen Seite stand das alte Team Garmin, der Rennstall, bei dem ich angefangen hatte und der seinen ursprünglichen Idealen und den großartigen Ideen, die wir an jenem Winterabend in einem Hotel in Boulder geschmiedet hatten, ziemlich treu geblieben war; auf der anderen Seite stand das italienische Cannondale-Team, das von einem amerikanischen Fahrradhersteller gesponsert wurde. Das bedeutete zwei Clans, zwei verschiedene Geschichten, zwei Sprachen. Erschwerend kam hinzu, dass die fusionierte Mannschaft die jüngste in der gesamten UCI WorldTour war. David Millar hatte seine Karriere beendet. Schon ein Jahr zuvor hatten wir unsere beide Spitzenkräfte Christian Vande Velde und David Zabriskie sowie wichtige Routiniers wie Andreas Klier und den südafrikanischen Sprinter Rob Hunter verloren. Auch Cannondale hatte keine Schwergewichte im Stall. Stattdessen hatten sie den jüngsten Fahrer im Peloton in ihren Reihen: Matej Mohorič, den König der Abfahrt. Der Slowene, der sowohl Italienisch als auch Englisch spricht, war einer der wenigen, der sich mit beiden Hälften unseres neuen Teams verständigen konnte.

Unter den gegebenen Umständen war ich ein Kandidat für den Posten des Leaders. Ich war bereit, meinen Lebenslauf zu aktualisieren und ein entsprechendes Bewerbungsschreiben zu verfassen. Ich hätte erwähnen können, dass meine Grundschullehrerin schon damals, als ich sieben oder acht Jahre alt war, der Meinung war, dass ich einen ausgeprägten Sinn für Führung hätte. Sie sah in mir einen zukünftigen Premierminister von Großbritannien. Ich hatte meine Berufung verfehlt…

Ich hätte etwas über meine Erfolge erzählen können, auch wenn Ergebnisse allein noch keine Führungspersönlichkeit ausmachen. Ich war immer der Typ gewesen, der die Hand hob, wenn der *directeur sportif* bei der Besprechung vor dem Rennen fragte: »Wer glaubt, dass er die Beine hat, heute zu gewinnen?« Es war im Grunde eine rhetorische Frage, denn die sportlichen Leiter hatten sich in der Regel bereits einen oder zwei Fahrer ausgeguckt, die als »Leader« beziehungsweise »Kapitäne« geschützt werden sollten. Ich wollte nicht heucheln, in falsche Bescheidenheit verfallen oder einer Herausforderung aus dem Weg gehen; wenn ich mich in der Lage fühlte, ein gutes Ergebnis zu erzielen, habe ich es gesagt. Ganz am Anfang, 2008, wurde meine Einstellung als etwas seltsam empfunden. Obwohl die Atmosphäre im Team recht familiär war, herrschte die unausgesprochene Überzeugung, dass sich junge Profis bei Diskussionen ruhig verhalten und sich vor allem nicht in den Vordergrund drängen sollten. Es ging mir nicht darum, jemanden zu provozieren. Ich wollte nur sagen, was ich dachte.

In meinem allerersten Trainingslager schockte ich die Mitarbeiter in den Einzelgesprächen, weil ich es wagte, einen kleinen Witz zu machen. Die Teamleitung zeigte mir einen Entwurf meines Rennprogramms, den ich super fand, aber ich sagte: »Schade, ich bin ein bisschen enttäuscht.«

»Warum denn?«

»Ihr habt mich nicht für die Flandern-Rundfahrt oder Paris-Roubaix nominiert, obwohl ich diese Rennen liebe!«

Sie sahen sich kurz an. Entweder meinte ich es ernst und sie hatten nach David Zabriskie einen zweiten Irren verpflichtet, oder ich war ein Witzbold und wusste nicht, wo mein Platz war. Doch ich verhielt mich nur so, wie ich es bei meinen früheren Teams immer getan hatte: respektvoll, aber oft mit einem Spruch auf den Lippen, um die Stimmung aufzulockern.

Genauso verlegen schienen die Mitarbeiter zu sein, als ich im Februar bei meinem zweiten Profirennen, der Tour Méditerranéen, im Mannschaftsbus sagte: »Wir fahren auf den Mont Faron. Ich mag den Anstieg, ich habe gute Beine. Ich kann gewinnen.« Am Ende büßte ich schon vor dem Beginn des Anstiegs, der oberhalb des Hafens von Toulon liegt, Zeit ein, und mehrere Leute im Team waren der Meinung, dass ich meinen Mund hätte halten sollen. Zwei Monate später waren die sportlichen Leiter verärgert, als ich entschied, beim Grand Prix de Rennes auszusteigen, einem Eintagesrennen, das auf reine Sprinter zugeschnitten war und unter schrecklichen Bedingungen bei Starkregen und Hagel ausgetragen wurde. Sie sagten kein Wort, aber ich konnte an ihren Mienen ablesen, dass sie mich für ein verwöhntes Kind hielten, das sein Essen nicht aufessen will. So stuften sie uns ein: Ein Neoprofi war ein Kind und hatte sich wie ein solches zu verhalten. Im Juni, als ich bei der Route du Sud sagte: »Ich kann gewinnen«, gewann ich auch. Diesmal hatte das Team an mich geglaubt. Ich werde nie vergessen, dass sie mir vertrauten und mir nach meinem Ausreißversuch auf der ersten Etappe den Status des Leaders für das Rennen zugestanden.

Ein Jahr später füllte ich die gleiche Rolle bei der Katalonien-Rundfahrt aus. Nachdem ich in einem Sprint einer zehnköpfigen Gruppe, den Alejandro Valverde für sich entschied, den dritten Platz belegt hatte, arbeitete das Team, insbesondere unsere Kanadier Christian Meier und Svein Tuft, auf der Etappe mit Bergankunft auf dem Vallnord in Andorra für mich. Meine Kollegen nahmen mich ins Schlepptau und zogen mich wie einen Fisch an der Leine mit, bis sie mich im richtigen Moment ins tiefe Wasser entließen. Ich wusste um die Bedeutung der Situation, denn ich hatte diesen Zug aus Teamkollegen vor mir. Das verlieh mir noch mehr Kraft. Der Druck belastete mich nicht, vielmehr hat er mich zusätzlich beflügelt. Manche Fahrer gerieten völlig aus dem seelischen Gleichgewicht, wenn ihr ganzes Team die eigenen Chancen opferte, um ihnen zu helfen. Man musste sie wie Leader behandeln, aber ohne das Wort je auszusprechen, man stellte ihnen nur ein oder zwei Helfer zur Seite, während der Rest sich in der Nähe, aber außer Sicht aufhielt.

Christian Vande Velde hatte mir ein paar Tipps für die Katalonien-Rundfahrt gegeben. Er gehörte bei dem Rennen nicht zum Aufgebot, sondern war zu Hause in Girona, wo er sich von einem schweren Sturz beim Giro d'Italia erholte, bei dem er sich ein gebrochenes Becken und sieben weitere Frakturen zugezogen hatte. Ich bin mir nicht sicher, ob es ihm behagte, ein Leader zu sein, vielleicht weil er lange daran gehindert worden war, diese Rolle zu übernehmen, und im Schatten von Lance Armstrong gestanden hatte, der mehr als nur ein Kapitän war, eher eine Art

Tyrann. Aber Christian war eine beruhigende Figur für seine Teamkollegen, die sich in seinen Dienst stellten. Er flößte Respekt ein und strahlte eine gewisse Aura von Stabilität, Ausgeglichenheit und Zufriedenheit aus. Wir wollten ihm helfen. War das nicht die Definition eines Leaders? Christian hat mich immer angespornt, und auch wenn es aus der Ferne und nur bruchstückhaft geschah, hat mir diese Unterstützung echten Auftrieb gegeben. Ich wurde Zweiter in der Gesamtwertung, 15 Sekunden hinter Alejandro Valverde.

Und dann entdeckte ich, dass ein Leader nicht nur dafür zuständig ist, sein Team auf der Straße anzuführen, sondern auch eine viel größere Verantwortung trägt, bis zu einem Punkt, den ich mir nicht hätte vorstellen können...

Am Start der sechsten Etappe der Polen-Rundfahrt 2010 trug ich das Gelbe Trikot des Gesamtführenden, nachdem ich am Vortag als Solist gewonnen hatte. Dann bat mich der Organisator, der Olympiamedaillengewinner Czesław Lang, ein polnischer Sportheld während des Kalten Krieges, an einer Zeremonie teilzunehmen. Die kleine Stadt Oświęcim, in der das Rennen begann, ist eher unter ihrem deutschen Namen Auschwitz bekannt. Wir hielten vor dem Vernichtungslager. Wir waren von einer sehr farbenfrohen und charmanten Stadt zu dem gekommen, was für so viele die Hölle auf Erden gewesen war. Wir kamen vor dem schmiedeeisernen Tor mit der berüchtigten Aufschrift »Arbeit macht frei« an. Ich war von Fahrern aus etwa 30 Ländern umgeben, die jeweils eine Rose niederlegten. Große Stille legte sich über das Rennen, als ich die Ehre hatte, einen Kranz niederzulegen.

Ein Jahr später kehrte ich zur Polen-Rundfahrt mit der Überzeugung zurück, dass der Status des Leaders kein Geschenk oder eine Ehre ist, sondern eine Pflicht, etwas, das größer ist als man selbst, fast eine erdrückende Last. Ich gewann eine weitere Etappe unter stürmischem Himmel im Kurort Bukowina Tatrzańska, während in den Hügeln um uns herum Blitze zuckten. Zuschauer ohne Regenschirme rannten zu ihren Autos, um Schutz zu suchen. Ich kam allein ins Ziel, das Gesicht fahl und glänzend im Scheinwerferlicht der Autos im Wolkenbruch, der den Tag zur Nacht machte. Mein Team bereitete sich auf die letzte Etappe vor, einen kniffligen Rundkurs durch die Straßen von Krakau. Heinrich Haussler hatte beschlossen, bei allen Zwischensprints mitzumischen, damit mein größter Konkurrent, Peter Sagan, nicht zu viele Bonussekunden sammeln würde. Ich sprintete direkt hinter ihnen, ohne sie überholen zu können, und ich sah, welche Risiken Heinrich für mich einging, indem er, wie immer bei diesen Typen, direkt am Limit sprintete und Sagan in den Kurven bedrängte. Ganz in meiner Nähe war auch Tom Boonen in dieses Kräftemessen verwickelt. Der König der Kopfsteinpflasterklassiker war am Tag vorher zu mir gekommen und hatte sich vorgestellt, als wir im selben Hotel übernachteten. Er sagte zu mir: »Mir wäre es lieber, wenn du gewinnst statt Sagan. Ich werde alles tun, um dir zu helfen.« Leider konnten weder Boonen noch Haussler etwas ausrichten; der slowakische Sprinter nahm mir auf den letzten Metern das Gelbe Trikot ab, indem er Zweiter der Etappe wurde und so noch mal sechs wertvolle Bonussekunden einheimste.

Ich verschaffte mir Geltung, so wie ich es schon früher in meiner Karriere getan hatte, als ich ohne Teamunterstützung für den CC Giro fuhr oder beim Vélo Club La Pomme aufs Abstellgleis zu geraten drohte, aber ich wollte die anderen nicht dominieren. Ich erhob meine Stimme nicht. Es nützt nichts, sich zu ärgern. Wenn man sich ärgert, hat man schon verloren. In der Mikrogesellschaft eines Radsportteams gibt es jeden Tag hundert verschiedene Anlässe, sich zu ärgern. Aber ich sah darüber hinweg. Ich konnte am Abend vor einem wichtigen Ziel kompromisslos sein, vor allem wenn ich in guter Form war, aber ich habe mich nie respektlos verhalten. Schon am Abend, bevor ich die Lombardei-Rundfahrt 2014 gewann, bemerkte Alyssa, unsere Chef-Soigneurin und eine gute Freundin, etwas, das darauf hindeutete, dass ich gewinnen würde: Ich war unfreundlich. »Du warst einfach aggressiv«, sagte Alyssa hinterher zu mir. Ich hatte mich aufgeregt, als ich Entrecôte auf der Speisekarte entdeckte. Am Abend vor einem Rennen aß ich immer weißes Fleisch, das leichter verdaulich ist. Ausnahmsweise habe ich mich über Alyssa geärgert: »Ernsthaft?!? Ich mache meinen Job zu 100 Prozent, und ich erwarte, dass das Team seinen auch zu 100 Prozent macht.« Ich war wütend und stürmte davon, um mir einen Gemüse-Proteinshake zu machen, dann ging ich auf mein Zimmer, um ihn zu trinken.

Ich legte Wert darauf, die Arbeit jedes einzelnen Mitarbeiters im Team zu respektieren. Ich schätzte die Qualitäten, die unsere Kameradschaft, unseren »Familien-Spirit«, ausmachten – außer am Abend vor einem großen Ziel. Dann schlug meine Siegermentalität durch und ich erwartete von den Betreuern und Teamkollegen, auf der gleichen Wellenlänge zu sein. Und ich duldete keine Ausreden.

Trotzdem war das Team Cannondale nicht besonders scharf darauf, mich zum Kapitän für die Saison 2015 zu machen. Manchmal wurden Ryder Hesjedal, Andrew Talansky und ich als Co-Leader vorgestellt, bei anderen Gelegenheiten sollte Talansky als »Kapitän« und ich als »Capitaine de Route« fungieren. Der Unterschied zwischen den beiden Rollen ist subtil. Viele Teamleader sind herausragende Rennfahrer und sogar große Champions, aber es fehlt ihnen an Führungsqualitäten. Sie melden sich in Diskussionen nicht zu Wort, sie motivieren die anderen Fahrer nicht mit aufmunternden Worten auf dem Rad oder beim Abendessen oder auch zwischen den Rennen mit einer netten kleinen Textnachricht. Sie sprechen keine Probleme an und wollen niemanden vor den Kopf stoßen. Die Rolle des »Capitaine de Route« wurde erfunden, um diese Situationen zu lösen. Er ist der eigentliche Leader – derjenige, der anspornt, der vereint, der sich zu Wort meldet, der Entscheidungen trifft –, auch wenn das Risiko besteht, andere zu verärgern. Entgegen der landläufigen Vorstellung ist der »Capitaine de Route« aber nicht unbedingt der älteste oder erfahrenste Fahrer in der Gruppe, sondern derjenige, der alle Fähigkeiten eines Anführers vorweisen kann.

Ich legte keinen Wert darauf, den Titel des Teamleaders offiziell verliehen zu bekommen, denn ich wusste, dass ich auf die Unterstützung der Mannschaft zählen konnte, wenn es darauf ankam. Im Prinzip... Aber diese Unklarheiten fingen an, uns alle zu nerven. Hesjedal fühlte sich am wohlsten, wenn es außer ihm ein oder zwei weitere geschützte Fahrer gab und er sein Ding machen konnte. Talansky hingegen sehnte sich nach der Leaderrolle und nahm den damit verbundenen Druck gern in Kauf. Das Team wollte sich hinter ihn stellen, weil er in der vergangenen Saison das Critérium du Dauphiné gewonnen hatte, ein Rennen, das als Sprungbrett für die Tour de France gilt. Er kletterte nicht ganz so gut wie ich, war aber viel schneller im Kampf gegen die Uhr, was ihn zu einem Muster an Beständigkeit machte. Außerdem war er Amerikaner, geboren in New York, und in einem amerikanischen Team verstand jeder die Bedeutung dieser symbolischen Wahl. Bei der Tour de France 2015, auf der superheißen Etappe nach Pierre-Saint-Martin, begehrte Andrew dann doch einmal auf. Es war ein brütend heißer Tag. Der sportliche Leiter wiederholte immer wieder über Funk: »Dan, du bleibst bei Andrew. Dan, du bleibst bei Andrew.« Bis Talansky sein Funkgerät einschaltete und fragte: »Wozu denn? Ich bin nicht besser als er!« Damit hatte er recht, denn an diesem Tag waren wir beide mies. Wir respektierten uns und waren ehrlich zueinander. Auf die sportlichen Leiter des Teams konnten wir leider nicht in gleichem Maße vertrauen. Auch konnten wir uns nicht auf die Unterstützung, geschweige denn die Anwesenheit von Jonathan Vaughters verlassen.

Unser Teamchef schien sich von der Rennszene, den Trainingslagern und von seinem Handy und dem Internet verabschiedet zu haben. Wir wussten nicht einmal, wo er wohnte: Girona, Denver, Boulder... Seine Präsenz vor Ort war in den letzten Jahren sehr eingeschränkt gewesen. Während der Tour hielt er sich abseits der Mannschaft in den Luxushotels und -restaurants von Relais & Châteaux auf und genoss mit den Vertretern unserer Sponsoren edle Weine, was zu seinem Job gehörte. Auch wenn wir uns von ihm mehr Klarheit hinsichtlich der sportlichen Organisation gewünscht hätten, haben wir ihn hinter den Kulissen arbeiten lassen, um die Zukunft des Teams zu sichern.

Das Problem war, dass das Team in regelmäßigen Abständen in besorgniserregende Situationen geriet. Aus Not oder gar Verzweiflung zog JV ständig Fusionen mit anderen Teams in Erwägung, ohne zu wissen, ob diese uns zusätzliche Ressourcen verschaffen oder uns helfen würden, den Bankrott zu vermeiden. So wurden zum Beispiel 2011 der Weltmeister Thor Hushovd, Roger Hammond, Andreas Klier, Daniel Lloyd und ein paar andere Fahrer meine neuen Kollegen, als sich das Team Garmin mit dem Cervélo TestTeam zusammentat. Es war eher ein Zusammenschluss mit einer Klassiker-Mannschaft, die kurz vor dem Zerfall stand, als eine richtige Fusion. Es war wie eine Heirat zwischen einem Karpfen und einem Kaninchen. Die Paris-Roubaix-Spezialisten von Cervélo blieben tendenziell weiter unter sich. Vier Jahre später trug ich durch den Zusammenschluss mit Cannondale das gleiche Trikot wie Matej Mohorič und Alberto Bettiol, zukünftigen Siegern von Mailand-Sanremo und der Flandern-Rundfahrt, und Davide Formolo, der eine der großen Hoffnungen des italienischen Radsports war. Diese Art von Fusion hatte immer Konsequenzen.

Gute Ergebnisse wurden sehnsüchtig erwartet. Einige sportliche Leiter meinten, dass es mindestens zwei Jahre dauert, bis sich eine Mannschaft zusammenfindet. Einen Eindruck davon, welche negativen Auswirkungen solche Zusammenschlüsse auslösen können, bekam ich erstmals bei der Katalonien-Rundfahrt, dem wichtigsten Rennen in meiner Wahlheimat, bei dem ich schon 2009 mit einem zweiten Platz auf mich aufmerksam gemacht hatte. Um meine Chancen zu erhöhen, ließ ich jedes Jahr Mailand-Sanremo aus, das zwei Tage zuvor stattfand, obwohl es mich immer sehr gereizt hatte, die 300 Kilometer lange »La Classicissima« zu bestreiten und mich an ihrem entscheidenden Anstieg, dem Poggio, mit den Puncheuren und Sprintern zu messen. Bei der Katalonien-Rundfahrt habe ich alles Mögliche probiert und geschafft. 2011 habe ich sogar mal in einen Massensprint reingehalten, von meinen Teamkollegen in der letzten Kurve perfekt abgesetzt – ich war überglücklich, als ich Vierter von 155 Fahrern wurde. Ich kämpfte in Katalonien um das Leadertrikot und um Etappensiege. Ich gewann die Gesamtwertung.

Ausnahmsweise landeten Joaquim Rodríguez und Michele Scarponi hinter mir auf dem Podium. 2013 wurde der Grundstein für meinen Sieg im Skigebiet Port Ainé gelegt, als ich gemeinsam mit meinem Cousin Nico und meinem Teamkollegen Ryder Hesjedal, der kolossale Arbeit leistete, in eine große Ausreißergruppe schlüpfte. Ich griff am Fuße des 19 Kilometer langen Schlussanstiegs an, hielt das Feld auf Abstand und überquerte die Ziellinie mit 36 Sekunden Vorsprung auf Rodríguez. Aber wir mussten jeden Tag kämpfen, auf der Jagd nach Zeitbonifikationen, damit ich in dem sehr ereignisreichen Rennen vorne blieb. Selbst auf der letzten Etappe waren wir gezwungen, ein gefährliches Spiel zu spielen, das unsere Nerven auf die Probe stellte. Ich trug das weiß-grüne Trikot des Führenden, als wir durch die Straßen von Barcelona fuhren, und eine Ausreißergruppe hatte einen Vorsprung von mehr als sechs Minuten. Ich rechnete aus, dass wir, wenn der Vorsprung weiter anwachsen würde, vor der Einfahrt auf die kurze, fünf Kilometer lange Schlussrunde von den Ausreißern überrundet werden würden – womit ich automatisch gewonnen hätte. Also tat ich, was ein Leader tun sollte: Ich wies meine Teamkollegen an, langsamer zu fahren. Sollten die anderen Mannschaften doch zusehen, wie sie den Abstand verringerten. Als wir mehr als acht Minuten Rückstand hatten, fing das Team von Rodríguez an, an der Spitze des Feldes Tempo zu machen. Sie hatten meinen Plan durchschaut, aber ich holte trotzdem den Gesamtsieg.

Enttäuschenderweise ging das Team Cannondale-Garmin bei der Katalonien-Rundfahrt 2015 komplett leer aus. Ich war mit Teamkollegen unterwegs, die ich mochte, Ryder Hesjedal und Alex Howes, und soliden Männern wie Andrew Talansky, aber wir bekamen nichts auf die Kette. Wir hatten als Mannschaft komplett die Ordnung verloren. Außerdem fehlte uns in den entscheidenden Momenten die physische Stärke. Wir waren überhaupt nicht auf der Höhe. Es bildeten sich Ausreißergruppen, in denen wir nicht mit einem einzigen Fahrer vertreten waren, und wir waren zu langsam, um sie wieder zurückzuholen. Wir waren dabei, unseren Status einzubüßen, wie der folgende Vorfall unterstrich.

Ich glaubte, das Richtige zu tun, als ich Etixx-Quick-Step vorschlug, gemeinsame Sache zu machen, um auf den engen und kurvenreichen Straßen, ein paar Kilometer vor dem Ziel der zweiten Etappe, das Feld zu sprengen. Doch zum vereinbarten Zeitpunkt tauchten meine Teamkollegen ab, überließen den Belgiern die Arbeit und nutzten die Situation aus. Am Abend machten sie Witze darüber. Was trieben wir da eigentlich? Unser Absturz wurde auf der vorletzten Etappe noch deutlicher, als sich in einem entscheidenden Moment Windstaffeln bildeten und wir vollkommen überrumpelt wurden. Meine Teamkollegen hatten hart gearbeitet, um mich für einen Zwischensprint in Position zu bringen, bei dem ich drei Sekunden gewinnen und damit auf den dritten Platz in der Gesamtwertung vorrücken konnte. Wir konnten die Anspannung im Feld spüren. Bestand die Gefahr, dass sich Windstaffeln bildeten? Unsere sportlichen Leiter teilten uns über Funk mit, dass dies nicht der Fall wäre. Vorsichtshalber und ohne dem Urteil der erfahrenen Männer im Wagen hinter uns so ganz zu vertrauen, begann ich, mich im Feld nach vorne zu arbeiten. Leider war ich trotzdem zu weit hinten, als sich das Feld teilte. Es bestand kein Zweifel, dass die Strecke wie gemacht für Windkanten war. Mehrere Teams hatten ihre Taktik perfekt vorbereitet. Ich verlor mehr als anderthalb Minuten und fiel von einem möglichen Podiumsplatz auf Platz zehn in der Gesamtwertung zurück. Wir hatten unsere Energie verloren, unsere Charakterstärke, unsere Lust, auf jenem Boot auf den Jungferninseln etwas gemeinsam zu unternehmen. Und ich hatte noch längst nicht alles gesehen.

Kapitel 15

Das Rennen der gebrochenen Knochen (Die Angst, den eigenen Körper zu zerstören)

711 Rennkilometer in sechs Tagen
8.187 Höhenmeter
0 medizinische Produkte
2 Rippenbrüche

Es tat jedes Mal weh, wenn ich Luft holte, tausende Male am Tag, bis der Schmerz ein Teil von mir und meiner Routine wurde. Ich sperrte ihn aus, aber tief in mir drängte und klopfte er, wollte aus seiner Kiste heraus, und in diesen Momenten schoss mir ein stummer Schmerzensschrei durch den Kopf. Was am meisten wehtat, war, dass ich mir diese Situation nicht ausgesucht hatte. Ich hätte nicht leiden sollen. Anstatt mich jeden Tag mit gebrochenen Rippen auf Schweizer Straßen bei der Tour de Romandie abzuquälen, hätte ich mich zu Hause ausruhen sollen. Aber mein Team verwehrte mir diese Möglichkeit. Das verlängerte die Qualen.

Im Frühjahr 2015 war ich in der Woche vor der Tour de Romandie zweimal gestürzt. Am Mittwoch stürzte ich beim Flèche Wallonne, doch die erheblichen Bedenken hinsichtlich der Ausmaße meiner Verletzungen spiegelten sich nicht in der Pressemitteilung wider, die das Team am Abend herausgab: »Das medizinische Personal beobachtet Dan Martin nach seinem Sturz weiterhin genau. Stand heute hat er Prellungen, Abschürfungen und Nackenschmerzen. Seine Gesundheit hat für uns oberste Priorität und wir werden schauen, welche Fortschritte er macht, bleiben aber zuversichtlich, dass er bei Lüttich-Bastogne-Lüttich an den Start gehen kann.« Der Osteopath tat, was er konnte, um die Beschwerden in meinem Nacken zu lindern, aber ich war besorgt, dass ich mir eine schwerere Verletzung zugezogen hatte, als mein Kopf auf der Straße aufgeschlagen war. Konkret: Ich fürchtete, eine Gehirnerschütterung zu haben. Damals gab es noch keine Regeln für den Umgang mit dieser Art von Unfällen. Die UCI führte erst 2021 ein »Concussion Protocol« für die Behandlung von Kopfverletzungen ein: Tests, die durchgeführt werden müssen, wenn der Fahrer noch auf dem Boden liegt, eine Ruhezeit von mindestens einer Woche… Unser Team, das in dieser Frage eigentlich eine Vorreiterrolle einnahm, war in diesem Fall weniger wachsam als sonst. Ich habe mich nicht im Krankenhaus untersuchen lassen und bekam vom medizinischen Personal grünes Licht für das Rennen in vier Tagen.

Am Tag vor Lüttich-Bastogne-Lüttich ging es mir ein bisschen besser. Die Tatsache, dass ich wieder an »meinem« Rennen teilnehmen würde, schien wie ein Heilmittel zu wirken. Doch am Nachmittag klopfte einer der sportlichen Leiter an meine Zimmertür und überbrachte mir eine beunruhigende Nachricht. »Dan, du wirst nach Lüttich nicht nach Hause fahren. Wir nehmen dich mit in die Schweiz zur Tour de Romandie.« Wie bitte?! Was um alles in der Welt hatten die vor? Der sportliche Leiter fügte hinzu: »Du hast seit Beginn der Saison keine Resultate mehr erzielt, du musst dem Team helfen, UCI-Punkte zu sammeln.« Ich war fassungslos. Ich hatte mich nicht auf dieses Rennen vorbereitet. Ich wusste nichts über die Strecke. Ich versuchte zu verhandeln. »Wenn ich in Lüttich ein gutes Ergebnis einfahre, darf ich dann nach Hause?« Die Teamleitung wollte davon nichts hören. »Die Flugtickets sind bereits gebucht«, hieß es.

Zu allem Überfluss stürzte ich bei La Doyenne. 42 Kilometer vor dem Ziel kam es zu einer Massenkarambolage. Es war mein zweiter Sturz in dieser Woche. Kurz hatte ich das Gefühl, wieder in eine Pechsträhne geraten zu sein, wie sie mich 2013 und 2014 verfolgt hatte. Als ich aufstand, spürte ich einen intensiven, stechenden Schmerz. Mein Lenker hatte mich in den Magen getroffen. Nathan Haas, der bei dem Sturz ebenfalls verletzt worden war, stand neben mir. Er fuhr mit mir noch sieben Kilometer weiter bis zum Gipfel der Côte de La Redoute, wo unser Team-Truck wartete. Ich sagte zu Nathan: »Ich bin sicher, dass etwas gebrochen ist.« Am Abend musste ich jedoch auf Drängen der Teamleitung nach Genf fliegen. Schließlich sagte ich mir: »Okay, schauen wir mal, was passiert.« Trotz der Stürze war ich in guter Form. Vielleicht würde sich ja in der Schweiz alles zum Guten wenden.

Am nächsten Morgen wachte ich in meinem Hotelzimmer in der Schweiz auf und war müde und besorgt. Nachts hatte ich kein Auge zugetan. Ich fragte den Arzt, ob ich einen Termin zum Röntgen meiner Brust bekommen könnte. Ich vermutete, dass ich mir mindestens eine Fraktur zugezogen hatte, vielleicht auch mehr. Fabrizio Guidi, einer unserer sportlichen Leiter, fuhr mich zum Krankenhaus, das sich in der Nähe des Hotels befand. Auf der kurzen Fahrt erinnerte er mich an den Standpunkt des Teams: »Wenn etwas gebrochen ist, fährst du natürlich nicht.« Ich fragte Fabrizio: »Was ist, wenn nichts gebrochen ist, aber die Schmerzen unerträglich sind?« Guidi versuchte, es herunterzuspielen: »Die Schmerzen werden im Laufe der Tage nachlassen. Vielleicht kannst du Ende der Woche eine Etappe gewinnen.« Wir mussten mehrere Stunden auf die Ergebnisse warten, die schließlich am späten Abend eintrafen. Es war keine Fraktur festgestellt worden. Das bedeutete, dass ich am Dienstag beim Mannschaftszeitfahren an den Start gehen würde.

Die Tour de Romandie startet zwei Tage nach Lüttich-Bastogne-Lüttich, aber meist lässt man sie aus, wenn man die Klassiker gefahren ist. Mit der Tour de Romandie beginnt für die Rundfahrer die Zeit der Etappenrennen. Dort konzentriert man sich darauf, nicht krank zu werden, indem man sich zum Beispiel auf den Passhöhen Zeitungspapier unter das Trikot steckt und vor dem Schlafengehen eine Tasse heißen Tee trinkt – ganz nach alten Gepflogenheiten. Die Tour de Romandie ist oft eher ein Winter- als ein Frühlingsrennen; der Schnee beginnt gerade erst zu schmelzen und eisige Böen fegen durch die Täler, in denen kalter Nebel über den Seen hängt. Es ist nicht ungewöhnlich, dass die Königsetappe verkürzt oder ganz gestrichen wird. Aber nicht in diesem Jahr. Mir stand das komplette Programm bevor.

Ich dachte, ich würde im Mannschaftszeitfahren bestimmt schon nach 600 Metern abgehängt werden, allein zurückbleiben und schließlich außerhalb des Zeitlimits landen und aus dem Rennen ausscheiden. Aber ich irrte mich. Es gelang mir, auf den gesamten 19 Kilometern, die wir mit einem Schnitt von mehr als 50 km/h zurücklegten, an meinen Kollegen dranzubleiben. Am Abend dachte ich darüber nach, was mein sportlicher Leiter gesagt hatte. »Der Schmerz wird im Laufe der Tage nachlassen.« Würden sich die Dinge tatsächlich so entwickeln, wie er es vorausgesagt hatte?

In der Nacht wurde schnell klar, dass dies nicht der Fall sein würde. Die Schmerzen hielten an. Es fühlte sich an, als würde mir bei jedem Atemzug eine Nadel in den Bauch gestochen. Ich dachte, ich hätte mindestens eine gebrochene Rippe, wahrscheinlich zwei, vielleicht auch drei. Dass ich Rennen fuhr, statt mich auszuruhen, beunruhigte mich sehr. Ich hatte gehört, dass sich aus Rippenbrüchen manchmal eine Lungenentzündung entwickelt und man deshalb zur Vorbeugung regelmäßig husten oder tief einatmen soll. Indem ich diese Atemzüge in die Länge zog, konnte ich den Schmerz ein wenig abschwächen. Aber als ich im Bett lag, spürte ich, wie es schlimmer wurde. Ich sehnte mich fast danach, nicht zu atmen.

Ich wandte mich an die Teamkollegen, die mir am nächsten standen, wie meinen Kumpel Nathan Haas, der immer für mich da war. Sie beruhigten mich und versprachen, mir zu helfen, auch wenn sie nicht wirklich viel für mich tun konnten. Ein paar ziemlich unverblümte Ratschläge erhielt ich außerdem von den sportlichen Leitern Fabrizio Guidi und Andreas Klier, den ich gut kannte, weil er vier Jahre zuvor bei der Vuelta ein super Zimmergenosse gewesen war. Die beiden drängten mich, bei der Stange zu bleiben, betonten das gemeinsame Interesse von Team und Fahrer und pochten darauf, dass ich an dem Gedanken festhalten müsse, niemals aufgeben zu dürfen. Sie trieben mich Tag für Tag an, so wie sie es immer taten, wenn sie uns an einem Anstieg anfeuerten: »Halt durch! Weiter so! Nur noch drei Kilometer! Nur noch zwei! Beiß die Zähne zusammen, letzter Kilometer!«

Schmerzmittel zu nehmen, wäre natürlich eine Option gewesen, aber sie würden das Problem nicht lösen. Der Schmerz war ja das Mittel meines Körpers, um mich zu schützen und davon abzuhalten, meine Grenzen zu überschreiten. Jeder Fahrer kennt Geschichten von Kollegen, die ihre Gesundheit geopfert haben, weil sie sich mit kaputten Knochen, Knien oder Sehnen übernommen hatten. Im Laufe weniger Tage, manchmal sogar eines einzigen Rennens, haben sie ihre Karriere ruiniert und ihren Körper vorzeitig altern lassen. Ich wollte lieber leiden, als mich selbst zu zerstören.

Das Team verstand meine Weigerung, Schmerzmittel zu nehmen, nicht, und ich im Nachhinein vielleicht auch nicht, aber damals war es eine Form des Protests, denn ich befand mich im offenen Dissens mit der sportlichen Leitung. Ich befolgte Anordnungen nur halbherzig, und halb widersetzte ich mich ihnen. Rennen fahren? Ja. Schmerztabletten? Nein.

Ich legte aber Wert darauf, dass meine Teamchefs sich ihrer Verantwortung bewusst waren. Jeden Tag fragte ich: »Kann ich morgen nach Hause?« Und sie antworteten: »Eine Etappe noch, dann schauen wir mal...« Nach der dritten Etappe schickte ich eine E-Mail an unseren Logistikleiter und bat um ein Notfallflugticket nach Barcelona. Dies wurde mir verweigert. Ich vermutete, dass er nicht allein für diese Entscheidung verantwortlich war, aber während dieser ganzen Zeit hörte ich keinen Pieps von unserem Big Boss Jonathan Vaughters – weder vor noch während noch nach der Tour de Romandie. Ich kann nur vermuten, dass er hinter der Entscheidung steckte, dass ich im Rennen bleiben musste.

Auf der vierten Etappe war nicht mehr zu übersehen, wie sehr ich litt. Ich wurde nach rund 20 Kilometern an einem leichten Anstieg abgehängt. Die Insassen anderer Teamfahrzeuge blickten mich an. Ich hätte am liebsten ein Schild hochgehalten: »Holt mich hier raus!« Ich kam im Gruppetto ins Ziel, zwölf Minuten hinter dem Sieger. Auf der fünften Etappe verlor ich weitere 22 Minuten.

Um mich bei der Stange zu halten, dachte ich an Fahrer, die in ihrer Karriere noch weniger Glück gehabt hatten als ich, wie Timmy, Blake und Lucas, ehemalige Teamkollegen aus der Anfangszeit meiner Karriere, die von schweren Unfällen oder gesundheitlichen Problemen aus der Bahn geworfen worden waren.

Timmy Duggan rauschte auf der dritten Etappe der Tour of Georgia am 23. April 2008 bei einer Abfahrt in eine Gruppe gestürzter Fahrer. Er machte einen Purzelbaum und schlug mit dem Kopf auf dem Asphalt auf. Dabei trug er eine Hirnblutung davon. Dank rascher medizinischer Versorgung überlebte er den Unfall. Er konnte seine Radsportkarriere wieder aufnehmen und wurde 2012 US-Meister.

Blake Caldwell stürzte am 2. April 2009 auf einer glatten Straße in Girona auf dem Weg von seinem Haus zu unserem Treffpunkt für unsere anstehende Trainingsausfahrt. Er brach sich den Oberschenkelknochen. Die Ärzte diagnostizierten daraufhin Osteoporose bei ihm, und er war gezwungen, seine Rennkarriere zu beenden.

Lucas Euser fuhr am 14. Mai 2009 beim gemeinsamen Training in der Nähe von Girona etwa hundert Meter hinter mir. Wir hatten uns gerade getrennt, weil ich an einer Steigung ein paar spezielle Intervalle fahren musste. Ein Auto krachte in ihn hinein. Ich habe nichts mitbekommen; als ich nach Hause kam, verstand ich nicht, warum er nicht auf meine SMS reagierte. Er war mit einer zertrümmerten Kniescheibe in die Notaufnahme gebracht worden. Trotz der offensichtlichen Nachwirkungen dieser Verletzung konnte er seine Karriere fortsetzen und fuhr bis zu seinem Rücktritt im Jahr 2015 weiter Rennen.

Ich dachte auch an die kranken Kinder im Temple Street Hospital in Dublin, die ich durch Cycle4Life kennengelernt hatte. Freunde hatten mich gebeten, mit dieser Stiftung zusammenzuarbeiten, die Geld für die jungen Patienten sammelt. Ihre Schicksale führten uns Fragen von Gerechtigkeit und Ungerechtigkeit im Leben vor Augen, von wahrem Glück und Pech, und natürlich waren wir erschüttert. Verglichen mit Fahrern, die ihre Karriere vorzeitig beenden mussten oder schwer verletzt wurden, und erst recht mit Kindern, die um ihr Überleben kämpften, hatte ich Glück. Sehr viel Glück.

Alles, wonach ich mich bei der Tour de Romandie sehnte, war, dass die Tortur, die mir mein Team auferlegt hatte, ein Ende hätte. Ich bat darum, die letzte Etappe, ein 17 Kilometer langes Zeitfahren durch die Straßen von Lausanne, auslassen zu dürfen. Das Team bestand darauf, dass ich an den Start ginge. Nun gut, ich würde es tun. Dies war nun ein Wettstreit, ihre Sturheit gegen meine. Ich absolvierte das Zeitfahren auf einem normalen Rennrad, weil ich es zu mühsam fand, mich auf meiner Zeitfahrmaschine in eine aerodynamische Position zu bringen. Ich beendete das Zeitfahren und damit auch die Tour de Romandie. Ich wurde 104., eine Stunde und 16 Minuten hinter dem Russen Ilnur Sakarin. Am nächsten Tag beschloss ich, mich röntgen zu lassen. Und siehe da: Ich hatte tatsächlich zwei gebrochene Rippen.

Ich habe nie erfahren, warum mein Team mich so mies behandelt hatte. Wollten sie dafür sorgen, dass die Organisatoren der Tour de Romandie die vollen Kosten für unsere Teilnahme am Rennen übernahmen? Wollten sie, dass ich auf die Jagd nach UCI-Punkten ginge, von denen wir als Team kollektiv nicht genug eingefahren hatten und die wir theoretisch brauchten, um auch in der nächsten Saison in der WorldTour dabei zu sein? Wollten sie mich für fehlende Resultate bestrafen? In dem Jahr hatte ich bei der Katalonien-Rundfahrt Platz zehn und beim Amstel Gold Race Platz 15 belegt, bevor ich bei den Ardennenklassikern zweimal stürzte. Ich hatte mir selbst auch ein bisschen mehr erhofft, aber das bedeutete nicht, dass ich bestraft werden musste.

Hatte die Teamleitung eine Vertrauenskrise, weil sie glaubte, ich wolle nicht fahren, obwohl ich es einfach nicht konnte? Das Team hatte mich in mehr als sieben Jahren kennengelernt und wusste, dass ich mich nie vor einem Rennen drückte und immer alles tat, was ich konnte. Sie wussten auch, welche Knöpfe sie drücken mussten, um bei mir eine Reaktion hervorzurufen: Stolz, Mut und eine Abneigung gegen Gejammere. Schon beim Critérium du Dauphiné 2012 hatten sie mich in einer ganz ähnlichen Situation provoziert, als sie mich aufforderten, um jeden Preis ins Ziel zu kommen, obwohl ich ein gebrochenes Schulterblatt hatte (was ich zu dem Zeitpunkt nicht wusste) und kaum den Lenker greifen konnte. Im Radsport geht es immer darum, noch mehr aus sich herauszuholen, aber ich hatte gedacht, dass ein Team wissen würde, wie weit es gehen darf, wenn die Frage ansteht, einen verletzten und angeschlagenen Fahrer ins Rennen zu schicken. Ich hätte nicht erwartet, dass sie darauf bestehen würden, dass jemand startet, der darum gebeten hatte, nach Hause zu dürfen. Sobald sich ein Fahrer eine Verletzung zugezogen hat, sollte man auf seine Worte hören und ihn schützen.

Wollte man mich unter Druck setzen, weil mein Vertrag auslief und Neuverhandlungen anstanden?

Mehr als die gebrochenen Knochen schmerzte mich die Haltung der Teamleitung. Wie schnell sich die Dinge änderten! 2013 war das Team sehr rücksichtsvoll gewesen, als ich bei der Vuelta eine Gehirnerschütterung erlitt. 2014 hatten sie die Kosten für eine Operation am Schlüsselbein übernommen, als ich auf der ersten Etappe des Giro gestürzt war. Ich war zunächst in Begleitung unseres Teamarztes Kevin Sprouse direkt nach dem Rennen zur Untersuchung ins Krankenhaus von Belfast gebracht worden, aber da sich der Vorfall im Vereinigten Königreich ereignet hatte, übertrug die Versicherungsgesellschaft des Teams die Verantwortung für die Kostenübernahme auf den National Health Service, dessen übliche Praxis es war, Schlüsselbeinbrüche nicht zu operieren, obwohl die Bruchenden stark verschoben waren. Nach einigen Telefonaten mit meinen Freunden Darragh und Cian Lynch, mit denen ich bei den Cycle4Life-Veranstaltungen zusammengearbeitet hatte, gelang es uns, eine Operation in einem Dubliner Privatkrankenhaus nicht nur für mich, sondern auch für Koldo Fernández zu organisieren. Ich war dem Team Garmin sehr dankbar, dass es ohne zu zögern die gesamten medizinischen Kosten übernahm.

Zur Tour de France 2015 war ich wieder mit der Mannschaft unterwegs. Zwei Monate nach meinen Stürzen waren meine Rippen und mit ihnen auch meine Moral wiederhergestellt. Der Start der Rundfahrt in den Niederlanden schien mit potenziellen Fallstricken gespickt zu sein. Die erste Etappe endete mit einem Abschnitt entlang der Küste auf von den Gezeiten ausgewaschenen

Straßen und führte dann über einen sehr windigen Deich zur künstlichen Insel Neeltje Jans. Die zweite Etappe führte über Streckenabsschnitte des Flèche Wallonne, des Rennens, bei dem ich im Frühjahr gestürzt war. Am Tag vor dem Start versammelten wir uns in unserem Hotel in Utrecht zu unserem rituellen Meeting vor der Tour. Es war eine Gelegenheit für uns alle, sowohl für die Fahrer als auch für die sportlichen Leiter, ein paar abschließende Worte zu sagen.

Als ich an der Reihe war, sagte ich: »Normalerweise ziele ich eher auf Etappensiege als auf die Gesamtwertung ab, aber dieses Mal strebe ich eine gute Platzierung an. Es wäre also ideal, sich in den ersten Tagen keine dummen Zeitverluste einzuhandeln, zum Beispiel durch Windkanten oder wenn sich das Feld vor dem Ziel teilt. Es wäre gut, wenn das Team mir hier und da ein wenig helfen würde.« Charly Wegelius, unser sportlicher Leiter, hielt mit seiner Meinung nicht hinterm Berg. Mit seiner ruhigen, monotonen Stimme wies er darauf hin, dass dies ein sinnloses Unterfangen sei. Ich wäre kein Fahrer, der eine Chance auf eine gute Platzierung im Gesamtklassement hätte.

Unter normalen Umständen hätte ein Teammanager so etwas gemurmelt wie: »Okay, schön, gute Idee, wir wissen, dass du gute Beine hast«, selbst wenn er es nicht geglaubt hätte. Die interne Psychologie eines Teams basiert auf der Idee, Athleten, die ein bestimmtes Ziel nicht erreichen können, im Glauben zu lassen, dass sie es können – nicht umgekehrt. Ich war vor versammelter Mannschaft gedemütigt worden, obwohl ich gegen Ende der letzten Saison Siebter bei der Vuelta geworden war; die Top Ten wäre in Reichweite gewesen. Tief in mir hatte ich das Gefühl, am gleichen Punkt zu sein wie fünf Jahre zuvor, als Matt White seine Enttäuschung über meine Leistung bei meinem ersten Giro geäußert hatte. Vielleicht war dies ein lehrreicher Moment: Wie es schien, berücksichtigte die Teamleitung nicht die Erfahrung, die ich inzwischen gesammelt hatte, und sah in mir noch den Neoprofi, den sie 2008 verpflichtet hatten.

Der Vorfall, vor dem ich mich gefürchtet hatte, ereignete sich auf der vierten Etappe, als wir über das Kopfsteinpflaster in Nordfrankreich fuhren. Ich stürzte auf einer nassen Straße fünf Kilometer vor dem ersten Pavé-Sektor. Ich blieb unverletzt, verlor aber fünf Minuten und 37 Sekunden. Einige meiner Teamkollegen blieben bei mir und taten, was sie konnten, um mir zu helfen, insbesondere Jack Bauer, Nathan Haas und Sebastian Langeveld. Es freute mich zu sehen, dass die anderen Fahrer das Vertrauen in mich nicht verloren hatten und mir immer noch beistehen wollten. Charly Wegelius' Reaktion im Ziel hingegen war eine weitere Enttäuschung. Der unverhohlene Sarkasmus, mit dem er mir Zuspruch spendete, unterstrich seine Verachtung nur: »Wir dachten, du würdest fünf Minuten verlieren, und du hast fünf Minuten verloren. Das ist nicht so schlecht – es hätte schlimmer kommen können.« Auf dem Papier hat ein Bergfahrer auf Kopfsteinpflaster immer Probleme. Aber ich konnte diesen Defätismus nicht länger ertragen. Charly, der bei dieser Tour das Sagen im Team hatte, meldete sich ein paar Tage später erneut zu Wort.

Er hatte mich in der Anfahrt auf die letzten zehn Kilometer hinten im Feld gesehen und mich zur Rede gestellt. Ich war zu diesem Zeitpunkt nicht mehr im Kampf um die Gesamtwertung dabei und nahm gerne ein paar Sekunden Zeitverlust in Kauf, um nicht in Schwierigkeiten zu geraten, da die meisten Stürze an der Spitze passierten. Außerdem sparte ich so Energie. Charly sah das anders und meinte, wenn ich es ernst meinte, würde ich immer vorne mitfahren. Sein Standpunkt ergab für mich einfach überhaupt keinen Sinn mehr. Ich befolgte sogar seine Anweisungen, indem ich mich nur auf Etappensiege konzentrierte, aber er machte mich trotzdem runter.

Auch Jonathan Vaughters, mit dem ich schon seit einigen Wochen keinen Kontakt mehr gehabt hatte, ließ während der Tour de France von sich hören. Völlig unerwartet bot er mir an, meinen Vertrag zu verlängern. Die Verhandlungen ähnelten denen, die man am Ende des Tages am Tomatenstand auf dem Markt von Girona führen kann, wenn man versucht, fünf Kisten zum Preis von einer zu bekommen. JV legte zunächst ein Angebot auf den Tisch, das ein Viertel dessen betrug, was ich zu der Zeit verdiente. Er hatte mit Martijn Berkhout gesprochen, meinem Agenten, der ihm nur spöttisch antwortete: »Danke für das Angebot. Das ist ein sehr schöner Bonus. Können wir jetzt über das Gehalt sprechen?« Der Kurs änderte sich alle paar Tage in informellen Gesprächen, die per Textnachricht geführt wurden. Wenn ich im Mittelfeld landete, schraubte Vaughters sein Angebot nach unten, aber dann, nach meinen zweiten Plätzen in Mûr-de-Bretagne und Cauterets, hob er es leicht an. Dennoch wollte er mein Gehalt mindestens halbieren. Aber es war keine Frage des Geldes mehr. Ich wäre nicht geblieben, auch nicht für zehn Millionen Euro. Nach acht Jahren großer Abenteuer und unvergesslicher Momente mit dieser Mannschaft musste ich ein Stück meiner Würde zurückgewinnen.

Kapitel 16

Ein Kletterer in Flandern (Die Angst vor dem Wind)

Ich hätte nie gedacht, dass ich jenseits der dreißig eine Karriere als »Flandrien« beginnen würde, inmitten von Fahrern, die das Knochenschütteln auf Kopfsteinpflasterstraßen, den Wind, den Staub in der Nase und den Schmutz im Mund lieben. Ich war wie ein Zweig inmitten von Männern, die wie Holzfäller gebaut waren. Nach acht Jahren bei den »Amerikanern« von Garmin hatte ich mich für die »Belgier« von Quick-Step* entschieden, ein Team, das bei Paris–Roubaix und der Flandern-Rundfahrt dominierte, nicht aber bei Lüttich–Bastogne–Lüttich oder der Lombardei-Rundfahrt. Als Teil dieses »Wolfsrudels« stürzte ich mich in die großen Stürme des Flachlands und entdeckte neue Gefühle auf meinem Rad. Ich wurde wieder der Mann und der Fahrer, der ich sein wollte.

Sobald unsere Verträge unterschrieben waren, mussten wir uns psychologischen Tests unterziehen, »um unsere Persönlichkeiten besser kennenzulernen«. Ich füllte die Kästchen aus, ohne davon überzeugt zu sein, dass dies viel aussagen würde, ließ mir aber Zeit mit den Antworten. Unser Sportpsychologe Jef Brouwers gab uns während eines der Wintertrainingslager 2015/16 an der

* 2016 hieß das Team Etixx-Quick-Step, in der Saison 2017 dann Quick-Step Floors.

Costa del Sol ein individuelles Feedback. In meinem Fall kam er zu dem Schluss: »Du musst dein Selbstvertrauen und deine Selbstachtung wiedererlangen.« Der Test hatte das Elend aufgedeckt, das seit Monaten an mir nagte: Mein Selbstvertrauen war am Boden. Brouwers benutzte einfache Worte, um mich an die einfachen Dinge zu erinnern, die ich vergessen hatte: »Es ist kein Problem, wenn du nicht gewinnst.« Aber warum sollte das Team Quick-Step, das mich angeheuert hatte, um der langen Liste seiner Erfolge weitere hinzuzufügen, seinen Psychologen ermutigen, solche Dinge zu sagen? Als ich wieder in meinem Hotelzimmer war, rief ich Jess an: »Ich bin wieder ich!«

Als ich im Februar bei der Tour de la Comunidad Valenciana in die Saison startete, bekam ich die Bestätigung, dass ich die richtige Wahl getroffen hatte. Vor der zweiten Etappe, die nach Puerto Fredes führte, hatte die Teamleitung verkündet, dass ich in der Lage sei, das Rennen zu gewinnen. Anschließend hatte Niki Terpstra zu mir gesagt: »Heute bleibst du an meinem Hinterrad.« Der Niederländer hatte zwei Jahre zuvor Paris–Roubaix gewonnen. Er kann die Straße lesen wie einen Roman. Er setzte sich 150 Kilometer lang vor mich und positionierte mich immer genau dort, wo ich sein musste. Er war der Boss. Er gab alles bis zum Fuß des Schlussanstiegs, der zwölf Kilometer lang war und bei mittlerer Steigung zum Ziel hinaufführte. Als er sich zurückfallen ließ, rief Niki mir zu: »Viel Glück, Kumpel!« Ich spürte etwas Schweres in meiner Brust, keine Last, die mich erdrückte, sondern eine Energie, die meine Lungen füllte. Ich wusste, was ich zu tun hatte. Ich kletterte mit Vollgas den Berg hinauf und eröffnete im richtigen Moment den Sprint, 500 Meter vor dem Ziel, kurz bevor die Straße begann, wieder leicht bergab zu führen. Es war mein erster Sieg seit mehr als einem Jahr.

Am Anstieg hatte mich Dario Cataldo, ein italienischer Kletterer aus dem Astana-Team, mit seinem Zuruf überrascht: »Aus dem

Weg! Du gehörst nicht hierher!« Keine gute Idee: Das war die Art Ansage, gegen die ich mich meine ganze Karriere über gewehrt hatte. Aber er blieb hartnäckig und rempelte mich mit dem Ellbogen an: »Hey, du hast an der Spitze des Pelotons nichts verloren, du kannst eh nicht um die Gesamtwertung kämpfen!« Das stimmte, denn ich hatte am Vortag beim 16 Kilometer langen Zeitfahren etwas mehr als eine Minute verloren. Cataldo, einer der Fahrer, die die Gesamtwertung in- und auswendig kannten, hatte entschieden, dass ich aus dem Rennen war. Ich war fassungslos. Hatte ich nichts mehr zu melden, nur weil ich im Jahr zuvor keine gute Saison gehabt hatte? Aber selbst wenn ich ein Neoprofi gewesen wäre: Sollte ich meinen Platz vorne räumen, nur weil jemand meinte, er stünde mir nicht zu? Ich versuchte, mich in der Spitzengruppe zu behaupten. Am nächsten Tag entschuldigte sich Cataldo und gratulierte mir, aber es war klar, dass man ohne Erlaubnis oder Leibwächter keine Rennen mehr gewinnen konnte.

Im Ziel umarmte mich ein Teamkollege, als hätte ich gerade die Weltmeisterschaft gewonnen. Er war so glücklich, als hätte er selbst gewonnen. Es war Tom Boonen. Im Laufe der Zeit lernte ich einen Mann kennen, der nicht nur zu mir sehr freundlich war, sondern auch mit allen anderen bestens auskam. Sobald Tom einen Raum betrat, verstummten die Gespräche. Es herrschte ein natürlicher, aufrichtiger, unwillkürlicher Respekt. Jeder wusste, dass Quick-Step »seine« Mannschaft war. Er war seit 2003 die Seele des Teams. Er dominierte durch seine körperliche Statur, sein Palmarès und vor allem durch seine Einstellung: die Art, wie er jedem in die Augen sah, wie er sich dafür interessierte, wie es einem ging und was es Neues gab, wie er sich um unser Wohlergehen sorgte, wie er den Stress, den er bei jüngeren Fahrern spürte, milderte und wie er unsere Arbeit in ein fast normales Leben einfügte. Tom zeichnete sich vor allem dadurch aus, dass er immer alles tat, um nicht den Anschein zu erwecken, besser zu sein als wir. Ich denke, das ist das Zeichen eines wahren Leaders.

Der Chef des Teams, Patrick Lefevere, zeigte den gleichen Respekt und gab jedem das Gefühl, wichtig zu sein. Zum ersten Mal hörte ich Mechaniker sagen: »In dem Jahr, als wir Paris-Roubaix gewonnen haben…« Wir waren alle Glieder der gleichen Kette. Patrick kannte jedes Mitglied des Teams, was in einem Sport, in dem viele andere Manager nicht einmal die Vornamen der Hälfte ihrer Mitarbeiter kennen, etwas Besonderes ist. Jeder wurde gleich behandelt, der Busfahrer genauso wie ein Rennfahrer, die Domestiken genauso wie die Kapitäne. Im Trainingslager aßen alle 30 Fahrer am gleichen Tisch, was das Gefühl verstärkte, dass wir alle Teil einer einzigen Gruppe waren. Patrick, der aus einer Autohändlerfamilie stammt und früher selbst ein paar Jahre als Radprofi gefahren ist, war seit mehr als 20 Jahren Teammanager und seit mehr als 30 Jahren sportlicher Leiter, und doch war er immer noch mit dem Herzen bei der Sache. Sollte er sich je abfällig geäußert haben, haben wir es jedenfalls nicht mitbekommen. Als er mich im Team willkommen hieß, sagte er den Journalisten: »Dan Martin ist eine sichere Bank für seine Rennen. Er ist ein kompletter Fahrer, den jedes Team gern haben würde.«

Wir fuhren Rennen, als wären wir eine eingeschworene Familie. Es herrschte echte Solidarität zwischen uns, ein Gefühl der Rücksichtslosigkeit im Angesicht von Widrigkeiten, denen wir gemeinsam trotzten. Die Teammanager stimmten voll und ganz mit dem überein, was der Psychologe in Spanien zu mir gesagt hatte: »Es ist egal, wenn du nicht gewinnst.« Doch sie fügten hinzu: »Naja, aber was können wir tun, um heute zu gewinnen?« Tom Steels, ehemaliger Gewinner des Grünen Trikots bei der Tour de France, analysierte Rennaufnahmen und suchte nach der kleinsten Lücke in einer Gartenhecke, durch die der Wind strömen und eine

Windkantenattacke begünstigen könnte. Brian Holm hatte die Aufgabe, die abschließenden wichtigen Worte vor dem Rennen zu sagen: »Wir wissen, dass ihr, die Fahrer, noch mehr gewinnen wollt als wir. Wir vertrauen euch. Habt Spaß.« Davide Bramati, ein ehemaliger Profi, der das Team bei allen Monumenten angeführt hatte, sorgte für den letzten Schliff, indem er wie ein 15-jähriger Fan rief: »Alleeeeez! Wir glauben daran!« Vor dem Start jedes Rennens wurde der Bus mit Up-Tempo-Nummern beschallt, die den Puls in die Höhe trieben, ähnlich wie die Musik, die man normalerweise vor einem Zeitfahren über Kopfhörer hört.

Bei meinem ehemaligen Team hieß es: »Diese Etappe ist für Sprinter, und wir haben keinen Sprinter. Wir sehen uns im Ziel. Morgen ist ein neuer Tag.« Aber bei Etixx lief es völlig anders. Sie haben immer nach einer Möglichkeit gesucht: »Wir haben keine Sprinter, aber wir werden versuchen, Windstaffeln zu formieren. Oder wir lassen fünf Kilometer vor dem Ziel einen Fahrer attackieren, im Stil eines Finisseurs. Oder wir lassen einen Nicht-Sprinter im Sprint sein Glück versuchen.« Wenn der Nicht-Sprinter als Siebter ins Ziel kam, wurde er wie ein Held gefeiert. Es gab keine Tage zum Nichtstun. Geschlagen wurden wir immer nur, nachdem wir alles versucht hatten.

Das Team ermunterte mich, wie ein Flandrien zu fahren, und ich nahm die Herausforderung gerne an. Und warum auch nicht? Ich hatte nichts gegen Windstaffeln als solche oder gegen Kopfsteinpflaster. 2004 hatte ich bei der Acht van Bladel, einem Junioren-Etappenrennen in der Nähe von Eindhoven in den Niederlanden, recht gut abgeschnitten. Ich hatte gelernt, mich im richtigen Moment nach vorn zu arbeiten und mich auf einer Kopfsteinpflasterstraße, die mit manchen Abschnitten der Flandern-Rundfahrt vergleichbar war, an der richtigen Stelle zu positionieren. Ich lernte damals außerdem, lieber mit Handschuhen zu fahren; ich hatte vergessen, sie auf dem Kopfsteinpflaster zu tragen, und von den ganzen Vibrationen hatten mir hinterher die Hände geblutet. Später, bei Garmin, wurde ich oft abgehängt, wenn es Seitenwindpassagen gab, aber es hielt sich in Grenzen. David Millar verpasste mir sogar den Spitznamen »Crosswinds«. Aber an stürmischen Tagen, an Tagen mit Kopfsteinpflaster oder an Tagen, die mit einem Sprint endeten, war es doch so, dass ich öfter Zeit auf die Konkurrenz verlor als gewann. Deshalb war die »Operation Arc de Triomphe« eine so schwierige Prüfung…

Es war der Sommer 2016, und mein Wiedersehen mit der Tour de France war sehr gut verlaufen. Ich war den Stürzen auf den ersten Etappen entgangen, und das Team hatte mir in den Windstaffeln auf dem Weg nach Montpellier, als sich das Rennen von den Pyrenäen in Richtung Mont Ventoux bewegte, den Hintern gerettet. Ohne das meisterhafte Manöver von Tony Martin, der mich fünf Kilometer lang vor dem Wind schützte, hätte ich viel Zeit verloren. Es sah danach aus, als würde ich in der Gesamtwertung den neunten Platz belegen, was auch in Ordnung gewesen wäre: Als das Team mich unter Vertrag nahm, hatten die sportlichen Leiter nicht mit einer solchen Leistung gerechnet, da sie der Meinung waren, dass meine Prioritäten die Klassiker und Etappensiege waren. Am letzten Tag trennten die vier Fahrer zwischen Platz sieben und zehn jedoch nur 13 Sekunden, und meine sportlichen Leiter waren ganz aufgeregt. Sie dachten, wir könnten den Spieß umdrehen: »Dan, du weißt ja, dass die Etappe auf den Champs-Élysées normalerweise eher eine Tour d'Honneur ist, die nichts am Ausgang des Rennens ändert. Nun, wir haben andere Pläne für dich. Wenn du in Richtung Arc de Triomphe fährst, wirst du den Sprint eröffnen.«

Eine Zeit lang sah es so aus, als könnte ich mich in den Sprintzug von Marcel Kittel einklinken und mich wie ein echter Sprinter ziehen lassen. Doch leider wurde Marcel 36 Kilometer vor dem Ziel durch einen Pedalbruch und einen Reifenschaden aus dem Rennen geworfen. Auch Iljo Keisse hatte einen Platten. Tony Martin blieb bei der ersten Zieldurchfahrt wegen Knieschmerzen am Teambus stehen, um seine Chancen bei den Olympischen Spielen in Rio zwei Wochen später nicht zu gefährden. Als wir einen Kilometer vor dem Ziel den Teufelslappen erreichten, hatte ich daher nur den Argentinier Max Richeze an meiner Seite. Aber unser Plan ging auf: Mehrere meiner Konkurrenten steckten in kleineren Gruppen weiter hinten fest. In der letzten Rechtskurve von der Place de la Concorde auf die Champs-Élysées fuhren wir mit mehr als 50 km/h. Ich blieb mit aller Kraft dran. Mein Körper war über diesen letzten Moment des Irrsinns nicht glücklich. Mein unterer Rücken brannte. Meine Beine schrien, dass ich es endlich gut sein lassen möge. Doch als wir die Ziellinie überquerten, explodierte das Team vor Freude. Laut Zeitmessung hatte ich mich um zwei Plätze verbessert und war nun Siebter der Gesamtwertung der Tour de France 2016.

Wir zogen die Vorhänge am Einstieg vom Bus zu und begannen zu feiern. Plötzlich erschien einer unserer sportlichen Leiter. Er blickte sehr ernst drein: »Tut mir leid, Jungs«, sagte er, »die Kommissäre haben die letzte Runde neutralisiert, aus Sicherheitsgründen. Die Zeiten wurden vor der letzten Runde genommen. Du bleibst Neunter, Dan.«

»Sicherheitsgründe« hieß in diesem Fall, dass der Toursieger in aller Ruhe, umgeben von seinen Teamkollegen, für ein Gruppenfoto ins Ziel gebracht werden konnte. Das Gelbe Trikot kam mit mehr als einer Minute Rückstand auf die Spitze des Feldes über die Ziellinie, bekam aber die gleiche Zeit gutgeschrieben. Unsere Enttäuschung verflog jedoch sehr schnell. Die Mannschaft war froh, bis zur letzten Sekunde gearbeitet und ihren Bergfahrer in einen Massensprint gebracht zu haben. Die Party begann von neuem. Wir ließen die Korken des offiziellen Team-Champagners knallen, der von unserem Sponsor Lidl palettenweise angeliefert worden war.

Ein Jahr später bildeten Marcel Kittel und ich bei der Tour de France eine starke Partnerschaft. Anstatt jeweils nur unsere eigenen Ziele zu verfolgen, machten wir gemeinsame Sache. Als wir die Berge erreichten, dachte Marcel nicht nur daran, seine eigene Haut zu retten und innerhalb des Zeitlimits ins Ziel zu kommen oder gar seine Kräfte zu schonen: Er gab alles für mich. Am Fuße der Passstraßen bahnte mir das Grüne Trikot den Weg in den Anstieg hinein. Ich war wie ein Golf-Cart geschützt hinter einem Sattelschlepper. Nicht einmal der Wind konnte mir etwas anhaben. Keiner unserer Konkurrenten hatte die Kühnheit zu versuchen, mir auf die Pelle zu rücken. Marcel war wie ein Türsteher am Eingang eines Nachtclubs – was ihn nicht davon abhielt, in jenem Jahr fünf Massensprints für sich zu entscheiden.

Das Erstaunliche war, dass unsere Partnerschaft auch andersherum funktionierte. An flachen Tagen nahm ich meinen Platz in Marcels Sprintzug ein und das nicht nur irgendwo: Ich fuhr an der Spitze des Teams, hinter den Fahrern von Sky, die das Feld kontrollierten, um das Gelbe Trikot zu verteidigen. Hinter mir hatte ich den gesamten Quick-Step-Zug, mit Marcel an zweitletzter Position – wir positionierten immer einen Teamkollegen hinter ihm, der als »Abräumer« fungierte und anderen Sprintern, die sich Marcels Hinterrad für ihre eigenen Ambitionen zunutze machen wollten, den Weg verbaute. Beim Abendessen amüsierte sich Marcel darüber: »Für einen Kletterer schlägst du dich ziemlich gut in so einem Sprinterzug! Außerdem bist du immer in guter Position und gehst keine unnötigen Risiken ein.« Vielleicht war es die Anziehungskraft der Gegensätze oder die Tatsache, dass Jess und seine Partnerin Tess sich so gut verstanden. Wenn ich Marcel beim Training auf den Straßen rund um Girona traf, verging die Zeit jedenfalls wie im Flug, so vertieft waren wir in unsere Gespräche.

Meine Schutzengel waren Fahrer, die sich die flämische Fahrweise zu eigen gemacht hatten, obwohl sie aus ganz anderen Ländern stammten. Ein gutes Beispiel war der Tscheche Zdeněk Štybar, der dreimaliger Weltmeister im Cyclocross war, aber oft im Schatten eines anderen Fahrers im Team stand, der stärker war als er. Er schien diese Rolle als Edeldomestik zu akzeptieren. Ich merkte bald, dass er ein Fahrer war, der anderen gerne half, nicht nur weil es in seinem Vertrag stand, sondern einfach weil es ihm Freude bereitete.

Als Gegenleistung für die unermüdliche Unterstützung im Flachen wurde mir die Verantwortung übertragen, meine Erfahrung in den Bergen an die jüngeren Fahrer weiterzugeben. Ob es sich um Kletterer wie Laurens De Plus und Enric Mas, um Rouleure wie Rémi Cavagna und Max Schachmann oder um den gefürchteten Allrounder Bob Jungels handelte, ich versuchte, ihnen so viel wie möglich mitzugeben. Bei der Katalonien-Rundfahrt 2016 war der Großteil der Mannschaft unter 25 Jahre alt, was mich aber nicht daran hinderte, eine Etappe im Skigebiet La Molina zu gewinnen. Ich fühlte mich nicht als »Leader«, ein Wort, dem ich unmöglich über einen längeren Zeitraum gerecht werden konnte, sondern als »Vorbild«. Die Fahrer der nächsten Generation des Teams sollten sich das von mir nehmen und abschauen, was für sie wichtig war.

Für Julian Alaphilippe war ich fast so etwas wie ein großer Bruder. Er war sechs Jahre jünger als ich und hatte sich noch nicht als Träger des Gelben Trikots oder als Weltmeister einen Namen gemacht. Ich mochte seinen Enthusiasmus, seine Spontaneität, seine Verrücktheit und seinen Respekt vor anderen Fahrern sehr. War er ein Puncheur? Ein Kletterer? Damals hielt ich ihn für ein begabtes Talent, das durch den Cyclocross-Sport viel gelernt hatte, eine Disziplin, die ihn sehr beweglich und zu allem fähig gemacht hatte. Von Konkurrenzdenken war keine Spur zwischen uns, auch nicht während der Ardennen-Kampagne 2016, als wir beide beim Flèche Wallonne auf dem Podium standen. In jenem Jahr arbeitete ich an meiner Klettertechnik in den Bergen und konzentrierte mich nicht so sehr auf Zielankünfte, die einem Puncheur liegen. Julian hingegen war so etwas wie das »freie Elektron« im Team: Er konnte ebenso als Sprinter zuschlagen, wenn ihm danach war, wie auch als Baroudeur, einer dieser Fahrer, die zu verrückten Ausreißversuchen fähig sind. Viele haben versucht, ihn zu bändigen, aber ich habe ihn ermutigt: »Bleib weiter so verrückt. Das ist es, was den Radsport für mich ausmacht!«

Ob jung oder alt, reiner Flandrien oder Bergspezialist, wir mussten als ein »Wolfsrudel« fahren, wie wir es gerne nannten. Und nirgendwo wurde diese Rudelmentalität besser veranschaulicht als in einer Windstaffel bei Paris–Nizza, der Frühjahrsrundfahrt durch Landschaften, die oft noch unter dem Diktat des Winters stehen. Das »Rennen zur Sonne« zwischen der französischen Hauptstadt und der Côte d'Azur macht seinem Namen nicht immer alle Ehre, wenn es durch das verschneite Zentralmassiv oder die gefrorenen Weinberge zwischen Burgund und dem Mont Ventoux führt. Bei der Ausgabe von 2017 planten wir, das Peloton am ersten Tag zu sprengen, indem wir den Wind nutzten, um Staffeln zu bilden. Wir fuhren durch die Wälder des Chevreuse-Tals, wo die blattlosen Bäume im Wind schwankten, der über das kahle Ackerland fegte.

80 Kilometer vor dem Ziel bekamen wir über Funk die Order: »Begebt euch in Position! In einem Kilometer erreichen wir freies Feld, es wird windig genug sein, um eine Staffel zu bilden! Auf geht's!« Einige unserer Konkurrenten ahnten, was wir im Schilde führten. Sie setzten alles daran, weiter nach vorn zu kommen, um nicht auf dem falschen Fuß erwischt zu werden. Das Peloton zerfiel in mehrere Teile. Zum Glück befand ich mich im ersten Teil des Feldes, ganz am Ende der Kolonne. Plötzlich tauchte der Norweger Alexander Kristoff neben mir auf und schob mich beiseite. Fast

wäre ich gegen eine niedrige Mauer gefahren. Im Durcheinander verlor ich den Kontakt zur Gruppe, und es tat sich eine Lücke von fünf Metern auf. Instinktiv begann ich zu sprinten, um wieder Anschluss zu finden. Die Straße bog nach rechts ab und der Wind kam von hinten. Es war alles in Ordnung. Ich war wieder dran. Ich schaffte es sogar, mich wieder nach vorne zu arbeiten und zu meinen Teamkollegen aufzuschließen, die an der Spitze fuhren. Als ich wieder bei ihnen war, erhöhten sie das Tempo. Nun machten sie sich daran, die Hoffnungen unserer Konkurrenten zu zerstören.

Das Team spornte mich an und ermöglichte mir, meinen Platz im immer schneller werdenden Kreisel an der Spitze der Gruppe zu finden. Es war mechanisch, unerbittlich. Julian Alaphilippe, Jack Bauer, Philippe Gilbert, Marcel Kittel, Yves Lampaert und ich: sechs Fahrer in einem auf 29 Fahrer reduzierten Peloton. Jedes Mal, wenn wir in Gegen- oder Rückenwind gerieten, versuchte ich, ein paar Sekunden zu verschnaufen. In der Zwischenzeit bolzten die Rouleure des Teams weiter richtig Tempo. Wir hörten, dass Alberto Contador, Richie Porte und Simon Yates mehr als 40 Sekunden Rückstand hatten: »Auf geht's!« Kurz vor der *flamme rouge*, die den letzten Kilometer ankündigte, griff Julian am Schlussanstieg an, gefolgt vom Französischen Meister Arnaud Démare, der ihn auf der Ziellinie überholte. Ich hatte noch genug Kraft, um ebenfalls zu sprinten. Sechster Platz. Das war einer der stolzesten Momente meiner Karriere. Dank dieser Windstaffel, genauer gesagt dank des Zwischensprints, mit dem ich den Kontakt zur Spitzengruppe hielt, als sich das Feld auflöste, wurde ich am Ende Dritter bei Paris-Nizza.

In diesen unbekannten Gefilden, in einem für einen Kletterer unwirtlichen Terrain, wurde ich von einem unerschütterlichen Vertrauen in meine Teamkollegen und in mich selbst geleitet und von einer Geheimwaffe unterstützt: meinem Trikot. Das blaue Quick-Step-Trikot allein genügte, um Respekt einzuflößen. Jeder

Kontrahent, der einen »Wolf« aus unserem Rudel kommen sah, machte lieber Platz, weil er keinen Wert darauf legte, mit einem »Flandrien«, einem breitschultrigen Mann, mit dem man sich nicht anzulegen wagte, die Klingen zu kreuzen. Indem ich mir dieses Trikot überstreifte, war es, als wäre ich selbst ein Rouleur geworden. Im Peloton muss man seine Legitimität immer wieder aufs Neue unter Beweis stellen, wie mir bei der Valencia-Rundfahrt durch die Worte von Dario Cataldo deutlich vor Augen geführt worden war. Offenbar hatten nur Mitglieder einer starken Mannschaft, die in der Gesamtwertung gut platziert waren und sich auf ihrem bevorzugten Terrain befanden, eine Daseinsberechtigung. Ein »guter« Fahrer in einem »schlechten« Team wurde nicht respektiert, während ein »schlechter« Fahrer in einem »guten« Team einen Freifahrtschein erhielt.

Ich konnte den Unterschied in der Einstellung gegenüber Etixx-Quick-Step, einer seit Jahren erfolgreichen Mannschaft, die es gewohnt war, viele große Rennen zu gewinnen, und meinem vorherigen Team vor allem im Flachen erkennen. Auch den Unterschied zwischen Quick-Step und dem Team UAE Emirates bekam ich zu spüren. Nachdem ich 2018 meine »flämische« Haut abgelegt hatte, wurde ich manchmal von Fahrern der zweiten Division beschimpft: »Hey, du, Emirates-Typ! Hau ab, du gehörst nicht an die Spitze des Pelotons!« Man muss im Laufe seiner Karriere mehrmals das Team gewechselt haben, um diese Lektion in Sachen Demut zu lernen: Ein Stück Stoff kann wichtiger sein als der Fahrer, der es trägt.

Kapitel 17

Ein Panda im Schnee

Pandas lieben kaltes Wetter. Sie müssen keinen Winterschlaf halten und können auch bei extremen Temperaturen von rund minus zehn Grad ihr normales Leben weiterführen. Mein Pandabär hatte aber anscheinend beschlossen, am Tag von Lüttich-Bastogne-Lüttich 2016 zu Hause zu bleiben. Es fiel Schnee. Man muss schon verrückt oder Radsportler sein – was auf dasselbe hinausläuft –, um an einem solchen Tag vor die Tür zu gehen.

Vier Tage zuvor hatten wir uns beim Flèche Wallonne fast einen Sonnenbrand geholt, aber dann fielen die Temperaturen. Als wir am frühen Morgen die Vorhänge öffneten, wurde uns klar, dass wir uns damit arrangieren mussten: Mein Lieblingsklassiker hätte auch auf Skiern ausgetragen werden können.

Ich war auf Revanche aus. Nach dem Sturz in der letzten Kurve 2014 und dem Sturz auf flacher Strecke ein Jahr später, der die Präambel zu einer katastrophalen Tour de Romandie bildete,* musste ich den Fluch beenden. Ich schmierte mich mit eimerweise wärmender Salbe ein, von Kopf bis Fuß, bis auf den einen Teil, den man besser auslässt. Mein Agent Martijn hatte mir ein paar ausgezeichnete Handschuhe mitgegeben. Ich wechselte sie nach der Hälfte des Rennens, weil meine Finger nass wurden – das Schlimmste am Radfahren ist nicht die Kälte, sondern die Nässe.

In dem Jahr war mein Fahrrad das Juwel in der Krone. Ich fuhr ein brandneues Modell, das unser Ausrüster Specialized speziell

---

* Siehe Kapitel 15.

für mich designt hatte. Der Name dieses Kunstwerkes war »Emerald Panda« – smaragdgrüner Panda. Gabel und Kettenstreben waren mit irischen Kleeblättern verziert, während auf dem Steuerrohr ein Panda zu sehen war, der sich streckte, als würde er ein Zeitfahren bestreiten. Dank der Kombination aus glücksbringenden Kleeblättern und dem zweifarbigen Bären würde ich auf den 248 Kilometern des Rennens mit Sicherheit ein paar unvergessliche Erlebnisse haben.

Ich war wie ein aufgeregtes Kind im Schnee. Dampf quoll mir aus dem Mund. Das Licht, das durch die Bäume in den Ardennen fiel, war wunderschön. Wir folgten einer Straße, die hier und da weiß war, bedeckt von einer dünnen Schicht aus Schnee, der aber eher in Flocken wie Watteballchen fiel, als dass er über die Strecke stob. Wir würden unsere Gesundheit auf dieser epischen Reise nicht gefährden. Ich hatte die Geschichte des Franzosen Bernard Hinault im Hinterkopf, des Siegers von 1980, der wegen der extremen Kälte dauerhaft das Gefühl in einem Finger einbüßte. Ich für meinen Teil wollte auf jeden Fall mit zehn funktionierenden Fingern nach Hause kommen.

Meine Teamkollegen leisteten bewundernswerte Arbeit und kontrollierten an der Côte de La Redoute und der Côte de la Roche aux Faucons das Feld. Dann gaben meine Beine an der Côte de Saint-Nicolas den Geist auf. Ich warnte sie über Funk: »Ihr habt super Arbeit geleistet, aber das ist nicht mein Tag heute. Tut mir leid, Jungs.« Die Kälte war nicht der Grund. Es war die Müdigkeit, bis zu einem gewissen Grad. Ebenso die Rüstung, die ich für diesen Kampf gegen meine Konkurrenten und die Elemente angelegt hatte. Als ich mich auszog, wurde mir das Problem klar. Ich schälte eine Kleidungsschicht nach der anderen ab, wie eine Zwiebel. Ich konnte kaum glauben, wie viele ich anhatte.

Außerdem hatte die Nässe den Stoff zum Aufquellen gebracht. Ich hatte insgesamt fünf Kilo zusätzlich mit mir herumgeschleppt!

Mein Körper war fast zehn Prozent schwerer. Die Teams, die sich an diesem Tag durchgesetzt hatten, waren so klug gewesen, mit leichtem Gepäck zu reisen. Ich habe meine Lektion gelernt und mir dieses Wissen auf der zweiten Etappe von Paris-Nizza 2017 zunutze gemacht, am Tag nach unserem großartigen Windkanten-Auftritt. Diesmal war ich schlecht positioniert, in der fünften oder sechsten Gruppe. Der Wind war eisig, und es regnete in Strömen. Um mich herum sah ich Fahrer, die fast zum Stillstand kamen und deren Regenjacken sich wie große Fallschirme aufblähten. Ich zog meine aus, weil ich dachte, dass es besser wäre, ein paar Minuten vor Kälte zu zittern, und plötzlich fühlte sich das gleiche Tempo viel leichter an und ich begann wieder Boden gutzumachen. Vierte Gruppe, dritte, zweite... Zum Glück wurden die Fahrer des ersten Pelotons langsamer, und alles lief wieder zusammen, bis auf ein paar Versprengte, die zu weit hinten waren und fast eine Viertelstunde verloren.

Jede Ausgabe von Lüttich-Bastogne-Lüttich hatte immer auch etwas von Erwachsenwerden. Ob ich gewann oder unterging, dieses Rennen hat mich die Feinheiten des Berufs gelehrt. Mit der Zeit hatte ich das Gefühl, dass meine Chancen kleiner wurden, das Rennen aktiv beeinflussen zu können. Meine Antritte an den Anstiegen waren weniger prägnant. Meine explosiven Fähigkeiten begannen zu schwinden. Das war normal. Seit 2016 eröffnete mir die Arbeit in den Bergen neue Horizonte. Von einem Puncheur, der sich auf drei bis fünf Kilometer langen Anstiegen wohlfühlte, entwickelte ich mich allmählich zu einem Ausdauerkletterer, der sich auf den Bergetappen der Grand Tours behauptet.

Angesichts dessen war ich sehr glücklich, 2017 bei La Doyenne Zweiter zu werden. Wie in meinen besten Jahren griff ich am Fuße der Côte d'Ans an. Ich fühlte mich wie 2013 oder 2014. Aber das taktische Spiel ließ mir keine Wahl. Ich war der einzige verbliebene Leader des Teams Quick-Step Floors. Julian Alaphilippe und

Philippe Gilbert waren beide nicht am Start, Ersterer wegen einer Knieverletzung, Letzterer wegen eines leichten Nierenrisses. Meine Attacke war ziemlich vorhersehbar, aber superintensiv. Ich ließ mich an die zwölfte Position der klein gewordenen Spitzengruppe zurückfallen, hinter Alejandro Valverde, der immer noch zu den Favoriten zählte. Meine Mission: Ich wollte ihn überraschen. Sobald ich sah, dass er ein wenig eingeklemmt war, ergriff ich 900 Meter vor dem Ziel die Initiative. Zuerst musste ich einen Fahrer nach dem anderen überholen, dann musste ich ein Loch reißen. Doch Valverde selbst nahm von hinten die Verfolgung auf. Er schloss zu mir auf, setzte sich an mein Hinterrad, ließ mich als Erster in die letzte Kurve gehen und eröffnete sofort den Sprint. Es war nichts zu machen: Ich wurde mit einer Länge Rückstand Zweiter beim Klassiker der Kletterer.

Die Ironie dieser Ausgabe von Lüttich–Bastogne–Lüttich war, dass Alejandro nach meinem Angriff ungefähr 400 Meter vor dem Ziel wieder zu mir aufgeschlossen hatte. Ja, genau: in der Panda-Zone. Nach meiner Attacke hatte ich mich auf der linken Straßenseite positioniert, aber als ich die Stelle passierte, an der mein Pandabär damals aufgetaucht war, war ich instinktiv auf die rechte Seite gewechselt. Es war, als würde ich von der magnetischen Kraft des Ortes angezogen.

Ich setzte meine Nachforschungen über den Panda fort. Ein Freund riet mir, mich mit Fußballfans zu beschäftigen. Seine Hypothese schien Potenzial zu haben: Fünf Kumpels, darunter mein Panda, sahen sich am Samstag ein Spiel an und amüsierten sich, vielleicht sogar ein bisschen zu sehr. Sie beschlossen, eine Wette abzuschließen: Sie würden sich verkleiden und am nächsten Tag in das Finale des Radrennens mogeln, ohne von einem Ordner erwischt zu werden. Wenn man in einem Fußballstadion sitzt, klingt das nach einer Spitzenidee. Abgesehen davon ist Lüttich die Heimat eines der größten belgischen Vereine, Standard, dessen

Stadion damals direkt an der Strecke von La Doyenne lag, auf den letzten Kilometern vor der Côte de Saint-Nicolas. Ich stellte weitere Recherchen an.

Am Samstag, dem 20. April 2013, dem Tag vor dem Auftauchen des Panda-Kommandos, spielte Standard Lüttich zwei Autostunden entfernt gegen Lokeren (und verlor 1:4). Aber waren es wirklich Standard-Fans oder unterstützen die Jungs vielleicht einen völlig anderen Verein? Verfolgten sie die Spiele live oder im Fernsehen, in einer Bar oder bei sich zu Hause? Und wie würde ich sie aufspüren können? Niemand prahlte in irgendeinem Fanforum mit der Aktion. Ich musste also weitersuchen.

Kapitel 18

Geheimnisse der Berge (Die Angst vor dem Klettern)

Meine Renaissance als Rennfahrer fand am Collada de Beixalis statt, einem Anstieg, der mir von einem Nachbarn zu einem Freund wurde und der mich sowohl auf dem Höhepunkt meiner Form als auch auf dem Tiefpunkt erlebte. Dieser Berg lernte mich in- und auswendig kennen.

Der Beixalis befindet sich in den Pyrenäen, im Fürstentum Andorra. Mit einer Höhe von 1.795 Metern ist es kein langer Pass, kein Anstieg, an dem man treten kann, ohne darüber nachzudenken, oder an dem ein Rouleur in guter Form das Tempo an der Spitze mitgehen kann. Sich steil aus dem üppigen Grün der Tabakfelder im zentralen Tal von Andorra erhebend, fordert er einen beträchtlichen körperlichen Tribut, eine explosive Anstrengung, die garantiert die Ruhe und Stille des Ortes stört.

Eines Tages hatte ich nicht genug gegessen und bekam gut eine Stunde vor dem Ende einer sechsstündigen Trainingsausfahrt einen Hungerast. Das ist ein schreckliches Gefühl, denn man wird ganz benommen und hat keine Kraft mehr, die Pedale herumzubekommen. Eine innere Stimme sagte zu mir: »Hol das Handy raus, ruf Jess an und bitte sie, dich mit dem Auto abzuholen. Das passiert jedem mal!« Eine andere Stimme antwortete: »Was? Machst du Witze?« Ich hielt an einer Tankstelle und kaufte alles, was mir in die Finger kam – Donuts, Süßigkeiten... Ich füllte meine Trikottaschen mit Munition und stürzte mich wieder in den Kampf. Mein Ziel war es, die steilste Seite des Collada de Beixalis zu erklimmen, die Auffahrt von Osten, die auf 6,4 Kilometern eine durchschnittliche Steigung von 8,7 Prozent aufwies.

Meine Sicht begann zu verschwimmen. Unfähig, weiterzufahren, hielt ich an und setzte mich auf eine niedrige Mauer. Ich langte mit der Hand in eine Tüte Süßigkeiten und schlang eine große Portion hinunter. Ich schwang mich wieder in den Sattel und fuhr einen Kilometer weiter, bis ich den berüchtigten 18-prozentigen Abschnitt des Collada erreichte. Ich wusste, dass ich hier nicht anhalten durfte, weil ich sonst nie wieder in die Gänge kommen würde. Ich schleppte mich hinauf, bis die Steigung etwas nachließ. Dann ein weiterer Halt. Mehr Süßigkeiten. Noch zwei Kilometer. Dann ein dritter Stopp. Die Tatsache, dass ich Meter um Meter von der Steigung knabberte, gab mir sogar Auftrieb. Ich begann zu glauben, dass ich eine außergewöhnliche Leistung vollbringen würde. Schließlich, auf dem Gipfel, war mir danach, den Asphalt zu küssen.

Dieses Stück Berg machte mich zum Kletterer. Ausgangspunkt der neuen Leidenschaft für Höhenmeter und Gipfel war gewissermaßen mein Sturz bei Lüttich-Bastogne-Lüttich im April 2014, seitdem keimte diese Passion in mir. Ich hatte das Gefühl, andere Wege im Radsport erkunden zu müssen. Bis zu diesem Zeitpunkt hatte ich mit den besten Fahrern der Welt mithalten können, wenn wir zwischen fünf und zwanzig Minuten kletterten. Sobald es über diese Marke hinausging, spürte ich, dass ich an meine Grenzen stieß; ich fühlte mich längst nicht mehr so wohl. Aber nach sieben Jahren als Profi wollte ich diese Grenze durchbrechen, meine Palette von den Klassikern auf die Grand Tours ausweiten, von einem Puncheur zu einem echten, wirklich ausdauernden Kletterer werden.

Damals lebte ich noch in Girona, wo die umliegenden Anstiege eine Anstrengung von fünf bis zwanzig Minuten erforderten. Der berühmte Rocacorba zum Beispiel fiel in diese Kategorie. Etwas Längeres gab es nicht. Das Training auf Hügeln, die für einen Puncheur geeignet waren, hatte dazu beigetragen, dass ich ein Puncheur geworden war. Ich musste auf denselben Anstiegen trainieren wie die echten Kletterer. Ich sprach mit Geraint Thomas und einigen anderen Fahrern darüber, und sie alle bestätigten: »Um an langen Anstiegen stark zu sein, muss man sie häufig fahren. Du solltest nach Teneriffa kommen und ein paar Trainingslager mitmachen.« Sie lebten alle in Monaco, verbrachten aber einen Großteil ihrer Zeit auf dieser Insel vor der Küste von Marokko und kletterten den Vulkan Teide hinauf (der seit dem Jahr 1909 nicht mehr ausgebrochen ist, aber man weiß ja nie…). Die Notwendigkeit, im Hochgebirge zu trainieren, bedeutete, dass diese Fahrer ständig von zu Hause weg waren, aber mir gefiel die Vorstellung nicht, vom normalen Leben isoliert zu trainieren. Ich beschloss deshalb, umzuziehen und einen Ort zu finden, an dem sich meine Lebens- und Trainingsanforderungen vereinbaren ließen. Die Entscheidung war schon länger in mir gereift, denn ich war Girona allmählich überdrüssig. Freunde hatten mich gewarnt: »Du wirst sehen, eines Tages wirst du das Bedürfnis haben, fortzugehen.« Es gab von allem zu viel. Zu viele Cafés, zu viele Restaurants, zu viele Touristen, zu viele Fahrerkollegen, zu viele Treppen hinauf vom Supermarkt zu unserer Wohnung. Zu viele schöne Dinge, zu viele Ablenkungen. Zu viele Menschen starrten mich an, wenn ich durch die Stadt spazierte. Ich dachte an Andorra, wo ich ein paar Trainingslager und Erkundungsfahrten gemacht hatte. Warum eigentlich nicht?

Ein paar andere Radprofis hatten sich bereits in dem Pyrenäenstaat niedergelassen, der zwischen Frankreich und Spanien auf halbem Weg zwischen Barcelona und Toulouse liegt. Einer der ersten war Joaquim Rodríguez, der mein Opfer gewesen war, als ich in der »Panda-Zone« von Lüttich-Bastogne-Lüttich angegriffen hatte. Ein anderer Kollege, der in Andorra lebte, war der Australier Simon Gerrans, der La Doyenne in dem Jahr gewann, als ich in der letzten Kurve gestürzt war.

Im November 2014 besuchte ich mit Jess zum ersten Mal Andorra. Es war ein Land der Schafhirten, Skifahrer und Sportler, mit Pyrenäengipfeln auf allen Seiten. Der tiefste Punkt liegt 870 Meter über dem Meeresspiegel, und 62 der Berge sind über 2.000 Meter hoch. Wir ließen uns in einem Haus auf 1.350 Meter Höhe in La Massana nieder, einem kleinen Dorf sechs Kilometer von der Hauptstadt Andorra la Vella entfernt. Das Hochgebirge war für ein junges Paar aus dem Vereinigten Königreich eine fremde Umgebung, aber schon bald begannen wir das Leben im Fürstentum zu genießen. Jess liebte es, auf den Wegen durch die Berge zu trainieren und ihre neuen Freunde in den Cafés von Andorra la Vella zu treffen. Wir lebten in einem Zustand der Osmose, miteinander und gleichzeitig mit der Natur. Hinter den Fenstern im Wohnzimmer und in der Küche ragten die Berge auf. Links war der Col d'Ordino zu sehen und rechts der Beixalis. Im Wohnzimmer sitzend, mit einer Tasse Tee in der Hand, schauten wir dem Peloton der Vuelta 2018 dabei zu, wie es den benachbarten Pass hinunterraste.

Ich musste warten, bis ich 28 oder 29 Jahre alt war, um den Körper und den Geist zu entwickeln, den ich mir immer gewünscht hatte und der es mir ermöglichen würde, der Kletterer zu werden, von dem ich wusste, dass er in mir steckte. Bis dahin hatte ich mich in den Bergen immer wohlgefühlt und gute Ergebnisse erzielt, wenn die Rennen in die Höhe führten. Doch oft trügt der Schein und nicht alle Fahrer, die sich in diesem Terrain hervortun, sind tatsächlich echte Kletterer. Es kann sich um Puncheure handeln, die sich über ihre Lieblingsdistanz von drei bis fünf Kilometer Anstieg hinaus zwingen, oder um Rouleure, die einen Bergpass in eine Zeitfahrstrecke verwandelt haben, oder um Fahrer, die sich nicht so leicht in eine bestimmte Kategorie einordnen lassen, sondern es an einem Tag der Gnade einfach geschafft haben, dem Tempo der Könige der Berge zu folgen.

Ich habe mich immer schwergetan, mir ein bestimmtes Etikett anzuheften. In der Junioren- und U23-Klasse galt ich dank meiner dünnen Beine als Kletterer, aber ich konnte genauso gut im Sprint oder in einer Ausreißergruppe gewinnen. In meiner ersten Profisaison sagte mir der Garmin-Trainer Allen Lim, dass ich zweifellos über viele schnell zuckende Muskelfasern verfügte, was die Rennqualitäten bestätigte, die ich sowohl im Sprint als auch in den Bergen zu besitzen glaubte – die Muskeln eines Kletterers bestehen aus einer guten Mischung aus den schnell zuckenden Fasern eines Sprinters und den langsam zuckenden eines Rouleurs. Folglich wurde ich zum Puncheur oder Bergsprinter.

Ich wusste, dass ich mindestens einen Pass pro Tag erklimmen musste, um ein vollwertiger Kletterer zu werden und die Drehungen und Windungen der Berge zu zähmen und zu bändigen. Im Mai fuhr ich sechs Stunden lang in gleichmäßigem Tempo über einen Pyrenäenberg nach dem anderen, wobei ich intensive Anstrengungen vermied und meine Leistung auf etwa 4,5 Watt pro Kilogramm beschränkte. Mein Kletterrekord für eine Woche lag bei etwa 28.000 Höhenmetern. Das stellte ich aber erst später fest, als ich wieder zu Hause war und die Zahlen in Ruhe analysierte.

Der Collada de Beixalis wurde zum festen Bestandteil jeder Trainingsfahrt, sozusagen zu meinem PPO, dem *point de passage obligé*, wie in den Roadbooks der Rundfahrten der obligatorische Zugangspunkt zum Etappenstart bezeichnet wird. Diese Abstecher wurden zu Meditationen, denn ich konzentrierte mich voll und ganz auf das, was ich tat, genoss das Terrain und den Augenblick. Ich kämpfte nicht mehr gegen die Zeit an. Ich fuhr hinauf, hinab und wieder hinauf, und allmählich wurde ich zu einem Kletterer, einem Fahrer, der der in Lage war, stundenlang bergauf zu fahren und sich stundenlang zu quälen. Solche Leiden machen einen mürbe und geben einem gleichzeitig neue Kraft.

Im September 2015, bei der Vuelta, begann ich, die Früchte dieser langen Anstiege zu ernten. Ich fuhr Pässe hinauf, wie ein Schwimmer durchs Wasser gleitet. Die Steigung wurde immer mehr zu einem relativen Hindernis. Dementsprechend motiviert war ich für die Etappe, die auf den Straßen von Andorra stattfinden würde. Die Route an diesem Tag war von Rodríguez entworfen worden. Sechs Pässe, 5.300 Höhenmeter – danke, Joaquim! Leider kam ich nicht so weit, da ich drei Tage zuvor aufgeben musste. Aber die Tour de France 2016 bot mir eine weitere Chance, in meinem neuen Revier zu fahren. Die Etappe nach Arcalis führte sogar über den Collada de Beixalis.

Das Team Etixx-Quick-Step tat alles dafür, um meine Moral bei dieser Tour hochzuhalten. Nachdem das Rennen in der Normandie begonnen hatte, war ich mehr als eine Woche lang von Stürzen und Pech verschont geblieben. Daher war ich sehr aufgeregt, als wir die neunte Etappe im Ferienort Vielha in den spanischen Pyrenäen begannen und uns in Richtung der Skistation Arcalis in Andorra bewegten. Schon am ersten Anstieg, dem Bonaigua, wurde die Schlacht von Alberto Contador eröffnet. Der ehemalige Tour-Sieger versetzte das Peloton in höchste Alarmbereitschaft, nur um dann hundert Kilometer vor dem Ziel das Rennen aufzugeben. Bis dahin hatten wir uns alle gefragt: »Was macht er da bloß?«

Auch in jeder anderen Hinsicht war es ein außergewöhnlicher Tag. Ich war als Vierter der Gesamtwertung gestartet, 17 Sekunden hinter Chris Froome im Gelben Trikot und mit einer Handvoll Sekunden Rückstand auf Adam Yates und, fast zwangsläufig,

Joaquim Rodríguez. Unser Sprinter Marcel Kittel war immer da, um mir in der Anfahrt zu den Anstiegen zu helfen.

Schließlich erreichten wir den Collada de Beixalis. Wir fuhren durch das Dorf Encamp und nahmen den Pass über seine schwierigste Seite in Angriff, diejenige, an der mich damals Donuts und Süßigkeiten nach Hause gebracht hatten. Am Fuß der Abfahrt waren wir einen Kilometer Luftlinie von meinem Zuhause entfernt. Trotz des Tempos und der Masse an Zuschauern gelang es mir, Jess auszumachen, die mit meinen Eltern und ihren Eltern Paul und Mary am kurzen Anstieg zum Dorf Ordino saß. Sie zu sehen, verzehnfachte meine Kraft für den Schlussanstieg nach Andorra-Arcalis.

Ich liebte diese Straße, die bis auf eine Höhe von 2.240 Metern ansteigt und deren Landschaft ungemein entspannend für das Auge ist. Wenn mir nach einem sanfteren Training als dem Beixalis war, fuhr ich zu diesem Skigebiet hinauf. Es waren 20 Kilometer von meiner Haustür bis zum Gipfel – eine Stunde hin, eine halbe Stunde zurück. Der letzte Teil des Anstiegs führt durch eine Reihe von Haarnadelkurven mit einer leichten Steigung von fünf oder sechs Prozent. Auch Jess mochte die Straße hoch nach Arcalis. Es war der erste Anstieg, den sie mit dem Mountainbike bewältigte. Im Rennen ist es jedoch eine ganz andere Art von Prüfung.

Da Rouleure, die auch klettern können, auf diesem Terrain klar im Vorteil waren, wusste ich, dass ich die Zahl der Attacken begrenzen und sie im richtigen Moment setzen musste, zumal es an diesem Anstieg ratsam ist, im Windschatten zu bleiben, da der Wind oft frontal von vorne bläst und einen von Ausreißversuchen abhält. Aber ich wollte das Gelbe Trikot holen. Es lagen nur 17 Sekunden zwischen mir und dieser Belohnung. Ich griff an, wurde eingeholt, griff wieder an, wurde wieder eingeholt… Es war das erste Mal, dass meine Beine auf einer Tour-de-France-Etappe so viel Schaden anrichteten. Nach und nach berauschte ich mich an den Ereignissen, die sich um mich herum abspielten. Romain Bardet und Vincenzo Nibali waren längst abgehängt. Wir waren nur noch zu sechst in der Favoritengruppe: Chris Froome, Simon Yates, Richie Porte, Nairo Quintana, Jesús Herrada und ich. Ich versuchte also, die Gruppe noch weiter zu verkleinern. Mein Ziel hatte sich geändert. Ich bereitete nun den Boden für einen Platz unter den ersten zehn in der Gesamtwertung, statt zu versuchen, für ein paar Tage das Gelbe Trikot zu erobern. Dann geschah das Unvermeidliche: Auf den letzten Kilometern des Anstiegs begann ich zu schwächeln. Obwohl ich einige Sekunden auf Froome verlor, rückte ich in der Gesamtwertung auf den dritten Platz vor. Was den Hagel und die Dunkelheit betraf, die über uns hereinbrach, so war ich so sehr auf meine Aufgabe konzentriert, dass ich die veränderten Bedingungen gar nicht bemerkt hatte.

An diesem Abend übernachtete das Team nur 600 Meter von unserem Haus entfernt. Ich konnte fast sehen, ob Post im Briefkasten war. Ich war sehr versucht, Jess zu bitten, mich vor oder nach dem Abendessen im Hotel zu besuchen. Aber sie fühlte sich nicht wohl, und aus Sorge, dass ich mir etwas einfangen könnte, beschlossen wir, unser Treffen zu verschieben. Es war ein Moment, der das totale Opfer unterstreicht, das für die Tour de France erforderlich ist. Aber natürlich ist es nie einfach, sich gegen Viren zu schützen, selbst wenn man sich größtenteils in der Blase der Tour abschottet. Den Beweis dafür bekam ich zwei Tage später präsentiert, als ich mir eine Erkältung einfing, die ich noch nicht abgeschüttelt hatte, als wir auf der zwölften Etappe zum Angriff auf den Mont Ventoux aufbrachen.

Der »Gigant der Provence« war mir noch nie gewogen gewesen. Der Ventoux erhebt sich inmitten einer von Weinbergen und Olivenhainen getüpfelten Ebene, der einzige Berg weit und breit, und strahlt eine gewisse Bedrohlichkeit aus. Nur wenige Fahrer kommen mit dem Gefühl zurück, ihn und seine drei Anstiegsvarianten in die Knie gezwungen zu haben. Die anspruchsvollste Strecke führt von Süden her über das Dorf Bédoin hinauf, der Asphalt ist rau und rollt schlecht. Das letzte Stück bis zum Gipfel zieht sich endlos hin, während das Wetter auf dem Berg schizophren sein kann: unten lau und sommerlich, oben wütend und winterlich.

In jenem Jahr fegte der Wind in den höheren Lagen mit knapp 100 km/h über die Strecke und zwang die Organisatoren, die Etappe zu verkürzen, indem sie das Ziel hinunter zum Chalet Reynard verlegten, der winzigen Skistation mit Restaurant genau am Übergang zwischen dem bewaldeten unteren Teil des Ventoux und der Mondlandschaft unterhalb des Gipfels mit ihrem weißen Geröll, das man für verstreute Meteoriten halten könnte. Wären wir sechs Kilometer weiter geklettert, bis zum windgepeitschten Observatorium, wäre es ein Debakel geworden. Aber ausnahmsweise war mir das Glück am Ventoux hold. Wäre der Sturm nicht gewesen, der Wohnmobile wie Spielzeuge umwarf und unseren Mannschaftsbus auf dem Weg zum Hotel nach der Etappe gefährlich am Rande der Schlucht schaukeln ließ, hätte ich sicher 15 Minuten statt nur anderthalb verloren.

Im Ziel war ich vom dritten auf den neunten Platz abgerutscht. Aber es hätte viel schlimmer kommen können. Während des Anstiegs hatte ich mich darauf konzentriert, nicht daran zu denken, wie sehr mein Hals schmerzte und dass meine Nasenhöhlen so verstopft waren, dass ich kaum atmen konnte. Tatsächlich erinnere ich mich an gar nichts von diesem Tag, außer, wie jeder andere auch, an die Bilder von Chris Froome, wie er den Berg zu Fuß hinaufläuft, nachdem er sein kaputtes Rad liegen gelassen hat. Dann kam es am selben Abend in Nizza zum tragischen Anschlag auf die Feierlichkeiten anlässlich des 14. Juli, und die Tour verlor augenblicklich ihren Sinn für Heiterkeit, der bei dieser Ausgabe auch nicht mehr zurückkehrte.

Ich hatte den Ventoux überwunden. Ich liebte die Pyrenäen und dann die Alpen gegen Ende des Rennens. Mein neues Team hatte mir in der Ebene geholfen, auch beim berühmten Sprint auf den Champs-Élysées. Mein neues Zuhause in Andorra hatte mir in den Bergen geholfen. Ich war ein neuer Mensch. Ich begann, mich auf die nächste Ausgabe der Frankreich-Rundfahrt vorzubereiten. Ich glaubte, dass die Tour de France 2017 mir die perfekte Leinwand als Kletterer bieten könnte, den Moment, in dem ich meine beste Arbeit abliefern würde. Ich war dazu in der Lage. Noch heute habe ich rückblickend das Gefühl, dass ich die Pässe hätte hinauftanzen können – wenn ich nicht auf einer der ersten Abfahrten mit 70 km/h gestürzt wäre.

Kapitel 19

Eine schwarze Katze kreuzt meinen Weg (Die Angst vor dem Abfahren)

Wenn man über Abfahrten bei Radrennen liest, ist die Sprache meist blumig, episch, dramatisch. Aber darauf bin ich nie reingefallen. Eine Abfahrt ist im Grunde ein Unfall, der nur darauf wartet, zu passieren: Es lauern alle möglichen Gefahren. Man denkt, man hätte alles unter Kontrolle, aber dann...

Meinen Geschwindigkeitsrekord stellte ich am 11. Juli 2014 auf der sechsten Etappe der Österreich-Rundfahrt auf – ich habe nie kapiert, warum die österreichischen Abfahrten so irrsinnige Spitzengeschwindigkeiten hervorbringen. Wir fuhren den 1.738 Meter hohen Radstädter Tauernpass hinunter. Mein Tacho zeigte 30 Sekunden lang 101 km/h an, 20 Sekunden 103 km/h, zwölf Sekunden 109 km/h, sechs Sekunden 110 km/h. Und in der Spitze, fünf Sekunden lang: 112 km/h. Ich sollte hinzufügen, dass die Straße nass war. Ich weiß nicht, was beängstigender war: dass ich mir meiner Geschwindigkeit nicht bewusst war, dass mich ein anderer Fahrer wie eine Rakete überholte oder dass mindestens hundert von uns in diesem Tempo bergab rasten, unsere Räder eng aneinander wie in einem Peloton, weil die Straße breit und gerade war. Auf einer Abfahrt geht es vor allem um Vertrauen: Vertrauen, dass die anderen keinen Fehler machen, und letztlich Vertrauen in die eigenen Fähigkeiten.

Mein spektakulärster Sturz auf einer Abfahrt ereignete sich auf der neunten Etappe der Tour de France 2017, als ich von Richie Porte auf der Abfahrt, die vom Mont du Chat hinab ins Ziel in Chambéry führte, abgeschossen wurde. Wir hatten diese schmale und kurvenreiche Bergstraße im Juramassiv am nordwestlichen Rand der Alpen bereits während der Dauphiné kennengelernt. Wir wussten, dass wir vorsichtig sein mussten, zumal es geregnet hatte und es daher einige Zeit dauern würde, bis der Straßenbelag unter dem Schutz der Nadelbäume abgetrocknet war. Ich gehörte zu der kleinen Gruppe von sieben Fahrern, die als erste die Passhöhe erreichten. Auf der engen, kurvenreichen Abfahrt lag Chris Froome an der Spitze, gefolgt von Jakob Fuglsang, Fabio Aru, Richie Porte und mir. Die beiden besten Abfahrer, Romain Bardet und Rigoberto Urán, waren hinter mir.

Einen Moment dachte ich noch: »Du hast das richtige Hinterrad, Richie gehört zu den Fahrern, die im Feld am wenigsten riskieren«, dann sah ich in einer Rechtskurve sein Hinterrad wegrutschen. Richie würde innerhalb weniger Sekunden stürzen. Ich hatte eine Sekunde Zeit, um zu reagieren. Würde er rechts oder links zu Fall kommen? Wo sollte ich lang fahren? Führe ich nach links, würde ich mit Sicherheit mit ihm kollidieren. Führe ich nach rechts, würde ich gegen die Felswand prallen. Ich wollte nicht zu stark bremsen, sonst würde ich nach links ausscheren. Aufgrund meines Tempos führte meine Linie ganz automatisch rechts an Richie vorbei. So weit, so gut… Doch dann geriet er auf der linken Seite von der Straße ab und wurde quer über die Straße geschleudert. Durch die Wucht des Aufpralls wurde er vom Rad geworfen. Das Rad fuhr nach links, während sein Körper wie ein fallender Stein nach rechts flog. Mein Vorderrad traf ihn. Es war ein tragischer Unfall, ein Szenario, wie es nur einmal in tausend Fällen vorkommt. Ich hatte gerade noch Zeit zu denken: »Ach, du Scheiße…«

Ich stürzte schwer, aber da ich zu diesem Zeitpunkt nicht davon ausging, mich ernsthaft verletzt zu haben, war mein vorherrschendes Gefühl die Wut. Wenn man sich bei einem solchen Zwischenfall richtig verletzt, fällt es einem normalerweise irgendwie leichter, sich mit den Umständen abzufinden: Man akzeptiert, was das Schicksal einem angetan hat, und konzentriert sich ganz auf den Schmerz und darauf, wieder auf die Beine zu kommen. Aber nicht in diesem Fall. Als ich aufstand, ärgerte ich mich bei dem Gedanken, dass mir das Rennen entglitt. Ich machte mir mehr Sorgen um die Sekunden, die ich verlor, als um meine Wunden. Dabei hatten Richie und ich zu Beginn der Tour sogar einen Nichtangriffspakt geschlossen, weil uns beiden klar war, dass wir Teamkapitäne waren, die im Hochgebirge vermutlich nicht darauf zählen konnten, Helfer an ihrer Seite zu haben. Ich sah ihn auf der Straße liegen. Er war bei Bewusstsein, aber es gab keinen Zweifel, dass die Tour für ihn zu Ende war.

Mein Vorderrad hatte sich bei dem Sturz verbogen. Mein nächster Gedanke war: »Wo ist mein Mannschaftswagen?« Ein neutrales Servicemotorrad kam. Wir tauschten das Laufrad. Ich fuhr wieder los. 21 Kilometer waren es noch bis zum Ziel. Ich war wütend, voller Adrenalin, der Sturz hatte mir die Laune verhagelt. Aber dann trat ein neues Problem auf: Als ich mich mit hohem Tempo einer engen Haarnadelkurve näherte, ging ich in die Eisen. Nichts passierte. Ich hatte keine funktionierende Vorderradbremse mehr. Ich zog so fest an der Hinterradbremse, wie ich konnte, sie blockierte und ich geriet ins Schleudern. Ich war fast außer Kontrolle – schlingerte, rutschte, taumelte. Ich wollte mit den Füßen abbremsen, aber es war unmöglich. Ich war fest davon überzeugt, dass ich wieder stürzen würde.

Ich war viel zu schnell, um die Kurve zu kriegen, meine einzige Chance war, zwischen zwei Bäumen hindurch über das Gras zu fahren. Ich wich den Bäumen aus und fuhr etwa 50 Meter durch den Wald und weiter über eine kleine Wiese, bis mein Vorderrad in ein Loch schlug und ich von meinem Rad geschleudert wurde. Diesmal hatte ich immerhin das Glück, auf Gras zu landen und mir keine weiteren Verletzungen zuzuziehen. Ich stand auf, hob mein Rad auf und machte mich auf den Weg zurück zur Straße. Das Ganze hatte nur etwa 15 Sekunden gedauert, etwas länger als mein erster Sturz mich aufgehalten hatte.

Ich erreichte wieder die Straße, mein Trikot war in Fetzen. Ich hoffte, dass unser Mannschaftswagen mich sehen und nicht zu schnell vorbeirauschen würde. Ich kam gerade dort an, als das Auto die Stelle erreichte. Drei Sekunden später und wir hätten uns verpasst. Ich weiß nicht, ob es Brian Holm oder sein Beifahrer Tom Steels war, der mich aus dem Wald kommen sah, wichtig war nur, dass das Auto mit rauchenden Reifen sehr kontrolliert zum Stehen kam. Ich bekam ein neues Rad und fuhr wieder los. Ich konzentrierte mich ganz auf das Rennen. Das Adrenalin überdeckte nicht nur meine Schmerzen, sondern stimulierte auch meine mentalen Prozesse. Bald hatte ich Nairo Quintana eingeholt, der mich beim ersten Sturz überholt hatte. Ich nahm weiter Tempo auf und wurde immer schneller. Ich raste über die Ziellinie wie ein Stein, der vom Berg gefallen war.

An diesem Tag bin ich zweimal zu Fall gekommen und außerdem zwei weiteren Stürzen nur mit knapper Not entgangen. Der erste Zwischenfall ereignete sich etwa 30 Kilometer nach dem Start der Etappe in der malerisch an einem See gelegenen Stadt Nantua im Département Ain. Ich traf mit dem Kopf den Arm eines Zuschauers und hätte durch die Wucht des Aufpralls fast meinen Griff am Lenker verloren. In letzter Sekunde gelang es mir, ihn mit der rechten Hand zu fassen zu bekommen. 70 Kilometer später, am Col de la Biche, stürzte Geraint Thomas direkt vor mir und brach sich das Schlüsselbein. Sein Hinterrad traf meinen Lenker und brachte sogar meinen Garmin-Computer zum Rotieren. Es gelang mir irgendwie, das Schlimmste zu verhindern, nur um dann auf der Abfahrt vom Mont du Chat zweimal zu stürzen, weil ich in Situationen geriet, die ich einfach nicht vermeiden konnte.

»Pech gehabt.« Das bekam ich im Ziel von allen zu hören, aber ich tröstete mich mit der Tatsache, dass:

1. ich den Sturz unbeschadet überstanden hatte, im Gegensatz zu Richie, der ein gebrochenes Schlüsselbein und eine Beckenfraktur davontrug.
2. sich der Sturz auf der Etappe vor einem Ruhetag ereignet hatte.
3. ich in der Gesamtwertung zwar zwei Plätze verloren hatte, aber immer noch in guter Position lag, nämlich auf Platz sechs, eine Minute und 44 Sekunden hinter Chris Froome.

Wie so oft hatte es das Schicksal noch relativ gut mit mir gemeint.

Der schlimmste Moment war, als ich vom Rad stieg. Sobald ich hinter der Ziellinie in Chambéry abstieg, begann ich zu hinken. Ich ging gekrümmt wie ein alter Mann. Der Mannschaftsarzt behandelte die Schürfwunde an meinem Ellbogen. Wir hatten keine Zeit, ins Krankenhaus zu fahren, um Röntgenbilder zu machen, denn die Schmerzen waren nicht so schlimm. Außerdem wartete ein Flugzeug, um alle Fahrer nach Périgueux in der Dordogne zu bringen, und ich hatte keine Lust auf eine fünfeinhalbstündige Autofahrt. Ich bestieg den Flieger. Wir entschieden uns, weitere Tests durchzuführen, sollten meine Rückenschmerzen am nächsten Tag noch bestehen. Seit dem Vorfall bei der Tour de Romandie wusste ich, dass Röntgenbilder, die unmittelbar nach der Etappe gemacht werden, nur bedingt Aussagekraft haben. Ich verließ mich auf mein Gefühl: Die Schmerzen waren »aushaltbar«. Ich fühlte mich nicht so schlecht wie nach meiner Gehirnerschütterung bei der Spanien-Rundfahrt 2013 oder den gebrochenen Rippen bei der Tour de Romandie 2015.

Am nächsten Tag brachte ich es nicht über mich, meinen Ruhetag zu opfern und ins Krankenhaus zu fahren. Ich verbrachte viel Zeit in den Händen der Physios unseres Teams, machte ein paar Dehnübungen und fuhr dann auf einem Indoortrainer. Zu diesem Zeitpunkt dachten wir, dass beim Aufprall ein Muskel verletzt worden sein könnte und die Rückenschmerzen auf einen Krampf zurückzuführen waren. Ich nahm nur eine einzige Paracetamol am Morgen – würden die Schmerzen so stark werden, dass ich etwas Stärkeres bräuchte, würde ich die Tour aufgeben. Auch Schlaftabletten habe ich nie angerührt, und das war dieses Mal nicht anders. Als das Rennen wieder aufgenommen wurde, schaffte ich es gerade so, im Feld mitzufahren. Ich wurde von der Arbeit für meinen Freund Marcel Kittel freigestellt, der die beiden folgenden Massensprints gewann. Auf diesen beiden Etappen versuchte ich, eine Position auf dem Rad zu finden, in der ich irgendwie genug Kraft auf die Pedale bringen konnte. Mein Rücken war blockiert, die Muskeln waren wie Steine, ich war zu steif, um in den Wiegetritt wechseln können, also blieb ich im Sattel sitzen, mit gekrümmtem Rücken, bereit, alles an Power aus mir herauszuholen, was ich im Sitzen treten konnte.

Vier Tage nach dem Sturz stand die erste Etappe in den Pyrenäen an, mit Bergankunft auf 1.580 Meter Höhe im Skiressort Peyragudes, quasi eine Verlängerung des Col de Peyresourde. Ich war begeistert von der Vorstellung, dass das Ziel inmitten einer früheren James-Bond-Kulisse lag: Die Ziellinie befand sich auf der Piste des Flughafens, wo die Eröffnungssequenz von *Der Morgen stirbt nie* gedreht worden war. Darin jagt Pierce Brosnan einen illegalen Waffenmarkt in Afghanistan in die Luft, gedreht wurde die Szene aber hier in den Zentralpyrenäen. Ich hätte gerne in einem Actionfilm mitgespielt, aber diese Tour-Etappe hatte eher etwas Tragisches oder gar Episches an sich. Ich konnte meinen Oberkörper immer noch nicht richtig einsetzen und am Lenker ziehen, was bedeutete, dass ich nicht aus dem Sattel gehen und *en danseuse* klettern konnte, was ein großer Nachteil war, wenn es darum ging, irgendwelchen Antritten zu folgen.

Am vorletzten Pass, dem Port de Balès, der von Nebel eingehüllt war, fürchtete ich, 20 Minuten zu verlieren. Jede Anstrengung, die ich machte, verlangte mir das Dreifache ab. Aber ich hielt durch. Auf der Abfahrt erholte ich mich. Ich dachte nicht einmal an die Möglichkeit eines Sturzes. Ich kannte das Terrain. Eine Erkundungstour im Mai hatte gereicht, um mir diese Straßen einzuprägen, jede Kurve, jede Beschleunigung. 20 Kilometer später, oben in Peyragudes angekommen, hatte ich lediglich 13 Sekunden auf den Etappensieger Romain Bardet eingebüßt und kam mit neun Sekunden Vorsprung auf Chris Froome ins Ziel.

Der Sturz am Mont du Chat hatte meine Entschlossenheit nicht gebrochen, sondern sie vielmehr noch verzehnfacht. Die sportlichen Leiter unseres Teams hatten mich sowohl bestärkt als auch herausgefordert, als sie sagten: »Dan, wir werden jeden Tag dafür kämpfen, die Sekunden wieder aufzuholen, die du verloren hast. Du wirst das tun, was du am besten kannst: angreifen.« Sie wollten nicht, dass ich mir zu viele Gedanken machte und schlecht draufkäme. Am Tag nach der James-Bond-Etappe nahm ich den Favoriten neun Sekunden ab, indem ich an der Mur de Péguère, weiter östlich in den Pyrenäen, attackierte. Und zwar nicht am Anstieg, sondern in der Abfahrt, rund 14 Kilometer vor dem Ziel in Foix. Die anderen belauerten sich gegenseitig, und so bin ich mit Simon Yates davongefahren. Zwei Tage später, im Zentralmassiv, profitierte ich erneut von meiner aggressiven Fahrweise, als ich auf einer Scheinebene fünf Kilometer vor dem Ziel in Le Puy-en-Velay angriff. Ich holte drei Fahrer ein, die sich in der Ausreißergruppe befanden: den Belgier Thomas De Gendt, den Deutschen Simon Geschke und den Äthiopier Tsgabu Grmay. Gemeinsam fuhren wir bis zum Ziel einen Vorsprung von 14 Sekunden auf das Feld heraus.

Aber auf der nächsten Etappe, die ins Rhônetal führte, lief es nicht mehr so gut. In diesem langen Korridor zwischen dem Zentralmassiv und den Alpen bildet sich der Mistral, und ich hatte mich während meiner Jahre in Marseille mit diesem starken Wind vertraut machen können. Ausnahmsweise aber war mein Team nicht in der Lage, mich in den Bedingungen, unter denen sich der Mistral normalerweise entfaltet, zu schützen. Philippe Gilbert hatte das Rennen bereits aufgegeben und Marcel Kittel wurde am ersten Anstieg abgehängt. Unsere Rivalen vom Team Sunweb machten Druck, um Marcels Chancen im Kampf um das Grüne Trikot zu torpedieren. Als Windkanten das Feld zu zerreißen begannen, waren nur noch Gianluca Brambilla und der treue Jack Bauer bei mir, ein Kumpel, der seit unserer gemeinsamen Zeit bei Garmin immer da war, um mir aus der Patsche zu helfen. Jack gab alles, um mich in den vorderen Reihen zu halten, aber das Peloton teilte sich direkt vor mir und ich konnte nicht mit der Spitzengruppe mitfahren. Ich war nur ein oder zwei Meter davon entfernt, es zu schaffen. Es war, als würde man zusehen, wie sich eine Eisscholle teilt und die beiden Teile langsam, aber unaufhaltsam auseinanderdriften. Als ob das nicht gereicht hätte, verlor ich auf einer kleinen Abfahrt ins Ziel in Romans-sur-Isère noch mehr Zeit. Es war immer das Gleiche mit Windkanten: Ich verlor 51 Sekunden auf nur einer Etappe, das Doppelte dessen, was ich in den Pyrenäen und im Zentralmassiv mühsam gutgemacht hatte.

Inzwischen experimentierte ich damit, im Sitzen zu attackieren. Ich konnte immer noch nicht aus dem Sattel gehen und im Wiegetritt fahren. Auf der ersten Etappe in den Alpen trat ich sieben Kilometer vor dem Gipfel des Galibier an, den wir von der klassischen Seite, von Valloire aus, in Angriff nahmen. Nach zwei Kilometern wurde ich von den meisten anderen Fahrern eingeholt, aber durch dieses Manöver konnte ich etwas Boden auf Simon Yates gutmachen. Dann ging es in die 28 Kilometer lange Abfahrt hinunter zum Ziel in Serre Chevalier. Ich dachte nicht daran, was mir mit Richie Porte passiert war; mein Gehirn war völlig damit beschäftigt, keine Zeit zu verlieren. Unglücklicherweise ließ Alberto Contador eine Lücke vor sich aufreißen, und ich wagte in dieser Situation nicht, ihn zu überholen; aber ich hätte es tun sollen. Wir hatten nicht aufgepasst und waren nun aufeinander angewiesen. Wir hatten unsere Konkurrenten im Blick, aber der Abstand wurde immer größer. Eine Sekunde der Unaufmerksamkeit, ein Moment der schlechten Positionierung, kostete uns im Ziel 30 Sekunden.

An diesem Abend begann ich eine kleine Theorie über das Abfahren zu entwickeln. Ich glaube, dass man verrückt sein muss, um in diesem Bereich unseres Sports erfolgreich zu sein. Nicht mutig, sondern wahnsinnig – Mut bedeutet, die Angst zu überwinden, während Wahnsinn aus der Abwesenheit von Angst resultiert. Die Fahrer, die gerne abfahren, lieben es auch zu stürzen. Natürlich würden sie das niemals zugeben. Aber ich habe mich gefragt, warum Cyclocross-Spezialisten auch auf der Straße so gut abfahren: Liegt es einfach daran, dass sie ein besseres Gespür für die richtige Linie haben, für den richtigen Zeitpunkt zum Bremsen, für die Balance auf dem Rad? Oder sind sie es gewohnt, beim Cyclocross zu stürzen, und suchen deshalb die gleiche Gefahr, wenn sie einen Pass hinunterfahren?

»Ihr Jungs seid verrückt«, haben mir meine Motorradfahrerfreunde einmal gesagt. »Ihr seid im Grunde genommen nackt, wenn ihr Rennen fahrt. Was glaubst du wohl, warum wir im Motorradsport so gut gepolstert sind?« Mir kam ein Bild in den Sinn, als ich zu Beginn meiner Karriere bei einem kleinen Eintagesrennen in Italien fuhr und bemerkte, dass der Typ vor mir Ellbogenschoner trug. Ich musste lachen, aber es brachte mich ins Grübeln: Hatte er recht? Warum zum Teufel schützten wir uns nicht besser? Ein klein bisschen Polsterung an den Körperteilen, die bei einem Aufprall am stärksten beansprucht werden, wie zum Beispiel die Hüften, ließ sich gut unter der Kleidung verbergen. Tatsache ist jedoch, dass wir nicht oft stürzen, und die meisten Fahrer blenden die Möglichkeit aus, dass es sie eines Tages erwischen könnte. Dieser Fahrer gehörte offensichtlich nicht dazu. Vielleicht hatte er Angst. Ich hielt mich von ihm fern. Ein nervöser Fahrer ist oft ein gefährlicher Fahrer.

Ich musste auch an Matej Mohorič denken, der 2015 mein Teamkollege war. An dem Tag, an dem ich bei der Österreich-Rundfahrt eine Geschwindigkeit von 112 km/h erreichte, war er der Fahrer, der uns alle überholte und stehen ließ. Dabei stellte er seinen eigenen Rekord von 123 km/h auf. Matej ermöglichte es mir, die Psychologie eines »Abfahrers« zu verstehen: Es geht darum, sich der Risiken nicht bewusst zu sein. Sie sind wie Kinder, die beide Arme ins Feuer halten, um sich zu vergewissern, dass sie sich verbrennen, oder um sich zumindest davon zu überzeugen, dass sie das Gefühl nicht mögen. Aber falls sie es doch mögen, können sie nicht genug davon bekommen. Der Junioren- und U23-Weltmeister hatte seine Kunst entwickelt, indem er den Berg hinabfuhr, auf dem seine Eltern in Slowenien leben. Jedes Mal, wenn er den Berg hinunterraste, wurde er ein bisschen schneller. Er ließ sich nicht entmutigen, wenn er im Laub am Wegesrand landete. Beim nächsten Mal fuhr er einfach noch ein bisschen schneller. Matej erfand sogar eine Technik, die es ihm ermöglichte, an die Grenzen zu gehen. Diese Technik wurde unter anderem von Chris Froome bei einigen Abfahrten der Tour de France 2016 kopiert, bevor sie im Frühjahr 2021 von der UCI verboten wurde. Bei der »Mohorič-

Position« geht man aus dem Sattel und sitzt auf dem Oberrohr, den Oberkörper auf den Lenker gelegt, während man weiter in die Pedale tritt. Die Finger berühren nicht die Bremsen; man kann nur beten, dass es nicht das kleinste Loch in der Straße gibt... Matej erklärte mir, dass er keine Ahnung von den Schmerzen hatte, die ein Sturz verursachen kann, auch wenn er sie gelegentlich erlebt hatte. Viele Jahre später gestand er mir, dass er sich der Gefahr schließlich bewusst geworden war, weil er inzwischen Vater geworden war. Ein Kind zu haben, bedeutete, dass er vorsichtig sein musste. Aber dann sahen wir alle seine Abfahrt in der Schlussphase von Mailand-Sanremo 2022, als er permanent kurz davor war, von der Straße abzukommen. Auf diesem Niveau geht es nicht mehr um Technik oder Psychologie, sondern um eine Art des Seins, eine echte Kunst.

Am Tag, nachdem ich auf der Abfahrt vom Galibier Zeit verloren hatte, erreichten wir den Col d'Izoard, die höchste Zielankunft des Rennens, das »Dach« dieser Tour. Ich hatte mir vorgenommen, an diesem Berg ordentlich Alarm zu machen. Wir näherten uns dem berühmten Pass durch das Dorf Guillestre. 4,5 Kilometer vor dem Gipfel attackierte ich. Michał Kwiatkowski, der das Gelbe Trikot von Chris Froome verteidigte, schloss mit den meisten anderen Favoriten wieder zu mir auf, während Fabio Aru den Kontakt verlor. Wir kamen aus dem Kiefernwald in eine ganz andere Landschaft; der verwitterte Glanz der Felsen tauchte die Flanken des Berges in ein weiches und beruhigendes Licht. In einer Höhe von 2.360 Metern hätte ich eigentlich nach Luft ringen müssen. Doch das Gegenteil war der Fall: Ein Schwall frischer Luft füllte meine Lungen und brachte mir Erleichterung.

Obwohl ich durch meinen schweren Sturz am Mont du Chat bestraft worden war, obwohl ich nicht in der Lage war, am Lenker zu ziehen, wenn ich in den Bergen oder beim abschließenden Zeitfahren in Marseille angreifen wollte, obwohl ich durch den Wind und die dadurch entstandenen Windstaffeln weiter zurückgeworfen worden war und auf der Abfahrt vom Galibier falsch positioniert gewesen war, gelang es mir dennoch, mich in der Gesamtwertung der Tour de France 2017 auf den sechsten Platz vorzuarbeiten, vier Minuten und 42 Sekunden hinter Chris Froome. Das war meine beste Leistung in diesem Rennen. Im Quick-Step-Bus wurde mächtig Party gemacht, als er auf den Champs-Élysées eintraf.

Zwei Tage später ließ ich in einer Klinik in Andorra la Vella meinen Rücken untersuchen. Die Diagnose: zwei Brüche des Querfortsatzes, des Flügelteils der Wirbel L2 und L3, und zwei Wochen Zwangspause.

Von seiner Wohnung aus, in der er sich von seinen Verletzungen erholte, schickte mir Richie Porte eine Textnachricht: »Tut mir leid. Wenn ich dich nicht zu Fall gebracht hätte, hättest du besser abgeschnitten.« Aber was, wenn dieser Sturz eigentlich ein Segen gewesen war?

Ich war in den Kreis der Fahrer aufgestiegen, die in der Lage sind, die Tour unter den ersten zehn und vielleicht sogar noch ein bisschen besser zu beenden. Zu dieser Zeit bot mir Mauro Gianetti an, für die Saisons 2018 und 2019 zum Team UAE Emirates zu wechseln. Patrick Lefevere versuchte nicht, mich zu halten. Er schickte mir eine Nachricht, wie sie in diesem Geschäft selten ist: »Danke.« Wenn er gewusst hätte, auf welche finanziellen Opfer ich mich eingelassen hätte, um zu bleiben… Aber er sagte: »Du bist ein guter Fahrer, du hast einen guten Marktwert und ich möchte ihn nicht abwerten, dazu habe ich zu viel Respekt vor dir.« Auch nachdem ich zu meinem neuen Team gewechselt war, schickte mir Patrick weiterhin Nachrichten, in denen er mir zu meinen Resultaten gratulierte oder mich tröstete, wenn ich gestürzt war. Der sportliche Leiter Brian Holm sowie einige Mitarbeiter und Fahrer taten dasselbe. Für sie war ich auf Lebenszeit ein Teil der Quick-Step-Familie.

Das Team UAE Emirates wollte aus mir einen echten Grand-Tour-Kandidaten machen. Sie boten mir die entsprechenden Möglichkeiten und glaubten an mich auf eine Weise, wie ich es bis dahin nicht gekannt hatte. Wir hatten ein unbegrenztes Budget, das uns zu einem Team machen sollte, das die Tour de France aufmischen würde. Ich war bereit, die Verantwortung und den Druck auf mich zu nehmen, modernste Ausrüstung zu erproben und bei der Auswahl meiner Teamkollegen mitzuwirken. Eine solche Gelegenheit würde sich nicht noch einmal bieten. Bevor ich meinen Vertrag unterschrieb, bat ich nur um einen einzigen Gefallen: Ich wollte von jeglicher Verpflichtung entbunden werden, mich der Mannschaft anzuschließen, wenn sie die Pyrenäenpässe erkundete, die bei der Tour de France zu fahren sein würden, denn ich hatte einen sehr persönlichen Zugang zu diesen legendären Straßen und eine eher ungewöhnliche Art, mich auf sie vorzubereiten...

Kapitel 20

10 Crêpes für 5 Euro (Die Angst davor, Spaß zu haben)

Ich kletterte mit dem Rad hinauf in die dunklen, von kaltem Regen durchzogenen Wolken. Ich war optimistisch genug, zu glauben, dass ich diese düstere Schicht durchbrechen und in den blauen Himmel darüber vorstoßen würde, aber die Wolken waren zu dicht und das Prasseln der Tropfen, fast wie aus einem dieser modernen Duschköpfe, ließ kaum nach, durchnässte mich in einem Moment wie ein Wasserfall, um mich dann wieder sanfter zu berieseln, bis der nächste heftige Schauer einsetzte. Schließlich wich der schwarze Schleier des Regens dem Weiß des Nebels. Ich befand mich nun in einem watteartigen Tunnel, meine Raumwahrnehmung war verschwommen und die Geräusche waren gedämpft. Aber dann nahm ich etwas wahr, das mich daran erinnerte, dass ich nicht verloren und allein war: das willkommene Geräusch eines Autos. Es war Jess. Sie versuchte, sich auf der rechten Seite der Straße zu halten, um nicht links in die Schlucht zu stürzen. Sie winkte mich voran, als sie vorbeifuhr, um mich anzuspornen, mein Training fortzusetzen. Ein paar Minuten später sah ich das Auto am Straßenrand stehen. Wir sagten beide gleichzeitig: »Man sieht nichts, wir machen hier Schluss. Es wäre verrückt, noch fünf Kilometer weiterzufahren.«

Der Col de Portet war der neueste Pyrenäenpass, der bei der Tour de France sein Debüt geben würde. Er wurde den Maßstäben der Rundfahrt gerecht und sollte im Juli 2018 zum ersten Mal gefahren werden. Die Straße dorthin war eine Verlängerung des Anstiegs zur Skistation Plat d'Adet, führte aber darüber hinaus und erreichte eine Höhe von 2.215 Metern, wie man sie sonst eher aus den Alpen gewohnt war. »Er ist ein zweiter Tourmalet«, sagte Christian Prudhomme, der Organisator der Tour. Ein Sakrileg: Er war sogar hundert Meter höher als der Tourmalet, mein alter und lieber Freund, der Anstieg, der mir ins Ohr geflüstert hatte. Als ich ihn wenige Wochen vor dem Rennen hinauffuhr, war der Col de Portet noch nicht bereit, es hätte mich nicht gewundert, auf ein »Vorsicht, frisch gestrichen«-Schild zu stoßen. Der Belag bestand aus verdichteter Erde, losen Steinen und Schotter. Ich lud das Rad in den Kofferraum des Autos. Jess holte ein sauberes Handtuch und eine Thermoskanne mit Tee heraus.

Ich war der einzige Top-Ten-Anwärter für die Tour de France, der sein eigenes Trainingslager und seine eigene Erkundungstour mit seiner Frau organisierte. Keine Teamkollegen, keine sportlichen Leiter, keine Soigneurs... Nur Jess. Genau so, wie es mir gefiel.

Unser Aufenthalt im Pays Basque, dem französischen Baskenland, war eine außergewöhnliche Erfahrung, fraglos der Höhepunkt dieses persönlichen Trainingslagers. Wir befanden uns an einem der entscheidenden Abschnitte der Strecke von 2018, eingebettet in die großen Hügel – bzw. kleinen Berge – der Region. Das 31 Kilometer lange Zeitfahren, das natürlich sehr höhenmeterreich ausfallen würde, sollte am Tag vor der Schlussetappe auf den Champs-Élysées stattfinden, und ich musste mich mit diesen gewundenen Straßen vertraut machen. Ich war überrascht, als der Besitzer der Auberge Basque, des Hotels, in dem wir untergebracht waren, anbot, uns einen Platz für das Abendessen freizuhalten. Ich nahm dankend an, da es uns die Suche nach einem anderen Restaurant in der Stadt ersparen würde, die, wie wir bald feststellen sollten, ebenso klein wie hübsch war.

Bei unserer Ankunft wurden wir zudem gewahr, dass es noch einen weiteren guten Grund für eine Tischreservierung in der Auberge Basque gab: Das Restaurant des Hotels war für seine gastronomischen Qualitäten bekannt, die durch einen Michelin-Stern unterstrichen wurden. Überhaupt gilt das Baskenland als eine der besten gastronomischen Regionen der Welt. Eine der lokalen Spezialitäten ist die Piment d'Espelette bzw. Gorria, eine rote Chili-Sorte, die aromatisch, mäßig scharf und bisweilen von rauchigem Geschmack ist. Die Einheimischen hängen sie zum Trocknen vor ihren Häusern in der Stadt Espelette auf, nach der sie benannt sind und in der das Zeitfahren bei der Tour enden sollte. Das Menü der Auberge Basque war hervorragend, von der Spargelreduktion aus eigenem Garten, die als Vorspeise serviert wurde (begleitet von einer Mousseline aus Spargel, getrocknetem Thunfisch und Majoran), bis zur herzhaften Variante eines baskischen Kuchens, bei dem die Sahne durch Schafskäse ersetzt wird. Unser Trainingslager endete auf sehr angenehme Weise.

Diese gemeinsame Reise war meine Art, Jess in meine Arbeit einzubeziehen. Zwar kam sie gern zu den Rennen und ich freute mich immer, sie dort zu sehen, doch tat sie es nur selten. Gemeinsam die Strecke der anstehenden Tour de France auszukundschaften, war etwas anderes. Wir nahmen uns Zeit füreinander. Jess begleitete mich im Auto, das mit unseren Taschen voller Kleidung, Fahrradersatzteilen und all der Fürsorge und Zärtlichkeit, die sie aufbringen konnte, beladen war. Manchmal fuhr sie ein paar Meter hinter mir, aber meistens fuhr sie voraus und direkt zum Zielort. Ich zog es vor, etwaige Reifenpannen mit dem Werkzeug zu reparieren, das ich in meiner Trikottasche dabeihatte, statt Jess zu bitten, Ersatzräder im Auto hinter mir zu transportieren, denn dabei bestand die Gefahr, dass ihr am Steuer die Augen zufielen, während wir mit 20 km/h über die Pässe schlichen – schnell für einen Radfahrer, aber ein frustrierendes und langweiliges Tempo für einen Autofahrer.

In den Alpen hatte ich kein Problem damit, im Trainingslager des Teams mitzumachen, aber mit Blick auf die Pyrenäen wollte ich die Dinge selbst in die Hand nehmen. Die sportlichen Leiter von Quick-Step und Israel Start-Up Nation waren von dieser Art der Vorbereitung auf die Tour de France ziemlich überrascht. Sie fragten mich: »Bist du sicher, dass du nicht zwei oder drei Kollegen dabei haben willst? Wenigstens einen Masseur?« Die Mitarbeiter des Teams UAE Emirates stellten mir dieselbe Frage, und ich gab jedes Mal die gleiche Antwort: »Vielen Dank, Leute, aber so allein zu fahren ist schon okay. So kann ich mich mit dem Terrain vertraut machen und mir die Strecke einprägen.«

Eine einzige Erkundungsfahrt genügte mir, um eine neue Strecke auf die Festplatte in meinem Kopf zu brennen, so wie ich es 2017 mit dem letzten Teil der berühmten »James-Bond-Etappe« nach Peyragudes getan hatte. Ich konzentrierte mich besonders auf die Abfahrt des engen und kurvenreichen Port de Balès, die vor dem letzten Anstieg kam. Ich war so konzentriert, dass ich mich nicht aus der Fassung bringen ließ, als ich einer Kuh begegnete, die mitten auf der Straße ein Nickerchen machte. Es war eine dieser großen Bergkühe mit verdrehten Hörnern und muskulösen Beinen, stolz und friedlich, die sich nicht hetzen ließ. Ich wartete zehn Minuten, bevor sie sich rührte, und ich hätte vielleicht noch länger gewartet, wenn nicht ein Auto gekommen wäre. Das Schnurren des Motors weckte sie auf und machte sie wütend – ich schätze, der örtliche Kfz-Schrauber hat in diesem Monat ordentlich Reibach gemacht! Aber ich konnte mich wieder auf den Weg machen.

An dem Tag traf ich mich nach meiner Trainingsfahrt mit Jess am Gipfel des Peyresourde. Dort gab es eine Bude, die Crêpes verkaufte. Auf dem Schild stand »10 für 5 Euro«. Wie konnten die nur so billig sein? Das wurde uns klar, als wir sie bekamen: Sie hatten einen Durchmesser von kaum zehn Zentimetern, waren aber trotzdem genau das Richtige, um sich zu stärken.

Zwei Monate später, bei der Tour de France, war dieser Crêpes-Stand ein wichtiger Motivationspunkt für mich: Die Erinnerung an diese Zeit mit Jess war eine willkommene Ablenkung von der Anstrengung des Rennens und den Beschwerden meiner gebrochenen Wirbel.*

Manchmal war es für alle Beteiligten besser, dass mein Team nicht in sämtliche Einzelheiten meiner persönlichen Vorbereitung mit Jess eingeweiht war. Diese Unkenntnis war besonders willkommen, als 2019 das Team UAE Emirates seinen designierten Kapitän für die Tour de France – mich – beinahe in einem Schneesturm verloren hätte. Die Szene ereignete sich am Tourmalet, im Anstieg von Luz-Saint-Sauveur aus, der Westseite, die ich in meiner Jugend befahren hatte, und erinnerte mich daran, warum dieser Pass einen so schlechten Ruf hat. Es war ein wunderschöner Tag, als ich die Auffahrt begann, aber etwa drei Kilometer vor dem Gipfel warf ich einen Blick ins Tal, um die Aussicht zu bewundern, und sah ein Gewitter aufziehen. Die jagenden Wolken holten mich schnell ein und aus dem nun bleiernen Himmel begann Schnee zu fallen. Ich trug mein Sommertrikot, aber zum Glück hatte ich eine Regenjacke eingepackt. Auf der Passhöhe zog ich sie so schnell wie möglich über, was bei dem heftigen Wind und dem tauben Gefühl in den Händen gar nicht so einfach war, und machte mich an die Abfahrt, bei der ich so gut wie keine Sicht hatte. Nachdem ich durch den Schneesturm gut vorangekommen war, traf mein Vorderreifen auf einen Stein und platzte.

Was sollte ich tun? Ich konnte unmöglich anhalten und in 2.000 Meter Höhe in einem Schneesturm den Reifen wechseln. Zum Glück zahlte sich meine Erfahrung aus. Ich wusste, dass das Skiresort La Mongie vier Kilometer vom Gipfel entfernt war, also fuhr ich weiter, wenn auch fast im Schritttempo. Alles war geschlos-

---

* Siehe Kapitel 19.

sen, aber ich fand ein Treppenhaus, um mich vor der Witterung zu schützen. Ich zog so schnell es ging einen Ersatzschlauch auf, bevor ich mich wieder auf den Weg machte. Der Schnee ging in Regen über, der sich sogar als noch kälter erwies, zumal ich die langen Geraden hinter La Mongie in hohem Tempo fuhr. Am Fuße des Anstiegs in Sainte-Marie-de-Campan wurden die Temperaturen bald besser, und ich wurde sogar von warmen Sonnenstrahlen begrüßt, als ich wieder auf die Strecke meines Etappensiegs von 2013 hinunter nach Bagnères-de-Bigorre abbog. Jess wartete auf mich in der Pension in der Nähe von Lourdes, in der wir wohnten, und ich konnte ihr die Geschichte vom Radrennfahrer erzählen, der fast in einem Schneesturm verloren gegangen wäre.

Jess war die beste Teamkollegin, die ich mir je hätte vorstellen können, denn sie hörte mir zu. Sie verstand zwar noch nicht alle Feinheiten des Radsports, aber sie verstand mich. Sie spornte mich an. Sie half mir, mich davor zu bewahren, mich vom Radsport völlig vereinnahmen zu lassen. Sie erinnerte mich daran, dass es ein Leben außerhalb des Sports gibt. Dank ihr bin ich innerlich reicher geworden. Im Gegenzug wollte ich sie bei ihrem Comeback im Frühjahr 2015 nach einer einjährigen Pause begleiten. Ich gab meine Ernährungsmethoden an sie weiter, zum Beispiel den Rat, vor dem Aufwärmen ein Energy-Gel zu nehmen – bis dahin hatte sie immer nur eine Flasche Wasser getrunken, ohne Zucker.

Dann dachten wir an das Ziel, das alle Athleten antreibt: die Olympischen Spiele. Wir hatten einen Traum: Wir wollten beide in Rio dabei sein.

Im August 2016 flogen wir nach Brasilien, auf getrennten Flügen. Für mich waren es nach London die zweiten Olympischen Spiele, aber für Jess war das alles neu. Sie lief unter der britischen Flagge, während ich in den irischen Farben antrat. Wir verpassten die Eröffnungsfeier am 5. August; Jess war in einer Athletenunterkunft weit weg von Rio untergebracht, während ich, wie immer bei

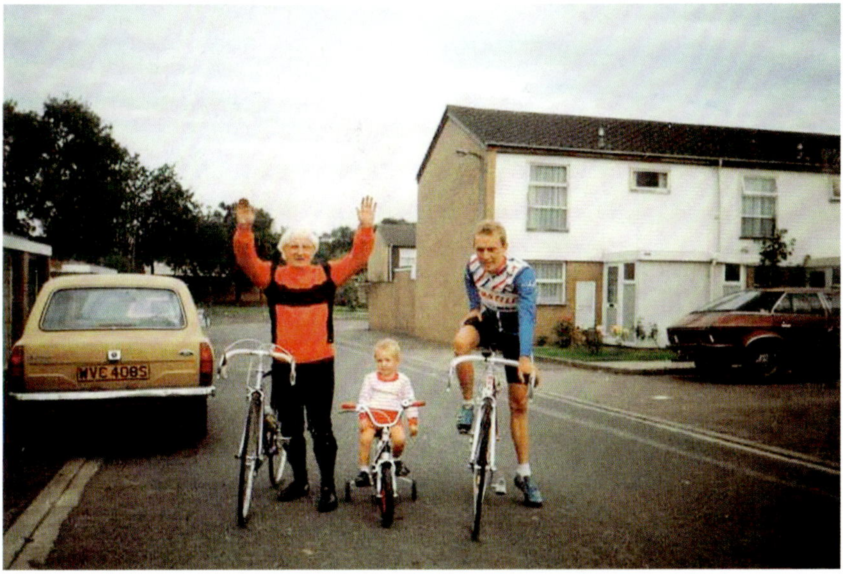

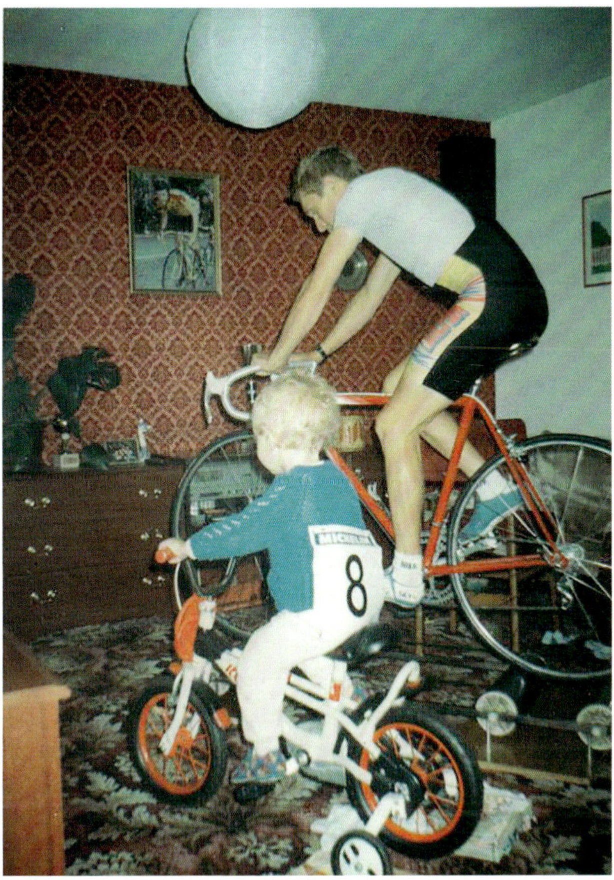

Oben:
Tamworth, Großbritannien, 1988. Drei Generationen der Martins – Vic, Dan und Neil.
(Private Sammlung)

Links:
1988. Mein einziges Radsportidol: mein Vater.
(Private Sammlung)

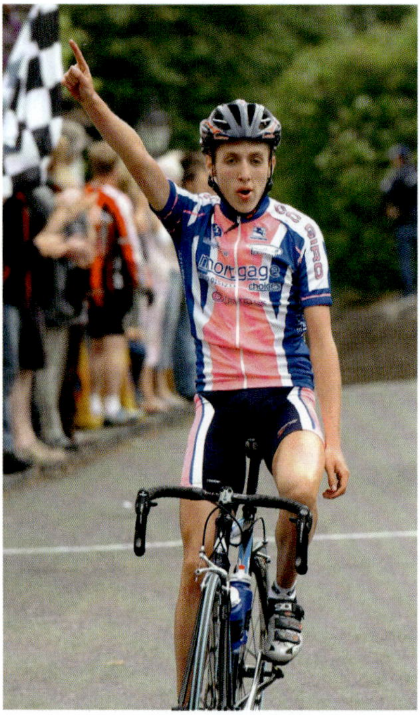

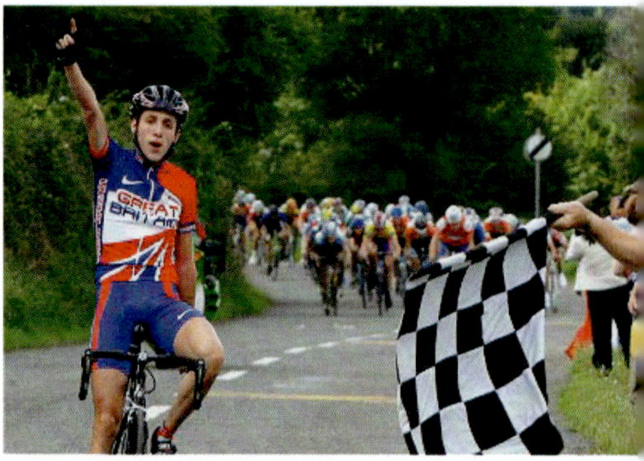

Oben: Carrik-on-Suir. Bei der Junior Tour of Ireland 2004.
(© Peter Purfield)

Links: Henley-in-Arden. Britischer Straßenmeister der Junioren 2004.
(© Larry Hickmott)

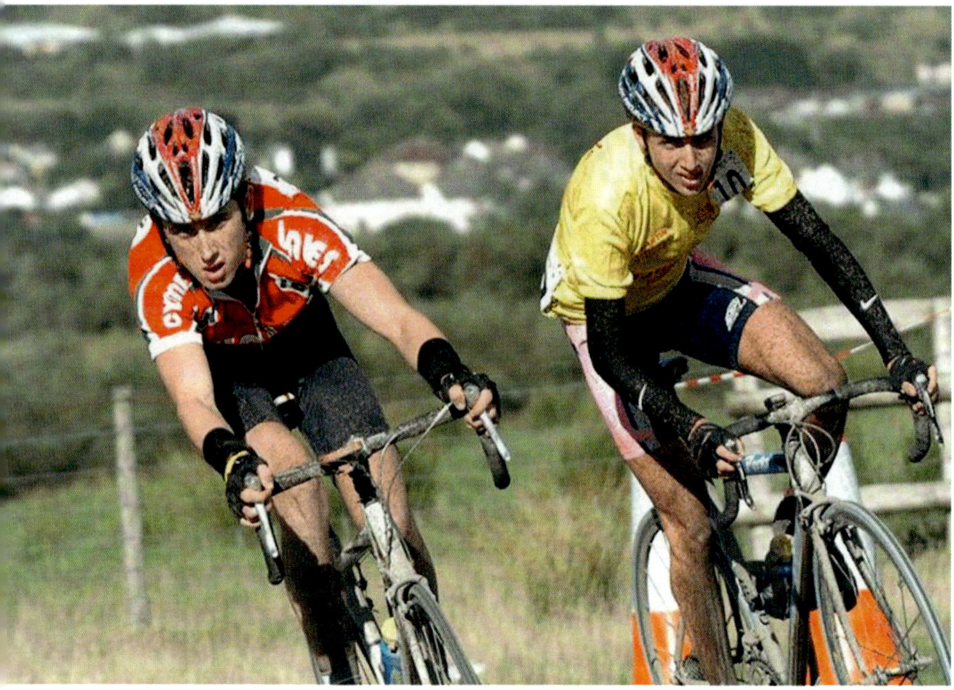

Bryn Bach Park. Im Duell mit Geraint Thomas bei der Junior Tour of Wales 2004.
(© Ron Good/Junior Tour of Wales)

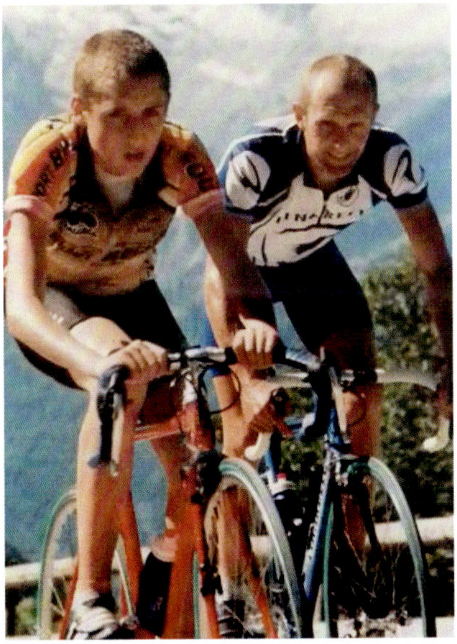

Alpe d’Huez 2000. Mein erster Tour-de-France-Berg, mit 13 Jahren. *(Private Sammlung)*

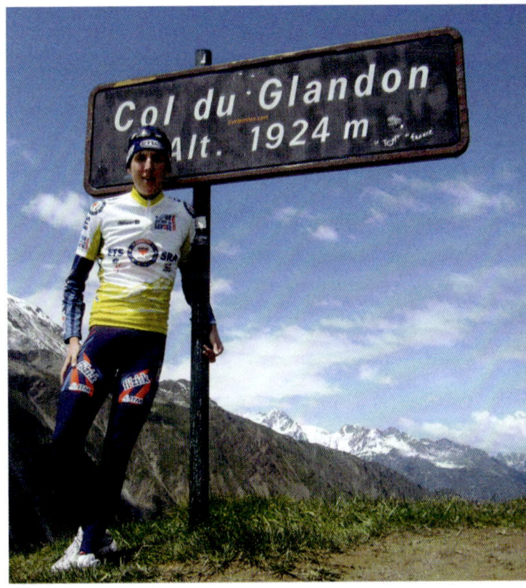

Col du Glandon, 2007 bei der Tour de Savoie. Mein erster Sieg bei einer Bergetappe. *(© Pierre Carrey)*

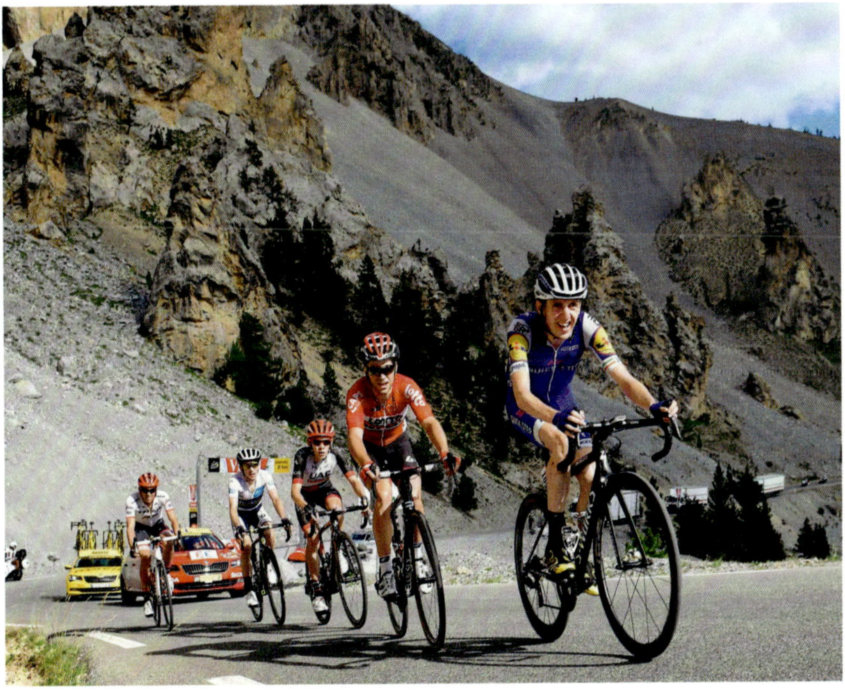

Am Col d’Izoard. Einen mythischen Pass bezwingen und zwei gebrochene Rippen aushalten bei der Tour de France 2017. *(© Hennes Roth)*

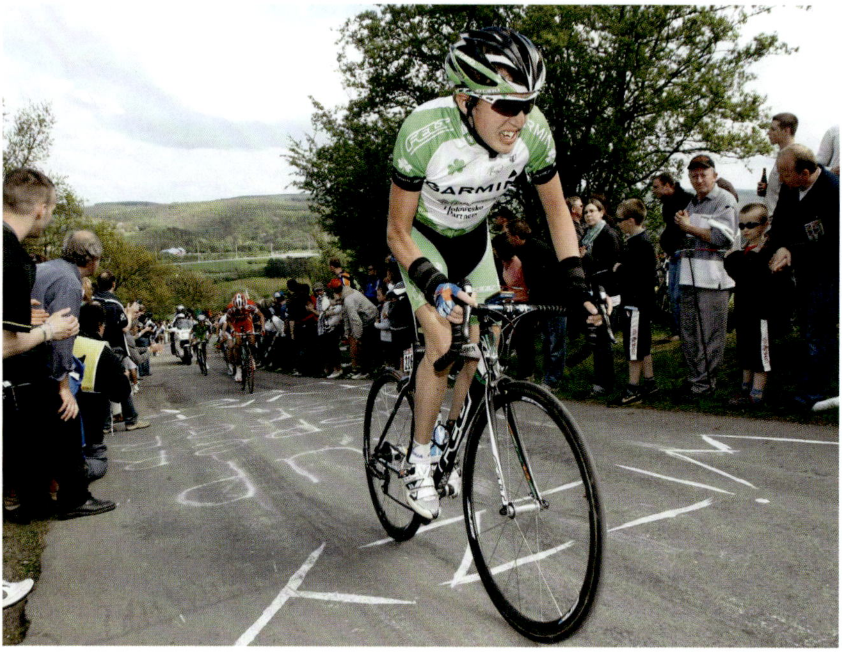

Lüttich-Bastogne-Lüttich 2009. In meiner Saison als Landesmeister hieve ich stolz das Shamrock-Trikot die Côte de La Redoute hinauf. *(© Hennes Roth)*

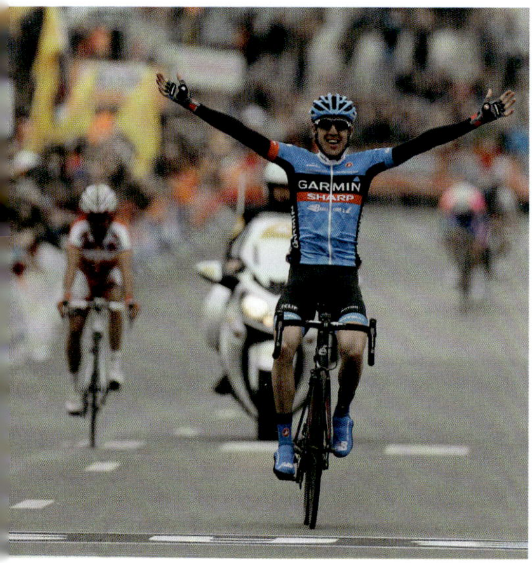

Lüttich 2013. Überglücklich, meinen Namen in die Siegerliste von »La Doyenne« eintragen zu dürfen, des ältesten Eintagesklassikers.
(© Hennes Roth)

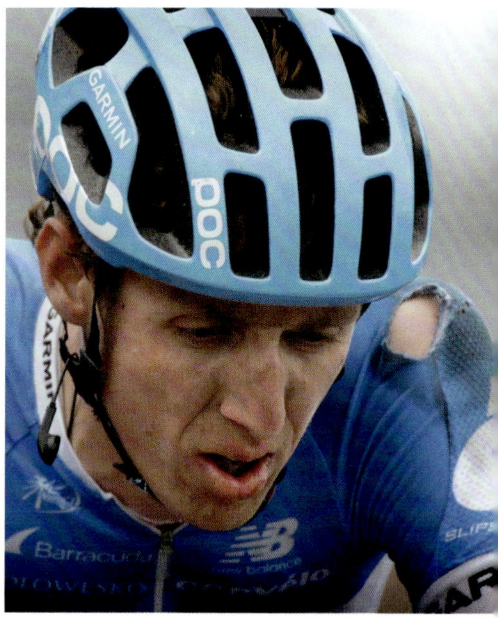

Lüttich 2014. Ich hatte Tränen in den Augen, noch bevor ich auf dem Asphalt aufschlug. *(© Hennes Roth)*

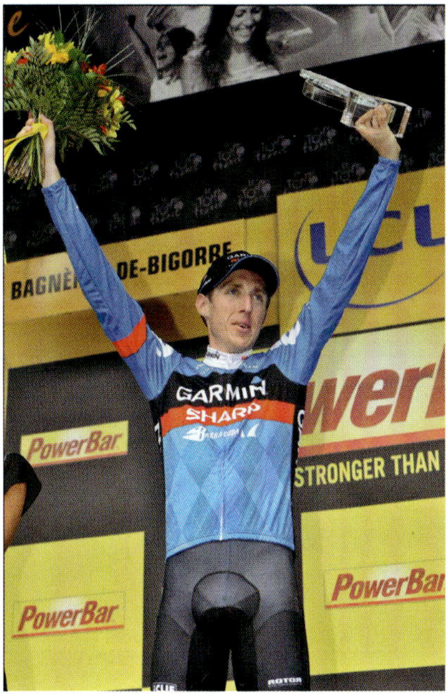

Oben: Bagnères-de-Bigorre 2013. Zum ersten Mal bei der Tour de France auf dem Podium, nach meinem Sieg bei der hektischen 9. Etappe.

(© Hennes Roth)

Unten: Erfolgreiche Attacke im Anstieg nach Mûr-de-Bretagne, dem »bretonischen Alpe d'Huez«. Mein zweiter Etappensieg bei der Tour de France, diesmal im Jahr 2018. *(© Hennes Roth)*

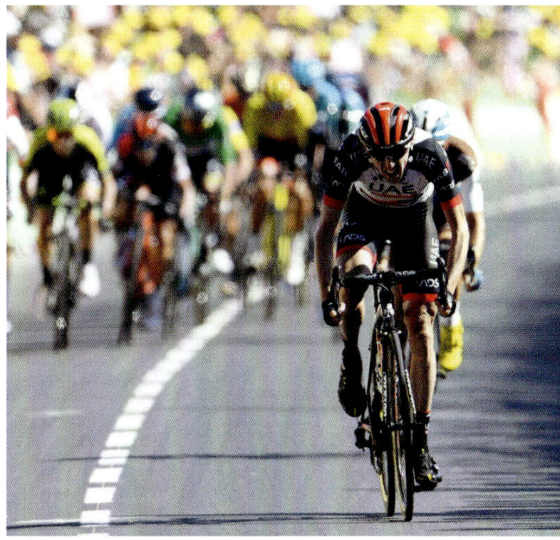

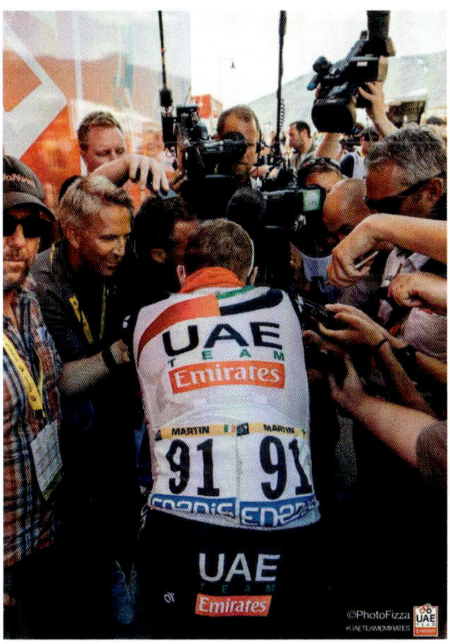

Der Irrsinn der Tour.

(© Lorenzo Verdinelli / Team UAE Emirates)

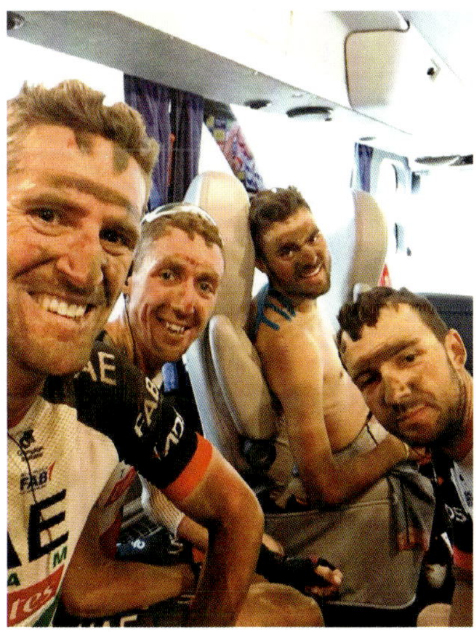

Tour de France 2018. Die Stimmung ist bestens nach der Pavé-Etappe.

(Private Sammlung)

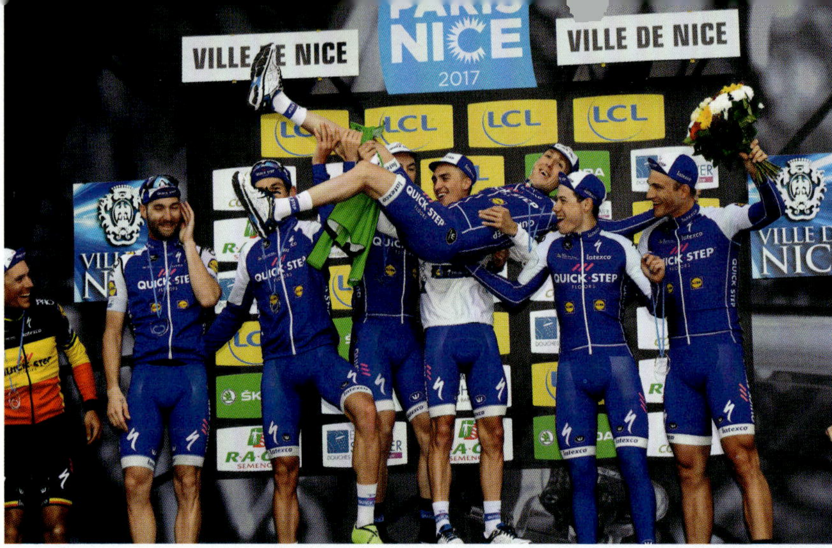

Oben: Die Macht des Teamspirits, demonstriert vom Team Quick-Step bei Paris–Nizza 2017.
(© Hennes Roth)

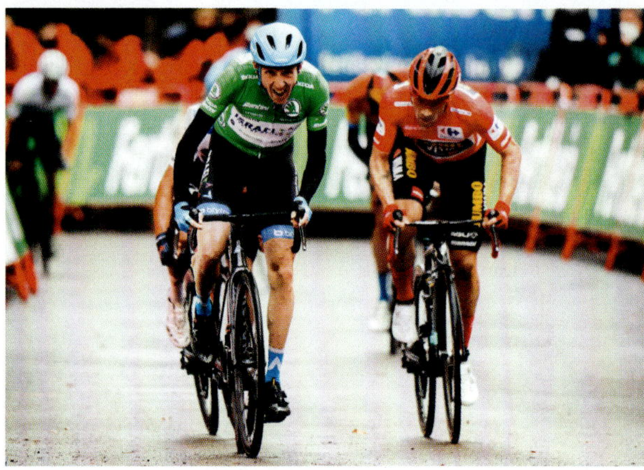

Oben: Sprint um den Sieg bei der Bergankunft an der Laguna Negra bei der Vuelta 2020.
(© Hennes Roth)

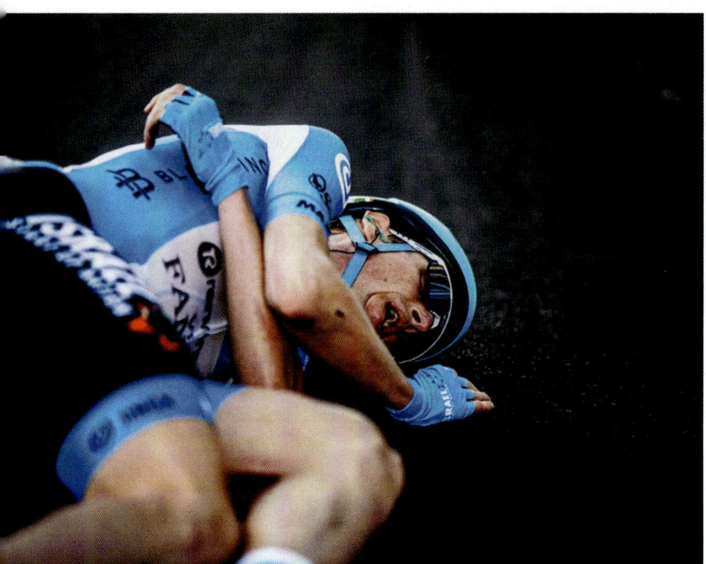

Links: Im Finale komplett über meine Grenzen hinausgegangen bei Etappe 8 der Vuelta 2020 zum Alto de Moncalvillo.
(© Noa Arton / Team Israel Start-Up Nation)

Olympische Spiele 2016. Wir haben das Privileg, dieses Ereignis gemeinsam zu erleben. Am Tag vor Jess' 10.000-Meter-Rennen besichtigen wir die Wettkampfstätte, das legendäre Maracanã-Stadion von Rio.
(Private Sammlung)

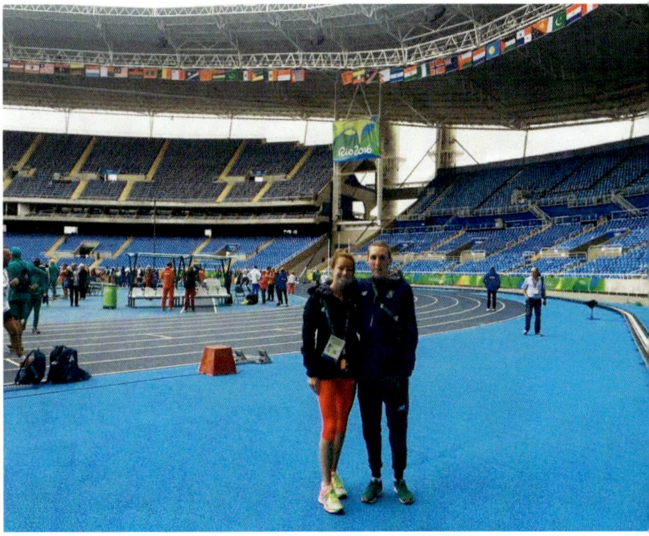

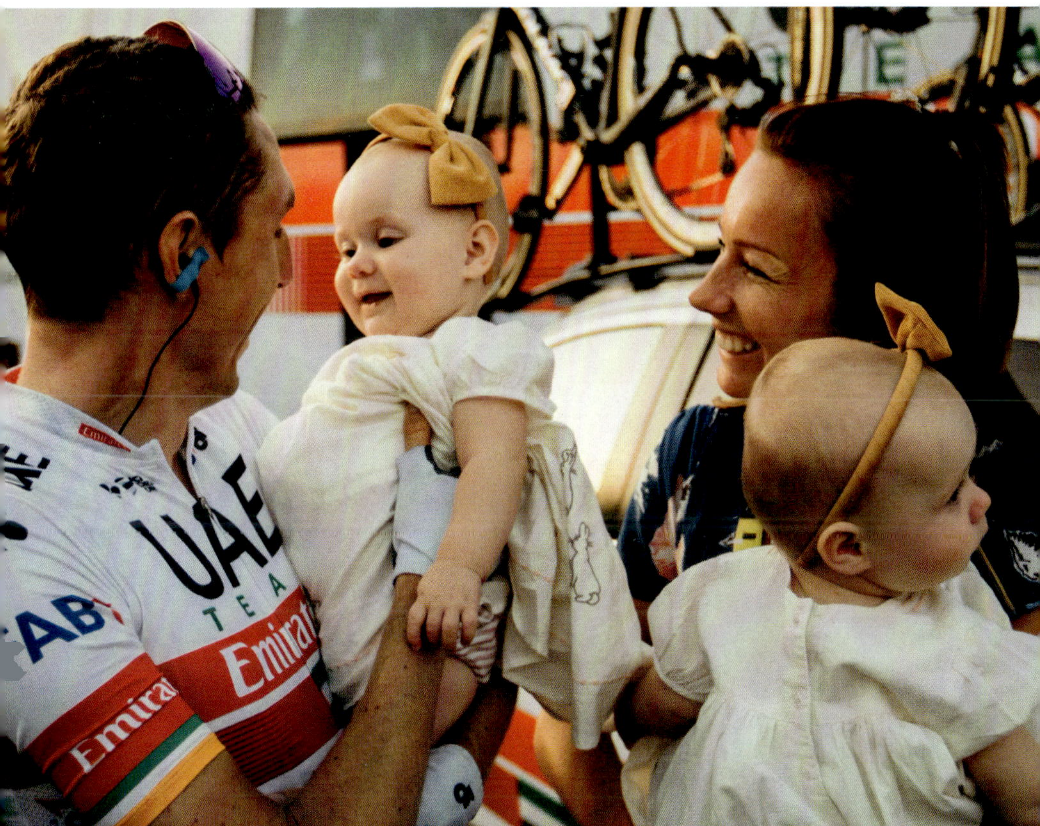

Das beste Support-Team, das ich mir hätte erträumen können: Ella, Jess und Daisy. *(© Lorenzo Verdinelli / Team UAE Emirates)*

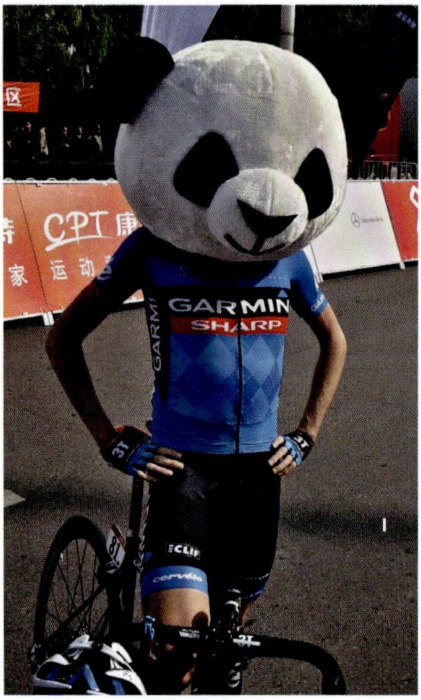

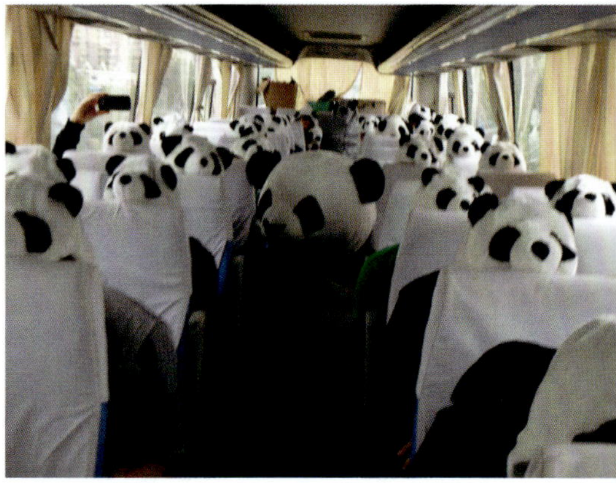

Oben: Mein Panda-Fanclub auf dem Weg zur Tour of Beijing 2013. *(© Shannon Buffon)*

Links: Startklar – PanDan Martin! *(© A Swiss with a Pulse)*

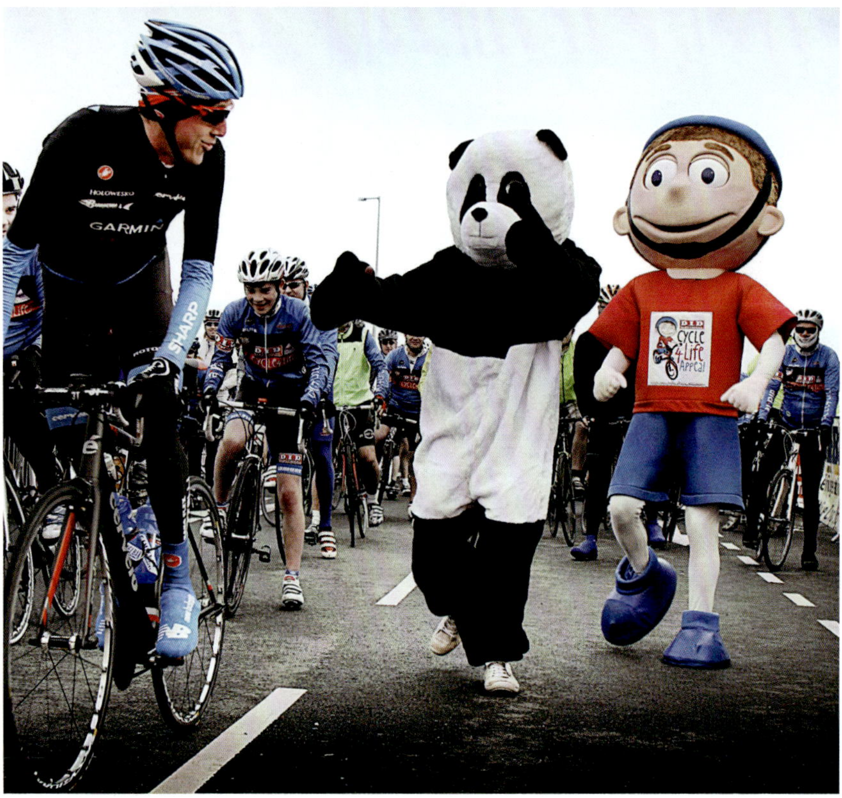

Dublin 2014. Charity-Ausfahrt mit Cycle4Life. *(© Paul Cook)*

Olympischen Spielen, im Hotelzimmer hockte, da das Straßenrennen der Männer bereits am nächsten Vormittag anstand.

Schon bei Sonnenaufgang war es am Strand von Copacabana schwül. Auf 237 Kilometern legten wir 4.886 Höhenmeter zurück. Das Rennen war etwas kürzer als Lüttich-Bastogne-Lüttich, aber die Steigungen waren länger als bei dem belgischen Klassiker. Es fühlte sich nicht heiß an, aber das war es ohne Zweifel; es war einfach unmöglich, genug zu trinken. Ebenso konnten wir nicht genug Flaschen bekommen, vor allem als das Rennen ernsthaft eröffnet wurde und zum Auto zurückzukehren keine Option mehr war. Die irische Mannschaft legte sich sehr ins Zeug, aber wir waren trotzdem benachteiligt,* und nachdem ich in der ersten Runde auf dem Kopfsteinpflaster eine Flasche verloren hatte, musste ich 25 Kilometer ohne Wasser auskommen, was sich in der letzten Runde rächen würde. Wenn man im Rennen erst einmal dehydriert ist, kann man es nicht mehr wettmachen, egal wie viel man trinkt. Ich kam als Dreizehnter ins Ziel, zwei Minuten und 50 Sekunden hinter dem Sieger Greg Van Avermaet. Ich war völlig fertig. Zum ersten Mal in meiner Karriere wurde ich von Krämpfen geplagt. Ich hatte sogar welche in den Armen.

Sechs Tage später saß ich im Maracanã-Stadion auf der Tribüne, um Jess im 10.000-Meter-Finale zuzuschauen. Ich behielt sie ständig im Auge. Ich fragte mich immer wieder, was sie wohl dachte. Ihr Gesicht wirkte gebannt vor Konzentration, aber wir hatten über dieses Rennen gesprochen und sie hatte gesagt, sie wolle die Atmosphäre aufsaugen und das Erlebnis genießen. In einem Rennen,

---

* Bei den Olympischen Spielen hängt die Zahl der Betreuer, die jede Nation mitbringen kann, davon ab, wie viele Fahrer im Rennen sind. Doch wir waren nur zu zweit: ich und mein Cousin Nico, mit dem ich endlich mal wieder ein Rennen zusammen bestreiten durfte, worauf ich mich sehr gefreut hatte. Nico landete auf Platz 29, nachdem ihm am Fuße des letzten Anstiegs die Kette runtergefallen war.

das an der Spitze eine Minute schneller als der bestehende Weltrekord gelaufen wurde, ließ Jess nicht zu, sich überwältigen zu lassen. Es braucht eine besondere mentale Stärke, um auf der größten Bühne seine beste Leistung abzurufen. Sie belegte den 16. Platz in persönlicher Bestzeit von 31:35,92 Minuten und war damit hochzufrieden; ich aber fühlte mich drei Meter groß, so stolz war ich.

Das war's. Wir hatten unser gemeinsames Ziel erreicht: Wir waren »Olympioniken«. Obwohl wir nicht im gleichen Event angetreten waren, kam es uns vor, als hätten wir gemeinsam gekämpft.

Wir hätten uns gewünscht, dass die Spiele ewig weitergehen würden. Wir hatten es nicht eilig, zurück nach Europa zu kommen. Wir reisten durch Rio, und unser Abenteuer wurde durch einen Trick aufgewertet, von dem ich kurz nach unserer Ankunft erfahren hatte. Normalerweise hat man bei Olympischen Spielen nur zu den eigenen Sportstätten Zutritt und muss für andere Veranstaltungen, die man sehen möchte, Eintrittskarten beantragen. Ich hatte mir aber sagen lassen, dass wir mit dem Athletenbus zu den Sportstätten fahren könnten, um Zugang zu jeder Veranstaltung zu erhalten, die wir wollten; die Akkreditierungen wurden nicht so gründlich kontrolliert wie in London 2012. So konnten wir uns fast alle Sportarten bei den Spielen ansehen! Wir haben das Beste aus dieser Gelegenheit gemacht. Ich gebe zu, dass es Momente gab, in denen ich Angst hatte, auf den Geschmack zu kommen, Angst, dass der goldene Sand und das Meer mich den Geruch von Regen und Schlamm auf dem Rad vergessen lassen könnten. Aber ich hatte das Gefühl, dass dieser Moment einzigartig, ja, sogar wegweisend für unser Leben war. Wenn ein Sportler diese Gelegenheiten nicht nutzt, um sich zurückzulehnen und zu entspannen, ist die Wahrscheinlichkeit groß, dass seine Karriere in die Brüche geht. Rio kam zum richtigen Zeitpunkt. Einer der Höhepunkte war unser letzter Abend am 20. August in einem

Hotel an der Copacabana, wo wir meinen 30. Geburtstag auf die denkbar perfekte Weise feierten. Wir aßen Kuchen und tranken Champagner, während wir aufs Meer schauten. Am nächsten Tag nahmen wir an der Abschlussfeier teil. Aber für uns war das nicht das Ende des Abenteuers, sondern erst der Anfang. Ende des Jahres wollten wir heiraten.

Ich kehrte nach Europa zurück wie ein Spielzeug mit neuen Batterien. Ich war ein neuer Mensch, frisch und voller Energie. Die unumstößlichen Regeln des Radsports besagen, dass der Urlaub im Winter stattzufinden hat und nicht mitten in der Saison. Der Strand gilt als Zeitverschwendung. Und doch habe ich dort mein bestes Training absolviert. Ohne mein Rad. Den Beweis dafür erbrachte ich, als ich zwei Wochen später auf der zweiten Etappe der Tour of Britain Dritter wurde.

Schon bevor ich Jess kennenlernte, war ich immer skeptisch gewesen über die vielen Opfer, die manche Fahrer auf sich nahmen, und den Stolz, mit dem sie darüber sprachen. Ich hatte es bei den Mahlzeiten mit einigen meiner Teamkollegen im Vélo Club La Pomme Marseille erlebt: Was sie durch akribisch perfektionierte Ernährung gewannen, so war ich überzeugt, büßten sie durch einen Verlust an Genuss ein. Letztendlich haben sie eher verloren als profitiert. Mir schien der Radsport schon hart genug zu sein, ohne ihn noch härter zu machen.

Jess und ich liebten es, auswärts zu essen, vor allem im Bambú Oriental Restaurante, einem chinesischen Restaurant in der Nähe unseres Hauses. Schon der Name passte perfekt zum »Panda-Fahrer«. Und zwei- oder dreimal im Jahr gönnten wir uns einen Ausflug in die gehobene Gastronomie. Dieses Vergnügen hatte ich in Girona entdeckt, zunächst im El Celler de Can Roca, das von den Brüdern Roca geführt wird und bisweilen als das beste Restaurant der Welt bezeichnet wird. Iberisches Spanferkel mit Pfeffersauce und Knoblauch-Quitten-Terrine. Auster mit erdiger

Reduktion. Mini-Oktopus mit geräuchertem Vera-Pfeffer… Alles war vorzüglich. Mein einziger Vorbehalt galt einem Dessert namens »Altes Buch«, das aus einer Seite mit essbarem Text und einem Gelee mit der Essenz eines hundert Jahre alten Buches bestand.

In diesen wunderbaren Restaurants füllt das Essen ebenso den Geist wie den Magen und ist überraschend frisch und gesund. Ich hatte daher guten Grund, in ein Londoner Restaurant namens The Frog zu investieren, statt mein Geld auf die Bank zu bringen. Der Küchenchef im The Frog, Adam Handling, war so etwas wie das Weiße Trikot der Gastronomie, ein vielversprechender junger Mann mit einem ausgeprägten Bewusstsein für Kleinerzeuger und Umweltfragen, der sich bald einen Michelin-Stern verdiente und 2021 in seinem neuen Restaurant in Carbis Bay in Cornwall für die Staatsoberhäupter der G7 kochte.

In der übrigen Zeit führte ich einen gesunden, geregelten Lebensstil, ohne Exzesse. Ich ging vor Mitternacht ins Bett, aß viel weißes Fleisch und rohes Gemüse. Ich hatte kein Interesse an langen Abenden in Bars, auch nicht im Winter, wenn viele Radrennfahrer die verlorene Zeit nachholen wollen. Ich war noch nie ein Fan von McDonald's. Aber ich habe mir auch nichts aus Furcht oder im Namen irgendeiner Moral versagt. Mein Körper hat die Regeln aufgestellt. Da er wusste, dass ich auf ihn hörte, verlangte er von mir nichts Abwegiges. In der Tat lebte ich auf eine sehr »normale« Weise. Aber von Zeit zu Zeit wollte ich auch mal das Leben genießen.

Die Angst davor, Spaß zu haben, war in meinem Sport seit langem verbreitet, aber sie griff vor meinen Augen immer weiter um sich. Das Team Sky hatte viel Aufhebens darum gemacht, an den »Marginal Gains« zu arbeiten, den vielen kleinen Verbesserungen im Grenzbereich. Am Ende betrachtet man die Realität durch ein Mikroskop. In einem solchen System, das von mehreren Teams entwickelt wurde, werden die Fahrer als Versuchskaninchen benutzt. Sie akzeptieren es und geben sich damit zufrieden, die Verantwortung abzugeben. Sie haben zu viel Angst vor der Realität, zu viel Angst, nicht alles perfekt zu machen. Aber die Wahrheit ist, dass die Realität unvollkommen ist… Die Sportwissenschaftler gaben den Fahrern nicht nur wertvolle Ratschläge, sie übernahmen auch die Kontrolle über sie. Man fragte sich, wer da für wen arbeitete! Aber die Fahrer fühlten sich beruhigt, weil sie glaubten, dass der Erfolg sich einstellen würde. Nach der Umstellung der Ernährung, der Verbesserung von Hygiene und Sauberkeit, der Beseitigung von Hausstaubmilben in den Zimmern und der Bereitstellung qualitativ hochwertiger Bettwäsche – alles Bereiche, in denen eine Intervention für notwendig erachtet wurde – machten sich Teams wie Sky daran, den Fahrern auch ihr Sozialleben vorzuschreiben. Die Profis dieser Mannschaften hatten ihre Zeit in einer abgeschlossenen Blase zu verbringen, entweder bei Rennen oder im Training. Ein Fahrer stellte seinem Team nicht nur seinen Körper zur Verfügung, er vertraute ihm sein ganzes Leben an. Manche Rennfahrerkollegen hatten Angst davor, Spaß zu haben. Ich hatte Angst davor, ein Roboter zu werden.

Die Fahrer vom Team Sky und ich lebten beinahe auf verschiedenen Planeten. Ein weiteres Beispiel für unsere unterschiedliche Herangehensweise erlebte ich am vorletzten Tag der Tour de France 2018, nach dem Zeitfahren. Wir hatten gerade unsere letzten Körner auf den Straßen des Baskenlandes gelassen, die ich mit Jess erkundet hatte. Ich saß mit Geraint Thomas und Chris Froome an dem Ort, an dem bei der Tour de France am meisten geredet wird: im Dopingkontrollwagen. Wir saßen zu dritt im Wartezimmer. Das Problem war, dass aufgrund der Anstrengung, die wir gerade hinter uns gebracht hatten, der Hitze und der Müdigkeit keiner von uns in der Lage war, zu pinkeln und eine Urinprobe abzugeben. Die Zeit verging. Wir tranken einen halben Liter Wasser und eine wohlverdiente Flasche Bier. Nichts half. Also redeten wir. Über alles. Über nichts. Ich scherzte mit Geraint: »Okay, morgen gewinnst du die Tour de France, das ist nicht schlecht. Aber wer hat die Junior Tour of Wales gewonnen?« Er tat so, als würde er den Scherz ernst nehmen: »Fang nicht damit an! Die Tour of Wales ist das wichtigste Rennen der Welt! Wenn ich da endlich mal was reißen würde!«

Dann drehte sich unsere Unterhaltung darum, was wir nach der Tour zu Abend essen würden. Ich sagte, ohne zu überlegen: »Einen Hamburger mit Pommes. Und einen ordentlichen Klecks Tomatenketchup. Ich habe Nudeln so satt!« Geraint und Chris sagten: »Wir werden einen schönen Salat essen. Wir hatten seit drei Wochen keinen mehr, weil die Ballaststoffe dazu führen, dass sich mehr Wasser im Verdauungstrakt einlagert.« Sie waren ganz begeistert von der Aussicht auf einen Teller Eisbergsalat. Ich hegte eine gewisse Bewunderung für ihre Hingabe und ihre Aufopferung, aber es kam mir doch sehr extrem vor. Dann erinnerte ich mich an die Auberge Basque, wo ich, nur wenige Kilometer entfernt, mit Jess gegessen hatte, als ich die Strecke für das Zeitfahren besichtigt hatte. Sie hatten ja keine Ahnung!

Kapitel 21

Operation Tour de France (Die Angst, eine einmalige Chance zu verpassen)

Um 22:00 Uhr hielt das Taxi irgendwo am Stadtrand von Mailand vor einem hohen Tor, das sich leise öffnete. Die Villa, die sich in der Nähe des Flughafens Malpensa und gegenüber dem Service Course des Teams UAE Emirates, unserem technischen und logistischen Hauptquartier, befand, war beeindruckend groß und ruhig. Der Kies auf der Einfahrt war perfekt gekörnt, so dass die Schuhsohlen kaum knirschten, wenn man den Weg überquerte. Jemand öffnete die Eingangstür, bevor man klopfen konnte. In der Eingangshalle thronten beeindruckende, aus weißem Marmor gemeißelte Löwen über einer prächtigen Treppe aus weißem Stein, die wie ein Springbrunnen aus dem Boden ragte. Die Toiletten am Ende des Korridors waren vergoldet. Ein Mann in den Sechzigern von tadelloser Eleganz kam auf mich zu, sein Anzug saß eng, aber stilvoll. Er begrüßte mich mit festem Händedruck, hieß meinen Agenten Martijn Berkhout willkommen, der mich begleitete, und sagte auf Italienisch: »Guten Abend, meine Herren, und willkommen. Ich werde Sie zu Ihren Zimmern im ersten Stock führen. Morgen werden Sie Herrn Saronni treffen.«

Wir verbrachten die Nacht in außergewöhnlichem, altmodischem Komfort. Die Zimmer waren mit glänzenden Spiegeln geschmückt, mit Blattgold verziert und mit Antiquitäten eingerichtet. Am nächsten Morgen traf ich mich mit Martijn zum Frühstück an einem Swimmingpool, in dem eine Wasserfontäne leise plätscherte. Das Büfett war riesig, bestand aber nur aus Donuts. »Das fängt ja schon mal gut an«, sagte Martijn und lachte.

»Das muss deren Definition von Marginal Gains sein! Von hier aus starten wir die Operation Tour de France!«, gab ich zurück. Nachdem wir einen Kaffee getrunken und einen Donut verdrückt hatten, gingen wir über die Straße. Im Büro des Teams wartete ein Mann auf uns, der dem Herrn, der uns am Vortag in der Villa empfangen hatte, sehr ähnlich sah. Es war der große Giuseppe (Beppe) Saronni. Der ehemalige Weltmeister. Der General Manager des Teams UAE Emirates. Mein zukünftiger Chef.

Sein Name war mir schon seit meiner Kindheit ein Begriff gewesen, vermutlich weil er 1982 Straßenweltmeister auf der Rennstrecke von Goodwood in Großbritannien geworden war. Ich wusste, dass »Beppe« in Italien und in der ganzen Radsportwelt immer noch bewundert wurde und dass seine Anwesenheit von Bedeutung war. Neben ihm saß der angehende Teamchef Mauro Gianetti, ein ehemaliger Sieger von Lüttich-Bastogne-Lüttich, ruhig, sympathisch und noch kantiger als die meisten seiner Fahrer. Er gehörte noch nicht offiziell zum Team, aber ich hatte mit ihm nach der Tour de France 2017 die Fragen besprochen und geklärt, die sich aus meinem bevorstehenden Wechsel ergaben. Er übersetzte für Saronni, der mir zunächst ein Kompliment machte: »Danilo, was ich wirklich an dir mag, ist deine *grinta*«, mein Kampfgeist, sagte er. »Du gibst nie auf. Das ist eine Einstellung, die ich mag. Mit einem Fahrer wie dir glaube ich, dass das Team sich höhere Ziele stecken und eines Tages vielleicht die Tour de France gewinnen kann.« Das alles wusste ich bereits. Das war unser gemeinsamer Schlachtplan. Für die Saison, in der ich 32 wurde, hatte ich mich überreden lassen, diese Herausforderung anzunehmen, die mir bis dahin zu groß und zu verrückt erschienen war. Ich als ehemaliger Klassikerjäger schickte mich an, das Gelbe Trikot anzugreifen – oder genauer gesagt: das Podium bei der Tour.

Während des Gesprächs wiederholte Gianetti, was er meinem Agenten schon bei den Verhandlungen gesagt hatte, und er schien es absolut ernst zu meinen. »Wir glauben an dich«, versicherte er. »Wir haben die Fahrer analysiert, die in den letzten zwei Jahren in den Top Ten der Tour waren, und wir glauben, dass du derjenige bist, der sich am meisten verbessern kann. Es gibt sieben oder acht Fahrer wie dich, die durchaus auf dem Podium landen könnten. Bis jetzt hattest du Pech. Es kam immer irgendwas dazwischen, das dich daran hinderte, dieses Ergebnis zu erreichen. Trotzdem hast du hart gekämpft. In den Bergen gehörst du zu den drei oder vier Besten. Und deine Schwächen als Zeitfahrer sind kein solches Handicap mehr, weil die Zeitfahren nicht mehr so lang sind. Du hast eine sehr hohe Regenerationsfähigkeit. Du bist im optimalen Alter für einen Radfahrer, zwischen 28 und 32 Jahren. Mit etwas Glück, der richtigen Ausrüstung und einem engagierten Team kannst du bei der Tour de France auf dem Podium stehen.«

Beppe Saronni nickte zustimmend. Dann holte mein Agent unsere Unterlagen heraus. Wir unterschrieben die Verträge mit wunderschönen Füllern, die sich so schwer wie Baumstämme anfühlten.

Als er uns hinausbegleitete, sagte Mauro: »Wir müssen dieses Team gemeinsam aufbauen. Wenn du etwas siehst, das nicht in Ordnung ist, oder wenn du eine Idee hast, wie man etwas verbessern kann, sag es mir. Okay?« Wir hatten uns schon im Sommer auf diese Arbeitsweise geeinigt. Jeder Fahrer hat schon einmal davon geträumt, freie Hand zu haben, vor allem wenn er von schlechtem Material, unmotivierten Mitarbeitern oder einer Reihe von logistischen Fehlern geplagt worden war. Ich hatte Quick-Step indes nicht verlassen, weil es mir darum ging, die Dinge auf die richtige Weise anzugehen, denn dort war fast alles korrekt organisiert gewesen; aber ich hatte mir oft vorgestellt, wie es wäre, in einem Team zu sein, das von oben bis unten dieselbe Einstellung hat wie ich. Um erfolgreich zu sein, brauchte man ein Übermaß an personellen Qualitäten und eine ebenso große Menge an technischen Hilfsmitteln. Gianetti sah das genauso. Wir mussten mit den führenden Wissenschaftlern in jedem Bereich zusammenarbeiten, bis ins kleinste Detail, immer unter Anwendung der Theorie der Marginal Gains, die darin besteht, jedes Element im Umfeld eines Sportlers um ein Prozent zu verbessern.

Zwei Monate später kehrte ich in das hochmoderne Labor des Teams UAE Emirates zurück, das sich in unserem Service Course befand. Die Fahrer waren zum Bikefitting gekommen, einer grundlegenden Aufgabe, die oft Hand in Hand mit Windkanaltests geht. Es galt, die richtige Höhe und Neigung des Sattels zu bestimmen, ebenso des Lenkers, et cetera… Jeder Winkel des Körpers und der Rennmaschine wird untersucht, um eine ideale, konkurrenzfähige Einheit zu schaffen. Aber als ich das Messgerät sah, wich ich instinktiv einen Schritt zurück. Es war mit einem Ledersattel aus den 1960er-Jahren ausgestattet, und am Antrieb waren Kurbeln montiert, die zwei Nummern zu lang waren.

»Der Nächste!« Der Ergonomiespezialist bat mich, Platz zu nehmen, und nahm ein paar Messungen vor. Er war mindestens 20 Jahre älter als der Sattel. Als der Vorgang abgeschlossen war, erkundigte ich mich vorsichtig: »Wer war der Mann? Und was hatte es mit dem Rad auf sich?« Man sagte mir, dass er ein langjähriger Freund von Beppe Saronni sei und das Team bei der Ausrüstung schon immer so vorgegangen wäre.

»Findet ihr nicht, dass da was nicht stimmt?«, fragte ich. Ich wandte mich an Rory Sutherland, einen Freund und Trainingspartner aus meiner Zeit in Girona, der in der folgenden Saison mein Teamkollege werden sollte. Der Australier war vier Jahre älter als ich, und wir hatten einige Gemeinsamkeiten. Genau wie ich hatte er sein Heimatland mit 19 Jahren verlassen, um seine Karriere auf dem europäischen Festland, in seinem Fall in den Niederlanden, zu beginnen. Er versuchte, das Ganze auf die leichte Schulter zu nehmen: »Das Team ist erst seit einem Jahr dabei. Sie brauchen ein bisschen Zeit, um sich anzupassen. Aber man muss auch die positiven Seiten sehen. Die Atmosphäre ist super, es geht sehr familiär zu.« Das stimmte. Fast alle Fahrer kannten sich bereits seit der Saison 2017, als das Team UAE Emirates ins Leben gerufen wurde, und einige sogar aus der Zeit davor, als das Team noch unter dem Banner von Lampre fuhr. Diese »Familie« wurde schon mehr als 20 Jahre lang von Beppe Saronni, einem ehemaligen Giro-Sieger, geleitet und hatte unter seiner Führung dreimal das *maglia rosa* gewonnen. Beppe hatte die meisten seiner Befugnisse im Tagesgeschäft inzwischen seinem Sohn Carlo übertragen, einem warmherzigen und liebenswürdigen Mann, wenn auch nicht der geborene Anführer. Obwohl ich als Kapitän verpflichtet worden war, musste ich mich an die seit langem bestehenden Gepflogenheiten des Teams anpassen.

Es war die Rede davon gewesen, dass ich mit meinem Wechsel auch einen sportlichen Leiter meiner Wahl, einen Trainer, einen technischen Assistenten, einen Arzt und sogar einen Koch an Bord holen könnte. Anfangs war ich begeistert von der Idee, integre und kompetente Leute zu rekrutieren, mit denen ich in der Vergangenheit zusammengearbeitet hatte. Dann wurden die Parameter enger angelegt und ich durfte lediglich zwei bis drei Teamkollegen vorschlagen. Dann nur noch einen. Das war Rory. Aber letztendlich war ich mit der Situation zufrieden. Ich wollte keinen Staat innerhalb eines Staates schaffen. Stattdessen wollte ich dem gesamten Team helfen, sich weiterzuentwickeln, von innen heraus, wie ein ganz normaler Fahrer, aber mit der zusätzlichen Verantwortung, der Teamleader zu sein.

Ich musste mir diese Rolle mit einem Kletterer aus Sardinien teilen, Fabio Aru, dem Sieger der Vuelta 2015, der auch beim Giro bereits zweimal auf dem Podium gestanden hatte. Er war vier Jahre jünger als ich. Fabio schien ein netter Kerl zu sein, auch wenn wir nicht viel miteinander sprachen und sich unsere Wege selten kreuzten. Ich war überrascht gewesen, als ich aus der Presse erfuhr, dass er sich dem Team anschließen würde, denn Mauro Gianetti hatte mir versichert, dass ich der alleinige Kapitän sein würde. Aber Beppe Saronni hatte darauf bestanden, das italienische Talent zu verpflichten. Die Teamleitung hatte mir die Aufgabenteilung erläutert und gesagt: »Fabio fährt den Giro und die Vuelta, du die Tour und die Vuelta.« Es machte mir nichts aus, die Verantwortung zu teilen. Bei Quick-Step hatte ich mich auch mit Julian Alaphilippe und Philippe Gilbert zusammengespannt, die bei den Ardennenklassikern die gleichen Ziele wie ich verfolgten. Zwei Leader wären nicht zu viel, wenn es darum geht, mit dem internen und externen Druck umzugehen… Auch unser norwegischer Sprinter Alexander Kristoff würde einen Teil der Last im Team tragen. Der ehemalige zweifache Juniorenweltmeister Diego Ulissi war ein weiterer wichtiger Mann im Kader. Auf dem Papier hatten wir eine starke und erfahrene Mannschaft. Ich konnte mir durchaus vorstellen, einen Juli zu verleben, der so friedvoll, solide und beeindruckend ausfallen würde wie die Villa gegenüber unserem Service Course.

Ein paar Wochen zuvor hatte ich noch erwogen, eine ganz andere Richtung einzuschlagen und beim Team Sky zu unterschreiben. Dave Brailsford wollte, dass ich sein Plan B oder sogar Plan C bin, eine Alternative für die Tour de France zu Chris Froome, der zuerst den Giro bestreiten sollte – was er auch tat und bei dem er das *maglia rosa* gewann. Ich hätte außerdem als Kapitän bei Paris-Nizza, der Tour de Romandie und dem Critérium du Dauphiné antreten können – Rennen, die Froomey liebte, für die er aber nicht vorgesehen war – und natürlich auch bei den Ardennenklassikern. Der Gedanke, als einer der Kapitäne für Sky zu fahren, war wie das Angebot, sich hinter das Steuer eines Sportwagens zu setzen. Es war eine sehr verlockende Vorstellung. Ich würde außerdem als Mentor für die jungen Fahrer fungieren, die gerade verpflichtet worden waren: der Kolumbianer Egan Bernal, der Franko-Russe Pavel Sivakov und mein Landsmann Eddie Dunbar.

Daves langfristige Pläne waren unglaublich präzise. Der ehemalige Sportdirektor von British Cycling hatte es in den letzten zehn Jahren weit gebracht. Und ich, um ehrlich zu sein, auch. Es amüsierte mich, dass sich unsere Wege wieder gekreuzt hatten. In unseren Gesprächen redeten wir nie über die Vergangenheit, aber wir erinnerten uns beide daran, dass unsere Beziehung kompliziert und von verpassten Chancen geprägt gewesen war. Nach dem ernüchternden Treffen im Anschluss an die Junioren-Weltmeisterschaft 2004 in Verona, war ich nach Marseille gegangen, um mein Glück zu versuchen. Der britische Verband hatte mich in der Saison 2005 hin und wieder in die Nationalmannschaft berufen, aber nicht für die Straßen-WM in Madrid nominiert. Ich habe nie eine Erklärung für diese Nichtberücksichtigung erhalten, aber ich hatte das Gefühl, dass Dave in mir nicht mehr als eine Notlösung sah. Gleichzeitig war Irish Cycling sehr daran interessiert, dass ich mich ihnen anschloss. Also kümmerte ich mich darum, bei der UCI meine Nationalität zu ändern, und im September 2006 fuhr ich meine erste U23-Weltmeisterschaft im smaragdgrünen Trikot. Mark Cavendish, der Kapitän des britischen Teams und Favorit des Rennens, belegte auf dem Rundkurs im österreichischen Salzburg Platz elf. Er hätte im Finale einen weiteren Helfer gebraucht. Das hätte ich sein können, aber… Im Ziel erblickte ich Dave Brailsford. Zwischen uns fiel kein Wort. Von da an ging jeder von uns seinen eigenen Weg.

Dann wurde ich Zeuge der Geburt des Sky-Imperiums: die Gründung des Teams im Jahr 2010; Chris Froomes erste sensationelle Vuelta in der Saison 2011 – dem Jahr, in dem ich meine Etappe gewann; der erste Tour-Sieg 2012 mit Bradley Wiggins, der in eine neue Dimension vorgestoßen war, seit er mein Teamkollege bei Garmin gewesen war. Inmitten dieser Episoden tauchte mein Name immer wieder in der Presse als möglicher Neuzugang auf. Ein britisches Radsportmagazin stellte sogar die – völlig abwegige – Hypothese auf, dass ich für die Saison 2010 für den britischen Rennstall unterschreiben könnte, sofern ich wieder meine ursprüngliche Nationalität annehmen würde! Sechs Jahre später erhielt ich ein etwas formelleres Angebot für einen Wechsel. Dave schrieb mir eine SMS, dass er »interessiert« sei und »mit mir reden« wolle, aber die Gespräche gediehen nicht sehr weit und ich unterschrieb bei Quick-Step.

Das Team Sky hatte sich vorausschauend auf die Saison 2018 diesmal etwas ernsthafter um mich bemüht. Offenbar waren sie auf der Suche nach einem Fahrer, der die Lücke schließen könnte zwischen Chris Froome und dem nächsten Klassementfahrer, der sich herauskristallisieren würde. Ich erzählte Dave von meiner anderen Option beim Team UAE Emirates. Er verlangte von mir, das Konkurrenzangebot auszuschlagen, ohne dass es auf seiner Seite nennenswerte Fortschritte in den Verhandlungen gegeben hätte. Eines Tages rief er mich an, um mich zu beruhigen: »Ich warte darauf zu erfahren, ob einer unserer Fahrer bleibt oder geht. Wenn er geht, nehmen wir dich auf jeden Fall.« Später erfuhr ich, dass er damit den baskischen Kletterer Mikel Landa gemeint hatte. Schließlich entschied ich, bei der Tour de France 2018 nicht für, sondern gegen das Team Sky das Podium anzugreifen.

Damit die »Operation Tour de France« gelingen könnte, mussten wir die gleichen finanziellen Mittel einsetzen, die gleiche Energie in die Arbeit stecken und mit der gleichen Überzeugung ans Werk gehen wie unsere großen Rivalen. Ich wollte ihre Geheimnisse herausbekommen. Ich hatte das Massaker auf der Etappe über den Col de Pierre-Saint-Martin in den Pyrenäen bei der Tour de France 2015 nie vergessen. An diesem Tag hatte das Team Sky das Peloton an einem einzigen Anstieg dominiert wie nie zuvor. Chris Froome hatte auf dem Gipfel gewonnen und Richie Porte war Zweiter geworden. Geraint Thomas wurde Sechster. Sie hatten die Konkurrenz in Grund und Boden gefahren. Der zehntplatzierte Fahrer hatte zweieinhalb Minuten Rückstand. Ich verlor mehr als elf Minuten, mit meinem Teamkollegen Andrew Talansky am Hinterrad. Das waren anderthalb Minuten auf jedem Kilometer Anstieg. Ich war fassungslos.

Wir hatten den Fehler gemacht, am Tag vor der Etappe, dem Ruhetag, nicht ausreichend zu trinken. Wir benutzten »Eissocken«, Beutel mit Eiswürfeln im Nacken, die dem Gehirn vorgaukeln, dass der Körper kalt ist, um die Hitze erträglicher zu machen. Außerdem schnitten wir mit einer Schere Löcher in unsere Kleidung, um ein wenig Luft durchzulassen. Darüber hinaus hatte Vaughters uns gesagt: »Die hellere Farbe des neuen Trikots ist perfekt für heißes Wetter.« Wir waren schon geschlagen, bevor es überhaupt losgegangen war. Ich hatte mir geschworen, dass mir das nie wieder passieren würde. Dass ich nie wieder ein Rennen wegen mangelhafter Ausrüstung oder unzureichender körperlicher Vorbereitung verlieren würde.

Vielleicht lag es an der Ölwirtschaft in der Golfregion, dass das Team UAE Emirates als ein Rennstall mit unbegrenztem Budget galt. Mauro Gianetti wollte außerdem, dass wir offen für spektakuläre Neuerungen waren – natürlich innerhalb der Grenzen der Anti-Doping-Bestimmungen. Wir würden in jedem Bereich das Beste verlangen, und es spielte keine Rolle, welche bestehenden Verträge wir mit Ausrüstern hatten. Wenn nötig, würden wir kaufen, was wir brauchten, und zwar zum vollen Preis. Und wenn es die Produkte nicht gab, würden wir sie erfinden.

Nach der Geschichte mit dem Bikefitting auf einem Rad aus der Zeit von Jacques Anquetil wartete ich jedoch weiter darauf, dass die Mitarbeiter uns ein paar neue Produkte vorstellten. Matratzen, die in Zusammenarbeit mit NASA-Ingenieuren entwickelt wurden und unseren Schlaf um 8,4 Prozent verbesserten? Handschuhe aus einer synthetischen Kunsthaut, die dem Wind keinen Widerstand entgegensetzten und uns so im Zeitfahren eine Sekunde pro Kilometer einbrachten? Während ich auf Vorschläge des Teams wartete, versuchte ich, Antworten auf einige Fragen im Hinblick auf meine Lebensweise zu finden, über die ich schon seit längerem nachgedacht hatte.

Ich war seit zehn Jahren Profi und lernte sowohl meinen Sport als auch meinen Körper immer besser kennen. Meine Ernährung war, trotz gelegentlicher Besuche in guten Restaurants mit Jess, ausgewogen und sehr gesund. Ich war sogar so weit gegangen, Milch und Gluten von meinem Speiseplan zu streichen, um meinen Magenproblemen ein Ende zu bereiten – meine alten Teamkollegen vom Vélo Club La Pomme wären stolz auf mich gewesen! Ich hatte das richtige Programm für mich gefunden und wollte nicht mehr davon abweichen, auch wenn der Arzt des Teams UAE Emirates von mir erwartete, meine Ernährung umzustellen.

Das Erste, was der *dottore*, Roberto Corsetti, mich fragte, war: »Was ist dein Idealgewicht?«

Ich antwortete: »Ich weiß es nicht, ich lasse meinen Körper entscheiden.« Seine Augen weiteten sich. Er war es gewohnt, eine Zahl festzulegen, an die sich seine Fahrer dann hielten. Was mich betraf, so hatte ich das Gefühl, einen Rückschritt zu machen. Seit ich mein Amateurteam in Frankreich verlassen hatte, hatte mich niemand mehr wegen meines Gewichts belästigt. Aber Dr. Corsetti gab Ernährungspläne vor, die nicht einmal das Team Sky wagen würde, das ganze Jahr durchzuziehen. In unserem ersten kleinen Wintertrainingslager Ende Oktober, wo wir den Abschluss der Saison feierten, zwang er uns weiterhin Pasta und weißes Fleisch auf. Ich zog ihn auf: »Und, Doc? Kriegen wir nicht mal Pizza?« Nein, wie sich herausstellte. Und zum Nachtisch gab es Obstsalat.

Ich ließ auch weiterhin nicht zu, dass irgendjemand, auch kein Arzt, versuchte, die Kontrolle über meinen Körper zu übernehmen, vor allem wenn es darum ging, etwas zu ändern, das funktionierte... Ich weigerte mich prinzipiell, alten, überholten Regeln zu folgen, die niemand ehrlich erklären konnte und die allen Fahrern aufgezwungen werden sollten, obwohl jeder von uns einen anderen Körper und Charakter hatte. Ich wartete darauf, dass das Team mir Hilfsmittel zur Verfügung stellte, anstatt mir Protokolle aufzuerlegen. Also suchte ich weiter nach Wegen, um auf eigene Faust voranzukommen. So verfolgte ich zum Beispiel aus der Ferne eine therapeutische Methode, das so genannte »vegetative Training«, das von Inge Jarl Clausen entwickelt worden war, der zur medizinischen Abteilung beim Team Garmin gehört hatte. Dabei handelt es sich um eine unglaublich effektive Form der Meditation, bei der Atemübungen eingesetzt werden, um Spannungen im Körper zu lösen. Nach stundenlanger intensiver Konzentration auf dem Rad lag ich auf meinem Bett, statt auf einen Bildschirm zu starren, schloss die Augen und atmete tief ein, um mich in meinen Körperempfindungen zu verlieren und in die totale Entspannung zu gehen. Es fühlte sich an, als ob ich den Reset-Knopf meines Körpers drückte. Das verbesserte meine Schlafqualität, denn ich ließ all die emotionale Energie und den Stress, die sich angestaut hatten, aus mir heraus und wachte wirklich frisch und erholt auf.

Meine Karriere hatte Spuren an und in meinem Körper hinterlassen. Jede einzelne kleine Narbe und Verbrennung wirkte sich auf ihn aus, und nach ein paar Jahren kamen einige alte Schmerzen zurück. Mein gebrochener Finger vom Flèche Wallonne 2008 machte mir zu schaffen und ich konnte seine abnorme Form erkennen. Mein Handgelenk, das ich mir verletzt hatte, als ich nach einer Etappe der Katalonien-Rundfahrt 2009 unglücklich in ein Schlagloch gefahren war, sollte mir auch Jahre später noch Probleme bereiten. Damals schätzte ich mich unglaublich glücklich, dass ich nur mit einer leichten Verstauchung des Handgelenks davongekommen war, aber vielleicht wäre es besser gewesen, schwerer zu stürzen und mich auszuruhen. Stattdessen fuhr ich weiter, saß aber anders auf dem Rad und schützte die nur leichte Verletzung durch Überkompensation, was ein Ungleichgewicht der Kraft – ein Leiden, das mitunter auch als »Golferarm« bezeichnet wird – und eine Schwäche in meiner linken Schulter verursachte, mit der ich immer noch zu kämpfen hatte. Nach stundenlanger, schmerzhafter Physio- und Reha-Behandlung schien sich mein linker Arm immer noch nicht erholt zu haben. Vielleicht musste ich die Behandlung einfach abbrechen und meinen Körper sich selbst heilen lassen.

In Anbetracht der natürlichen Heilungs- und Genesungskräfte des menschlichen Körpers beschloss ich, eine hundert Jahre alte Tradition im Radsport aufzugeben: Massage. Obwohl ich unsere Physiotherapeuten und Osteopathen schätzte und mochte, wollte ich nicht mehr, dass jemand meinen Körper für mein Wohlbefinden manipulierte. Am Anfang meiner Karriere forderte ich die Masseure immer auf, meine Muskeln noch tiefer zu kneten, wie einen Brotteig, um die Giftstoffe loszuwerden. Ich glaubte, dass mein Körper dadurch für den nächsten Tag auf Vordermann gebracht werden würde. Wie alle Fahrer genoss ich außerdem das Gefühl, dass man sich um mich kümmerte und mir zuhörte – Masseure sind auch gute Psychologen. Im Laufe der Zeit aber änderte sich meine Einstellung zu diesem Thema. Ich kam zu dem Schluss, dass Massagen ein Angriff auf den Körper sind und dass sie zwar einige Probleme beheben, aber dafür andere schaffen. Bis wir mit der Massage begannen, oft gut zwei Stunden nach dem Rennen oder sogar noch später, hatte sich unser Körper bereits weitgehend erholt. Er ist durchaus in der Lage, kleine Verletzungen schnell selbst zu reparieren, Müdigkeit zu vertreiben und Schwächen zu kompensieren.

Die Natur weiß es am besten, heißt es oft, und ich habe sie machen lassen, was sie wollte. Ich habe mich beim Training zu Hause nie massieren lassen und fühlte mich damit besser, und so war es auch bei den Rennen. Ob es nun Zufall war oder nicht, ich habe meinen Körper sich während der Tour de France selbst regenerieren lassen und bin nicht krank geworden. Ich brachte vier Frankreich-Rundfahrten hinter mich, ohne mir abends die Beine massieren zu lassen. Das hielt mich nicht davon ab, in den Bergen zu attackieren, im Zeitfahren zu kämpfen, mich in den Windstaffeln oder auf dem Kopfsteinpflaster zu behaupten und im Kampf um das Podium auf den Champs-Élysées alles zu geben.

Kapitel 22

Ich als Super Combatif (Die Angst zu attackieren)

Aber warum hast du angegriffen? Diese Frage ist mir schon oft gestellt worden. Jeder bildet sich sein eigenes Urteil über die Attacken eines Fahrers: zu früh, zu spät, zu lang, zu kurz, zu hart oder sogar vollkommen »sinnlos«… Die Frage wird aus taktischer Sicht gestellt, ist aber oft existenzieller Natur. Ich habe oft gescherzt, wenn sie mir gestellt wurde. Meine Antwort: »Warum nicht?« Ich saß auf dem Rad, um anzugreifen. Einfach nur in die Pedale zu treten, war nicht genug. Anderen Fahrern zu folgen, war notwendig, aber tödlich langweilig. Attacken waren es, die mich zum Leben erweckten. Ich griff nicht nach dem Gießkannenprinzip an. Die Momente, die ich wählte, waren für mich vollkommen rational. Hinter jeder Attacke steckte eine komplexe Überlegung.

Wenn ich gewann, stellte mir niemand diese Frage. Aber um zu gewinnen, muss man attackieren. Oder man wartet auf den Sprint. Ein Sieg rechtfertigt jede Attacke, selbst die dümmste. Während der Tour de France 2018 fragten mich die Journalisten immer wieder: »Aber warum hast du attackiert?«, bis zu dem Zeitpunkt, als ich am Ende der Rundfahrt den Preis des »Super Combatif«, des kämpferischsten Fahrers, erhielt, eine der symbolträchtigsten Auszeichnungen meiner Karriere. Niemand fragte mich danach noch nach meinen Attacken, und doch hätte es dafür reichlich Gründe gegeben. Diese Tour, auf die ich mich jahrelang vorbereitet hatte, war ein totales Fiasko gewesen.

Nachdem ich zum Team UAE Emirates gestoßen war, hatte unser Manager Mauro Gianetti die »Operation Tour de France« ins Leben gerufen, aber schon in den ersten Wochen mit meinem neuen Team schien mir der Plan doch eher mangelhaft zu sein. Das Bikefitting in unserem Hauptquartier war ein schlechtes Omen für das, was noch kommen würde. Das Team glich eher dem Vélo Club La Pomme Marseille aus meiner Anfangszeit, als dass es ein ernstzunehmender Gegner für das Team Sky gewesen wäre. Anstatt sich um Marginal Gains zu bemühen, waren die Mitarbeiter der Meinung, sie müssten an ihren alten Gewohnheiten festhalten. Ich schlug vor, den Input von Forschern, Sportwissenschaftlern, Biomechanikern und Materialingenieuren einzuholen. Ausrüstung, Reifen, Kleidung, Ernährung: Alles gehörte auf den Prüfstand. Aber jedes Mal, wenn ich etwas vorschlug, winkten die Mitarbeiter des Teams nur müde ab: »Ach, das ist schon in Ordnung so, das haben wir schon immer so gemacht, seit 20 Jahren.«

Doch das bedeutete nur, dass wir der Konkurrenz 20 Jahre hinterherhinkten. Obwohl er mich ermutigt hatte, meine Ideen zu äußern, um eine kontinuierliche Verbesserung herbeizuführen, wurde bald deutlich, dass Mauro Gianetti sich die Teamleitung nicht mit Giuseppe Saronni teilte. Letzterer hatte eine sehr altmodische Vorstellung vom Radsport – und warum auch nicht? Seine Herangehensweise hatte jahrzehntelang funktioniert, und das habe ich respektiert, aber der Sport hatte sich offenkundig weiterentwickelt.

Es wurde März und wir hatten nicht einmal eine Regenjacke in unserer Ausrüstung. Der Tropfen, der das Fass zum Überlaufen brachte, waren die Getränke. Nachdem ich bei der Katalonien-Rundfahrt im Anstieg nach La Molina einen unerklärlichen Leistungseinbruch erlitten hatte und komplett geplatzt war und als sich das schlechte Abschneiden auch in meinen geliebten Ardennen fortsetzte, nahm ich unsere Energydrinks unter die Lupe. Die Zusammensetzung von Zucker und Mineralstoffen entsprach genau den Empfehlungen für den Leistungssport. Was war also los? Ich bekam heraus, dass die technischen Assistenten nur zehn Prozent der vom Hersteller empfohlenen Menge verwendeten. »Sonst ist es zu süß, weißt du«, sagten sie mir. Statt 40 Gramm Kohlenhydrate pro Flasche gaben sie uns nur vier Gramm. Die Konsequenzen, die sich mathematisch daraus ergaben, waren leicht nachzuvollziehen. Zwei Flaschen pro Stunde in der Hitze bedeuteten, dass wir acht Gramm Kohlenhydrate zu uns nahmen, obwohl wir 80 bis 100 Gramm benötigten. Endlich verstand ich, warum wir uns alle so schwer taten. Ich schlug einige Änderungen des Protokolls vor – und lief gegen eine Wand des Widerstands. Das Team weigerte sich, einzulenken, ich blieb bei meinem Standpunkt... Nach nur drei oder vier Monaten fragte ich mich, wie ich in dieses seltsame Abenteuer geraten war.

Ich machte nach den Ardennenklassikern eine schwere Krise durch, weil ich noch immer keine Ergebnisse erzielt hatte. Ich fragte mich, was ich in diesem Team machte, ja, was ich überhaupt auf dem Rad machte. Es war das erste Mal in meinem Leben, dass ich mir solche Fragen stellte. Es hatte keinen Sinn mehr, gegen das Personal meiner eigenen Mannschaft oder sogar gegen meine Teamkollegen anzukämpfen, die sämtliche Entscheidungen ohne mit der Wimper zu zucken akzeptierten, auch wenn sie im Grunde genommen meiner Meinung waren – sie respektierten die Autorität der sportlichen Leiter, der Mechaniker und des Arztes nicht nur, sondern fürchteten sie geradezu. Sie stellten nie eine Anweisung in Frage. Daher beschloss ich, die Sache auf sich beruhen zu lassen. Der Radsport hatte mir immer viel Freude bereitet. Hinzu kam, dass Jess und ich im Herbst Zwillinge erwarteten. Es war der richtige Zeitpunkt, sich neu zu orientieren. Es gab mehrere Möglichkeiten, unter anderem die, meine Karriere sofort zu beenden und auf die Tour de France zu verzichten. Ich sah mich bereits meinen Agenten anrufen und ihn bitten, meinen Zweijahresvertrag aufzulösen.

Bei einer meiner Trainingsausfahrten in den Pyrenäen hatte ich eine Art Offenbarung. Das Datum: der 7. Mai 2018. Der Ort: der Collada de la Gallina, die Südauffahrt von Sant Julià de Lòria. Meine Beine drehten sich wie von selbst. Die reine Bergluft füllte meine Lungen. Ich fühlte mich leicht. Auf dem Gipfel hielt ich einen Moment inne. Ich nahm meine Brille ab, um den Filter zu entfernen, der die Welt des Radfahrers in gelb oder orange taucht. Ich nahm die Natur nur durch meine Augen auf, die wackeren und immer spärlicheren Bäume in dieser Höhe von 1.910 Metern, die steinernen Zacken des Massivs über mir, den Eindruck, von einer sehr einladenden Landschaft umgeben zu sein. Das Radfahren lohnte sich immer noch; ich liebte es, auf meinem Rad zu sitzen. Als ich den Fuß der Abfahrt erreichte, hatte ich mich entschieden, Radrennfahrer zu bleiben.

Mein neues Ziel war es, einfach nur zu genießen. Zusammen mit Rory Sutherland, der mich von Anfang an unterstützt hatte, gab ich es auf, mich mit dem Team zu streiten, aber ich gab es auch auf, dem Team helfen zu wollen. Wir nahmen unser Schicksal selbst in die Hand. Wir kauften unser eigenes Energydrink-Pulver und füllten es selbst in unsere Trinkflaschen. Die Mitarbeiter waren nicht glücklich darüber, aber sie ließen uns gewähren.

Die Auswirkungen waren dramatisch. Im Juni feierte ich beim Critérium du Dauphiné meinen ersten Erfolg in den Farben meines neuen Teams. Das Ziel lag im Skiort Valmorel in Savoyen. Ich griff drei Kilometer vor dem Gipfel an und hatte im Ziel einen Vorsprung von vier Sekunden. Dieser Etappensieg war ein sehr ermutigendes Zeichen, und ich hoffte, dass die Tour de France genauso verlaufen würde. Ich wollte das Rennen mitbestimmen. Ich wollte, dass meine Attacken zu Siegen führen, und plante, sie dort zu setzen, wo sie die größte Wirkung haben würden. Ich wollte mich nicht darauf verlassen, lediglich die Momente des Zögerns auszunutzen, die kurzen Augenblicke, in denen die Favoriten das Tempo herausnehmen, um so etwaige Zeitverluste wettzumachen. Ich wollte selbst die Initiative ergreifen. Ich ignorierte die internen organisatorischen Bedenken des Teams. Ich hatte das Gefühl, eine echte Chance auf einen Podiumsplatz zu haben. Ich war enttäuscht, als wir im Mannschaftszeitfahren mehr als anderthalb Minuten auf das Team Sky verloren, aber ich glaubte immer noch daran, mein Ziel erreichen zu können

Die erste Bergankunft der Tour fand auf dem »Gipfel« von Mûr-de-Bretagne statt, das auch als das »bretonische Alpe d'Huez« bezeichnet wird und 293 Meter über dem Meeresspiegel liegt. Wie schon bei der Dauphiné attackierte ich und gewann. Diese Etappe war voller Tücken. Nach knapp hundert Rennkilometern hing ich hinten in der dritten Gruppe fest, nachdem meine ehemaligen Quick-Step-Kollegen versucht hatten, das Feld bei Seitenwind zu sprengen. Wir schafften es, den Anschluss wieder herzustellen, aber ich wollte nicht ganz vorne sein. Es war unglaublich nervös, und ich zog es vor, mich ein wenig zurückzuhalten, Energie zu sparen und zu beobachten, was passierte, und mir Zeit zum Bremsen zu geben. Ich zockte, und es machte sich bezahlt: 40 Kilometer vor dem Ziel konnte ich einen Sturz vermeiden. Auf diesen Landstraßen, die sich durch kleine Dörfer mit alten Steinhäusern schlängeln, lauern von allen Seiten Gefahren. Zwei- oder dreimal wäre ich beinahe gestürzt. Ich atmete tief durch, um ruhig zu bleiben. Ich fuhr im Feld an der Seite von Richie Porte, der ebenfalls vorhatte, auf der ansteigenden Zielgeraden zu sprinten.

1.200 Meter vor dem Ziel griff ich an. Ich wusste nicht, dass ich so stark in die Pedale treten konnte, und es gelang mir, eine kleine Lücke zum Feld zu reißen. Ich legte einen kurzen Sprint ein. Ich hatte attackiert, um Unruhe unter meinen Konkurrenten zu stiften, ihre Pläne zu durchkreuzen und meinen Beinen etwas zu tun zu geben, denn sie gierten nach Action. Es bestand eine gute Chance, dass die anderen zu mir aufschließen würden, aber ich hatte genug Kraft, um durchzuhalten. Ich wiederholte meine Taktik von der Côte d'Ans bei Lüttich-Bastogne-Lüttich und teilte mir die Strecke bis zum Ziel in Häppchen ein. Bis zum Schild, das die letzten 500 Meter anzeigt, gab ich alles, was ich hatte. Ich sagte mir, hier wäre Schluss. Als ich es erreichte, verschnaufte ich kurz. Dann zwang ich mich, weitere hundert Meter zu sprinten. Dann noch mal hundert Meter. Dieses kurze Innehalten, auf das jeweils eine Beschleunigung folgte, sollte die Moral meiner Verfolger brechen. Ich gewann mit einer Sekunde Vorsprung vor dem Franzosen Pierre Latour, Julian Alaphilippe und Alejandro Valverde lagen drei Sekunden zurück. Ich hatte mich vor den anstehenden Bergetappen in Stellung gebracht.

Es war nicht die Konkurrenz, sondern ein Sturz, der mich wieder zurückwarf. Zwei Tage nach meinem Sieg kam es zwölf Kilometer vor dem Ziel in Amiens in der Picardie, nördlich von Paris, zu einem heftigen Crash im Feld. Der Fahrer vor mir kam ins Schlingern und bremste. Dabei zog er nach rechts rüber und touchierte mein Vorderrad, so dass ich über den Lenker ging. Ich fiel auf den Rücken, wahrscheinlich auf irgendein Metallteil eines Rades. Ich spürte, wie sich etwas in meine Haut bohrte. Mein Rad war hinüber, so dass ich auf Ersatz warten musste, und diese Verzögerung kam mich teuer zu stehen: Obwohl ich von meinen Teamkollegen gut unterstützt wurde, kamen wir mit einer Minute und 16 Sekunden Rückstand ins Ziel. In der Gesamtwertung rutschte ich von Platz 21 auf Platz 31 ab. Im Ziel schrie ich vor Schmerz auf, als der

Arzt mein Trikot mit einer Schere aufschnitt, um das in der Wunde steckende Material zu entfernen. Ich hatte ein Loch im Rücken, so groß wie eine Pfundmünze und einen Zentimeter tief. Wirbelsäulentrauma. Schürfwunden am Ellbogen. Und am nächsten Tag stand die Etappe über Kopfsteinpflaster an.

Auf den furchterregenden Straßen von Paris-Roubaix verdiente ich mir meine persönliche »Super Combatif«-Auszeichnung. Ich war unsichtbar in den Fernsehbildern, verlor mich im Schatten, konzentrierte mich auf mein eigenes Rennen, aber ich vollbrachte eine echte Glanzleistung, auch wenn ich der Einzige war, der sich dessen bewusst war. Ich musste dem Schmerz widerstehen und einen weiteren Crash vermeiden. Es war nicht einfach: Es gab bereits drei Stürze in der Neutralisation, also dem Streckenabschnitt, auf dem wir uns normalerweise in gemäßigtem Tempo vom zeremoniellen Start wegbewegen. Einige Fahrer zuckten vor Nervosität und waren so angespannt, dass sie ihre Hände nicht vom Lenker nahmen, um etwas zu essen oder zu trinken. Ich tat das Gegenteil und habe auf den ersten 60 Kilometern ständig nachgetankt. Diese Etappe, die von allen im Peloton, vor allem aber von den Bergfahrern, gefürchtet wurde, würde viel Energie erfordern. Plötzlich sah ich Fahrer, die aus dem Sattel gingen und sprinteten, als ob wir soeben die *flamme rouge* erreicht hätten. Wir näherten uns dem ersten Abschnitt mit Kopfsteinpflaster. Ich beschloss, mich noch ein wenig zurückzuhalten.

Es war ein Mahlstrom aus Stürzen, Reifenpannen, Schreien und Fahrern, die kaputte Räder in den Himmel reckten. Ich fuhr mitten durch dieses Chaos, in einer Wolke aus braunem Staub. Dann sortierte ich mich in der Mitte des Pelotons ein. Ich fuhr auf der Krone der gepflasterten Straßen, in der Mitte, wo die Steine am stärksten hervortreten und die Anstrengung am größten ist, wo aber auch die Gefahr des Ausrutschens oder eines Reifenschadens geringer ist. Auf den letzten Kilometern überholte ich einige Sprinter, darunter auch Arnaud Démare, der zweifelsohne darunter litt, in den ersten Rennstunden nicht genug gegessen zu haben. Im Ziel, in der Nähe des mythischen Velodroms von Roubaix, befand ich mich in einer Gruppe mit den anderen Favoriten für die Gesamtwertung, zusammen mit Geraint Thomas. Ich traute meinen Augen nicht. Vor lauter Euphorie und Adrenalin spürte ich die Schmerzen meiner Verletzungen nicht. Erst als ich die Ziellinie überquert hatte, merkte ich, dass die Erschütterungen des Kopfsteinpflasters meine Wunden wieder geöffnet hatten und mein Trikot und meine Hose von Körperflüssigkeiten verkrustet waren.

Auf den folgenden Etappen habe ich dann attackiert, wo immer ich konnte. Ich wollte eine Position nach der anderen zurückgewinnen, wieder unter die ersten zwanzig, die ersten fünfzehn, die ersten zehn kommen… Nach unserem Abenteuer auf dem Kopfsteinpflaster lag ich dank des Mannschaftszeitfahrens und meines Sturzes mehr als drei Minuten zurück. Aber das Podium war immer noch nicht außer Reichweite für mich. In den Alpen würden meine Konkurrenten mich nicht auf der Rechnung haben, aber ich würde sie belauern und sie attackieren. Ich attackierte fast von dem Moment an, als ich morgens im Hotel zum Frühstücksbüfett kam. Es war wie eine Besessenheit. Ich fuhr eine Attacke pro Tag, zu einem vorher festgelegten Zeitpunkt, um zwei oder drei Gegner auf einmal auszuschalten. Ich freute mich zu sehen, wie sich meine Angriffe bezahlt machten. Ich merkte, dass meine Konkurrenten anfingen, mich ernst zu nehmen; sie erhöhten das Tempo, wenn ich an der Spitze auftauchte, was dazu führte, dass die Gruppe auseinanderbrach. Ich war endlich ein vollwertiger Teilnehmer im Kampf um die Gesamtwertung. Als wir die Alpen hinter uns hatten und auf die Pyrenäen zusteuerten, war mein Rückstand auf Geraint Thomas, der das Gelbe Trikot trug, auf fast sieben Minuten angewachsen. Aber ich war in der Gesamtwertung auf Platz zehn vorgerückt und ich war fest entschlossen, noch ein paar Plätze gutzumachen.

Auf der 15. Etappe, einer so genannten Überführungsetappe, auf der es für die Klassementfahrer normalerweise nichts zu holen oder zu verlieren gab, ging ich ein großes Risiko ein. 55 Kilometer vor dem Ziel griff ich am Anstieg zum Pic de Nore an. Meine sportlichen Leiter waren besorgt, was sie mir auch über Funk mitteilten: »Dan, lass es langsam angehen. Wir sind noch sehr weit vom Ziel entfernt. Du wirst müde werden, das Feld wird dich einholen und du wirst auf den letzten 20 Kilometern Zeit verlieren…«

Trotz ihrer Warnungen fuhr ich weiter. Ich hatte gehofft, dass Alejandro Valverde sich mir anschließen würde. Ich hatte das Gefühl, dass er einen Vorstoß wagen wollte. Wir wären eine gute Kombination gewesen. Aber ich war am Ende allein. Weit vor mir fuhr eine Ausreißergruppe unterhalb der Stadtmauern der mittelalterlichen Zitadelle von Carcassonne dem Etappensieg entgegen. Währenddessen hatte das Feld eine Minute hinter mir das Tempo erhöht, ohne jedoch Vollgas zu geben. Das Tempo war kalkuliert, um meinen Vorsprung zu begrenzen und mich gleichzeitig allmählich müde zu machen. Aber ich war immer noch hoffnungsvoll. Ich sagte mir, dass ich die schnelle, kurvenreiche Abfahrt vom Pic de Nore für mich nutzen könnte. Vier oder fünf Fahrer könnten sich aus dem Feld lösen, zu mir aufschließen, und dann könnten wir eine Lücke zu Geraint und dem ganzen Feld aufreißen. Aber der Plan ging nicht auf, und ich wurde 14 Kilometer vor dem Ziel eingeholt.

»Aber warum hast du attackiert?« Die Journalisten drängten sich im Ziel um mich. »Es ist schon lange her, dass ein Außenseiter in der Gesamtwertung ein solches Risiko eingegangen ist. Warum hast du das getan?« Die Antwort lag in der Frage. Eben weil ich ein Außenseiter war. Ich glaube, im Grunde wollte ich mich von diesen Fesseln befreien. Seit 2012 schienen die Herausforderer von

Sky systematisch die Strategie zu verfolgen, alles zu akzeptieren, was das britische Team ihnen an Brosamen zugestand. Sie fuhren defensiv, fuhren am Hinterrad des Gelben Trikots und griffen es nie an. Sie fuhren um den zweiten Platz oder, noch schlimmer, um den siebten oder achten Platz... Ich hatte außerdem schon lange den Ehrgeiz, auf dem Podium zu stehen, aber ich würde meine Angriffsinstinkte nicht unterdrücken, um dieses Ziel zu erreichen.

Diese Art von Ausreißversuchen hatte tatsächlich etwas mit meinen frühen Jahren zu tun. Sport war für mich Unterhaltung. Das ging auf meine Zeit als Fan von Motorradrennen zurück, als ich mit meinem Vater im Mallory Park oder im Donington Park war und mit den Fahrern auf Tuchfühlung ging. Zum allerersten – und letzten – Mal traf ich auf Sportler, die mich träumen ließen. Beim Großen Preis von Großbritannien 1996 saß ich beim Mittagessen am selben Tisch wie der sehr junge Valentino Rossi, der, obwohl erst 17 Jahre alt, bereits ein Showman und kreativer Entertainer war. Er fand immer eine neue Art, zu gewinnen und zu feiern. Ein Jahr später wurde er Weltmeister und schnallte sich für seine Ehrenrunde eine riesige gelbe »1« auf den Rücken. Moto GP war ein Unterhaltungsgeschäft, und laut unseren Verträgen und den gelegentlichen Ansagen seitens der Kommunikationsabteilungen unserer Sponsoren war der Radsport die gleiche Art von Geschäft – es schien nur manchmal vergessen zu werden. Es sollte nicht nur ums Gewinnen gehen, sondern auch darum, die Menschen zu inspirieren und ihnen den Tag zu verschönern.

Ich dachte an den Zuschauer, der ich einmal gewesen war. Ich hätte es gehasst, mich mit gestutzten Flügeln zu sehen, unfähig zu fliegen, fest am Sattel klebend, ohne etwas zu bieten. Zu attackieren, war ein Zeichen des Respekts, den ich für meinen Sport empfand. Ich wollte Spaß haben. Ich antwortete den Reportern: »Was kann ich denn sonst tun, außer zu attackieren? Im

Peloton bleiben? Der Ruhetag ist morgen. Das Rennen war heute.«

Dieser 40 Kilometer lange Ausreißversuch, der abseits der Berge stattfand, hatte bei den Leuten Eindruck hinterlassen. Ohne Zweifel hatte er gewichtigen Anteil an der Entscheidung der Jury, mir den Preis des »Super Combatif« als kämpferischster Fahrer der Tour de France 2018 zu verleihen. Ich stach bekanntere und populäre Baroudeure aus, insbesondere meinen ehemaligen Teamkollegen Julian Alaphilippe und den amtierenden Weltmeister Peter Sagan. Im Internet hoben die Fans, deren Stimmen ein gewisses Gewicht hatten, den Amerikaner Lawson Craddock hervor, der mehrmals knapp vor dem Besenwagen gefahren war und mit dem Ausschluss geflirtet hatte.

»Innerhalb der Jury wurde über Sagan, Alaphilippe und Martin diskutiert«, räumte Thierry Gouvenou, die Nummer zwei der Tour-Organisation und Mitglied der Jury, ein. »Die beiden Erstgenannten hatten es auf das Grüne Trikot bzw. das Bergtrikot abgesehen. Dan Martin fuhr um die Gesamtwertung, seine Aufgabe war daher komplizierter. Seine Angriffe waren vielleicht nicht so sichtbar, aber sie kamen immer in den entscheidenden Momenten des Rennens.« Gouvenou, der als Fahrer selbst ein Baroudeur gewesen war, war inzwischen für die Tour-Strecke verantwortlich und ein Mann, den man je nach Tagesform entweder liebte oder verfluchte. »Er war der erste wirkliche Angreifer der Tour mit seinem Sieg in Mûr-de-Bretagne und musste dann einen schweren Sturz in Amiens verkraften, infolgedessen er in einem unbeschreiblichen Zustand für die Kopfsteinpflaster-Etappe war, auf der er große Kämpferqualitäten zeigte. Bei jeder Gelegenheit, in den entscheidenden Momenten des Rennens, wenn sich die großen Namen gegenseitig bekämpften, war er stets zur Stelle, um zu attackieren oder das Feld aufzumischen.« Gouvenou wies außerdem auf meinen Gegenangriff hinter Nairo Quintana am Col de Portet hin, dem Pyrenäengipfel, den Jess und ich wegen des Nebels nicht vollständig hatten erkunden können: »Er lag den ganzen Weg zum Col de Portet 15 Sekunden hinter Quintana. Alle dachten, er würde platzen, aber er ließ nicht nach und ging bis an seine Grenzen. Er unternahm auch Attacken, die sich als fruchtlos herausstellten, wie diejenige kurz vor dem Ziel in Carcassonne, als das Peloton 15 bis 20 Minuten Rückstand hatte und er aus dem Feld heraus attackierte und das Rennen belebte.«

Die »fruchtlosen Attacken« hatten sich also doch als nützlich erwiesen! Von meiner Belohnung dafür erfuhr ich im Ziel des Zeitfahrens im Baskenland, das Jess und ich im Detail erkundet hatten. Als ich Geraint Thomas und Chris Froome im Dopingkontrollwagen traf, bevor wir über Hamburger und Pommes und grünen Salat diskutierten, sagte ich zu ihnen: »Jungs, morgen stehe ich mit euch in Paris auf dem Podium.«

Die Bühne war an den Champs-Élysées aufgebaut, dem berühmten Prachtboulevard. Hinter mir war der Arc de Triomphe erleuchtet. Es wurde langsam Abend. Als ich meinen Namen hörte, ging ich hinauf und betrachtete »die schönste Straße der Welt«: riesig, majestätisch, friedvoll. Selbst inmitten des Trubels der Tour bewahrte sie ihre Eleganz. Ein Teil von mir war traurig, weil ich auf jeden Fall eine seltene Gelegenheit verpasst hatte, um das Podium zu kämpfen. Aber ein anderer Teil von mir genoss diesen schönen Trostpreis. »Super Combatif«. Das klang wie der Name eines Superhelden. Ich war nicht umsonst zu dieser Tour gekommen!

Jess war unter den Zuschauern in Paris, 200 Meter vom Podium entfernt, und schien noch glücklicher und stolzer zu sein als ich. Sie ermutigte mich, Ende August an der Vuelta teilzunehmen. Ich zögerte, aber sie beruhigte mich: »Keine Sorge, der Geburtstermin ist einen Monat nach der Ankunft in Madrid! Es bleibt also noch genug Zeit, um das Rennen zu fahren.« Ich stimmte zu und erinnerte sie an eine Regel, die ich nie verletzen würde: »Wenn die Chance besteht, dass sie früher kommen, werde ich aus der Vuelta aussteigen!«

So kam es, dass ich das Rennen nach neun Tagen, im Anschluss an die Etappe nach La Covatilla, vorzeitig beendete. Ich war mürbe von der Anspannung und der Desorganisation, die noch immer im Team herrschten. Vor einer Etappe schubste mich unser Arzt, der sonst so gelassen war, im Bus herum, weil ich die Energieriegel, die man uns zur Verfügung stellte, nicht essen wollte. Das war der Tropfen, der das Fass zum Überlaufen brachte. Ich erinnere mich jedoch nur an eine Sache aus diesem Sommer: Ella und Daisy kamen an einem wunderschönen Morgen in Andorra zur Welt, am 19. September 2018.

Die »Operation Tour de France« scheiterte ein zweites Mal bei der Ausgabe von 2019. Das war schade, denn das Team schien fest entschlossen, es diesmal besser zu machen. Die Clique um Beppe Saronni hatte sich etwas zurückgezogen. Mauro Gianetti und seine rechte Hand Joxean Matxin hatten das Kommando übernommen und bemühten sich redlich, aber der Rückstand war zu groß und es wurden weiterhin Fehler gemacht. Aus irgendeinem Grund, den ich mir nicht erklären kann, nahmen wir alle im Laufe der Rundfahrt drei Kilo zu. Ich verlor das zusätzliche Gewicht, sobald ich wieder zu Hause war. Ich fühlte mich schwer, fett und ohne Energie. Das ganze Team spürte das gleiche Unbehagen und die gleiche Niedergeschlagenheit.

Ich war glücklicher denn je, nach Hause zu kommen. Die Familie brachte mir Glück und ein neues Gleichgewicht. Das bedeutete für mich keine abrupte Änderung des Lebensstils; Jess hatte mir seit Frühjahr 2014 gezeigt, dass es neben dem Radsport noch viele andere Dinge im Leben gab, aber als die Zwillinge zur Welt kamen, bündelte es all die Dinge, die ich zu lernen begonnen hatte. Wenn ich vom Training zurückkam und mich aufs Sofa legte, hatte ich Gesellschaft und kuschelte mit meinen Töchtern. Für sie war ich kein Radprofi, sondern ihr Daddy. Die schwierigen Nächte nahmen nach nur vier oder fünf Monaten ein Ende, just als ich zu Beginn der Saison 2019 wieder ins Renngeschehen zurückkehrte. Sie ermunterten mich sogar, früher ins Bett zu gehen, mich auf das Wesentliche zu konzentrieren und auf das Überflüssige zu verzichten – Fernsehen, Social Media, Shopping. Das Haus in La Massana wurde zu einem Hort wahren Glücks.

Ich war der »Super Combatif« der Tour gewesen, hatte aber nie auf dem Podium gestanden. Für mich bedeutete diese Frankreich-Rundfahrt das Ende des Plans, für den ich so hart gearbeitet hatte. Als ich das Team Ende 2019 verließ, übergab ich den Staffelstab an einen wunderbaren Fahrer, den ich im Januar 2018 während eines Trainingslagers in Sizilien kennengelernt hatte. Damals kam Tadej Pogačar von den Junioren zu uns und war erst 19 Jahre alt, aber er wurde bereits von einer beeindruckenden Mischung aus totaler Gelassenheit und absoluter Entschlossenheit angetrieben. Er würde in der nächsten Saison zu unserer Mannschaft stoßen und war dort, um sich mit der Gruppe vertraut zu machen. Ich erinnere mich an unsere Trainingstour am 13. Januar 2018, als wir in der Höhlenregion um die Grotte Monello bei Syrakus fuhren. Das Tempo war sehr gemächlich, der Leistungsmesser zeigte nur 160 bis 180 Watt an. Um ein bisschen Leben in die Bude zu bringen, attackierte ich auf einem flachen Abschnitt der Straße. Als ich mich umdrehte, sah ich nicht die Leader des Teams, Fabio Aru und Diego Ulissi, sondern Tadej. Er war zwar noch jung, aber er hatte keine Angst, etwas zu riskieren. Aber er respektierte uns. Der Beweis? Als ich ihm mit dem Ellbogen zu verstehen gab, dass er mit gleichmäßigem Tempo vorbeifahren und die Führung übernehmen solle, griff er mich mit allem an, was er hatte. Ich hatte Mühe, zu ihm aufzuschließen. Ich konnte in seinen Augen sehen, dass Tadej Spaß hatte. Die nächste Generation war bereit.

Kapitel 23

Das Ende des Pandas

Mir war klar, dass meine Tage als Radprofi gezählt waren, als die Organisatoren von Lüttich-Bastogne-Lüttich beschlossen, die Côte d'Ans und damit auch die »Panda-Zone« zu Grabe zu tragen.

Das Gerücht machte Anfang der Saison 2018 die Runde. Ich hatte gerade den Rennstall gewechselt, beim Team UAE Emirates unterschrieben und meine Ambitionen über die Klassiker hinaus erweitert. Es gab Gerüchte, dass die Veranstalter das Ziel nicht mehr auf einem Hügel, sondern im Zentrum von Lüttich haben wollten. Bevor es so weit wäre, hatten wir am 22. April 2018 noch ein letztes Mal die Côte d'Ans zu bewältigen. Leider kehrte mein Pech wieder zurück. Vier Tage zuvor hatte es ein schlechtes Omen gegeben, als ich beim Flèche Wallonne bei der vorletzten Passage der Mur de Huy durch einen Sturz aufgehalten wurde und schließlich mit fast zehn Minuten Rückstand im Ziel eintrudelte. Wie sich herausstellte, würde ich auch in Lüttich nicht zeigen können, wozu ich in der Lage war.

Als sich Bob Jungels 19 Kilometer vor dem Ziel an der Côte de la Roche aux Faucons absetzte, wusste ich sofort, dass es vorbei war. Mein ehemaliger Teamkollege war fraglos der Stärkste, und als er sich absetzte, organisierte niemand die Verfolgung. Keiner ergriff die Initiative, ihm nachzusetzen. Ich attackierte mehrmals an diesem Anstieg und versuchte es erneut auf dem nächsten Flachstück, begleitet vom Belgier Tim Wellens. Die Gruppe schloss zu uns auf. Wir waren etwa 15 Mann. Zehn Kilometer vor dem Ziel lagen wir 37 Sekunden hinter Bob. Unsere einzige Chance, den Rückstand aufzuholen, war, die Côte de Saint-Nicolas mit Vollgas hinaufzujagen, denn an der Côte d'Ans wäre es zu spät. Wir würden immer noch aufeinander hocken, immer noch abwarten, unser Schicksal wäre besiegelt.

Acht Kilometer vor dem Ziel platzte mein Vorderreifen auf einer Brücke in der Nähe des Stadions von Standard Lüttich, nachdem er sich in einer im rechten Winkel zur Straße verlaufenden Metallrille verfangen hatte. Der neutrale Materialwagen war schnell zur Stelle, aber für mich war das Rennen gelaufen. So kurz vor dem Ziel noch eine Panne zu erleiden, ist katastrophal. Ich hielt meinen Kopf in den Händen. Ich erklomm die Côte d'Ans allein: Die nächsten Fahrer waren entweder 500 Meter vor mir oder 300 Meter hinter mir. Ich kam als 18. ins Ziel, zwei Minuten und 41 Sekunden hinter Bob Jungels.

Die Entscheidung, das Ziel zu verlegen, wurde später bestätigt. La Doyenne verabschiedete sich von der langen Scheinebene in Ans. Viele Fans schienen damit zufrieden zu sein. Sie waren der Meinung, dass der Anstieg dem Rennen eher hinderlich und dafür verantwortlich war, dass Lüttich-Bastogne-Lüttich häufig im Sprint statt durch die Attacke eines Puncheurs entschieden wurde. Wie um diesen Ruf zu widerlegen, wurde das Rennen 2018 durch einen langen Ausreißversuch entschieden. Es machte mich traurig, dass dem Anstieg und den tollen taktischen Manövern, die er von uns erforderte, so wenig Respekt entgegengebracht wurde. Der neue Streckenverlauf ließ Ans außen vor, ebenso die Côte de Saint-Nicolas. Automatisch richtete sich der Fokus auf die Côte de la Roche aux Faucons, einen Anstieg, den ich nie gemocht hatte. Die letzten zehn Kilometer bestanden aus einer langen Abfahrt, ein paar flachen Abschnitten und einer 900 Meter langen Geraden.

Ironischerweise befand sich das Ziel nun fast an derselben Stelle, an der es sich früher schon befunden hatte. 1992 war es verlegt worden, weil die Organisatoren die ewigen Massensprints leid waren. Der Radsport befindet sich in einem Zustand ständiger Erneuerung...

Das neue Ziel liegt auf dem Boulevard d'Avroy, wo 2012 eine Etappe der Tour de France geendet hatte. Nur einige hundert Meter weiter, am Boulevard de la Sauvenière, befand sich die alte Ziellinie. Hier hatte mein Onkel gewissermaßen das »Sprungbrett« für seine sensationelle Saison 1987 vorgefunden: Damit beschäftigt, seinen Mitausreißer im Finale von La Doyenne, den Belgier Claude Criquielion, zu belauern, bemerkte er nicht, dass der Italiener Moreno Argentin ihnen auf den Fersen war und sich anschickte, sie beide im Sprint hinter sich zu lassen. Doch nach diesem Misserfolg gewann mein Onkel den Giro, die Tour und die Weltmeisterschaft.

Bei meinen letzten beiden Auftritten in Lüttich fühlte ich mich desillusioniert, als ob ich nicht mehr in meinem natürlichen Element wäre. 2019 gab ich nach der Hälfte des Rennens auf, geschwächt von einem Virus, den ich seit der Baskenland-Rundfahrt früher im April nicht mehr losgeworden war. 2020, als das Rennen im Rahmen eines wegen der COVID-19-Pandemie komplett überarbeiteten Rennkalenders in den Oktober verlegt wurde, belegte ich Platz elf. Im folgenden Jahr ließ ich das Rennen aus, um mich auf den Giro d'Italia vorzubereiten. Es war das erste Mal in meiner Karriere, dass ich La Doyenne verpasste, nach 14 Jahren. Ich sah mir das Rennen im Fernsehen an. Zwei meiner ehemaligen Teamkollegen machten den Sieg unter sich aus: Tadej Pogačar gewann vor Julian Alaphilippe. Der Franzose David Gaudu komplettierte das Podium. Mein alter Rivale Alejandro Valverde belegte an seinem 41. Geburtstag den vierten Platz. Mike Woods, mein damaliger Teamkollege bei Israel Start-Up Nation, unser solider Kanadier, wurde Fünfter.

Im Hinblick auf meinen unauffindbaren Panda kam mir etwas in den Sinn: die Möglichkeit, dass sich mein heimlicher Mitausreißer aus Scham versteckt hielt. Philippe Gilbert, der die Stadt Lüttich wie seine Westentasche kennt, gab mir einen Tipp, den nur die Einheimischen, nicht aber durchreisende Radprofis kennen: Im Stadtzentrum gibt es ein Viertel, das »Le Carré« genannt wird, das Viereck, weil es in Rechteckform von vier Straßen begrenzt wird. Es ist ein Viertel, das tagsüber schläft und nachts zum Leben erwacht. An Samstagabenden ziehen die Studenten hier von einer Kneipe zur nächsten. Ich fragte mich, ob der Panda am Abend vor La Doyenne vielleicht zu viel Limonade getrunken hatte. Vielleicht hatten er und seine Freunde beschlossen, auf ihre eigene Art und Weise am Rennen teilzunehmen, indem sie in Kostümen herumliefen; vielleicht war der Panda nicht einer der übermäßig fröhlichen Fußballfans, die einem häufiger begegnen, sondern einer dieser Partylöwen von »Le Carré«.

Ein paar Jahre nach ihrem Auftritt von 2013 waren der Panda und seine Freunde vielleicht ruhige Büroangestellte, ehrbare Geschäftsleute oder Handwerker geworden, die ein bequemes Familienleben führen und die kleinen Torheiten ihrer Jugend bedauern. Vielleicht hatten die Kompagnons, die mit unverhüllten Gesichtern herumgelaufen waren, den Panda gebeten, sich bedeckt zu halten, um kein Mitglied der Truppe zu gefährden. Sie wollten für eine Weile vergessen werden, oder vielleicht für immer.

Witzigerweise befindet sich die neue Ziellinie von Lüttich-Bastogne-Lüttich nur wenige Gehminuten von »Le Carré« entfernt, dem Ort, an dem der Panda vielleicht geboren worden war.

Kapitel 24

Noch ein Team (Die Angst vor Überraschungen)

Es kam mir vor, als wäre ich wieder ein junger Fahrer, mit frischem Geist und frischen Beinen, obwohl ich schon fast 34 Jahre alt war. Das Management des Teams Israel Start-Up Nation hatte mich für die Saisons 2020 und 2021 in der Überzeugung angeheuert, dass meine Karriere eine neue Wendung nehmen könnte. Paulo Saldanha, der federführende Trainer des Rennstalls, glaubte fest daran, nachdem er einige meiner Trainingspläne analysiert hatte. »Ich sehe, dass du dich sehr auf die Ausdauer fokussierst, was gut ist, um eine hohe Leistung über einen langen Zeitraum aufrechterhalten zu können. Aber du hast nicht die Beschleunigung, die ein Fahrer wie du, zwischen Puncheur und Kletterer, sie haben sollte. Wenn du willst, arbeiten wir an der Intensität. Auf jeden Fall wird dein Potenzial bisher nicht voll ausgeschöpft.«

Nachdem ich also einen Zweijahresvertrag bei dieser israelischen Mannschaft unterzeichnet hatte, die im Sommer ihre erste Tour de France bestreiten würde, wartete ich sehnsüchtig auf meinen Trainingsplan und wachte jeden Morgen auf wie ein Kind an Weihnachten. Als mein Geschenk endlich ankam, öffnete ich es mit großer Spannung, ohne zu wissen, was sich darin befinden würde. Meine erste Reaktion war, laut aufzulachen: »Meint er das ernst?« Paulo Saldanha hatte für mich ein wahrlich monströses Programm in petto. »Ich werde dich zum Äußersten bringen, bis zu dem Punkt, an dem dein Körper zusammenbricht, wie in einem Rennen. Du wirst so weit gehen, wie du kannst«, sagte er. Als ich mich auf die Ardennenklassiker vorbereitete, spürte ich wieder die gleiche Freude und Brutalität, die ich als Jugendlicher auf jenen Fahrten mit meinem Vater erlebt hatte. Ich spürte wieder den Geschmack von Blut im Mund. Der Körper, den ich zu kennen glaubte, überraschte mich jeden Tag aufs Neue. Man sagt, dass 90 Prozent des Potenzials des menschlichen Gehirns ungenutzt bleiben. Das gilt ohne Zweifel auch für den menschlichen Körper.

Nach diesen Trainingseinheiten fühlte ich mich stolz, leicht, gelassen und stark und hatte Lust, sie zu wiederholen oder mich gleich zum nächsten Rennen aufzumachen. In den zwei Jahren, die ich beim Team fuhr, habe ich nie zweimal denselben Plan befolgt. Saldanha war sehr kreativ, um mir meine Begeisterung zu bewahren. Bevor ich mich zum Training auf den Weg machte, studierte ich die »Zonen«, in denen ich an diesem Tag arbeiten sollte. So musste ich zum Beispiel an einem Anstieg ein unregelmäßiges Tempo fahren und alle drei Minuten sprinten. Oder ich sollte 30 Minuten lang einen Berg hinauffahren und dabei abwechselnd anderthalb Minuten lang mit 4,5 Watt pro Kilo und eine Minute mit sechs Watt pro Kilo fahren. Ich habe jedes Mal versucht, seine Anforderungen zu übertreffen, um ihn zu provozieren. Manchmal war ich nicht in der Lage, auch nur die Hälfte einer Einheit zu beenden, weil ich kein einziges Joule an Energie mehr in mir hatte. Aber wenn ich es schaffte, den gesamten Plan zu absolvieren, sagte Paulo: »Ehrlich gesagt habe ich dir das nur aus Neugier geschickt, denn ich hätte nicht gedacht, dass es zu schaffen ist.« Er hatte Spaß und ich auch.

Das Team Israel Start-Up Nation wollte, dass ich mich bei der Auswahl der Fahrer, der Ausrüstung und des Rennplans einbrachte. Langfristig würde es möglich sein, eine Kerngruppe von

Freunden zu rekrutieren, aber nicht, weil sie meine Freunde waren, sondern weil sie sehr solide und ehrliche Rennfahrer waren, die die Chance haben sollten, ihr Glück auf höchstem Niveau zu versuchen. Zunächst wollten wir auf ProContinental-Niveau fahren, in der zweiten Division, und uns an für uns neue Veranstaltungen in Spanien, Italien, Nordamerika und vielleicht sogar Afrika und Asien wagen. Hin und wieder würden wir auch Einladungen zu großen Rennen erhalten. Jedoch stand anfangs nicht zur Debatte, dass ich meine Zeit beim großen Rennen im Juli, der Tour de France, verschwende, was ich als eine gewisse Erleichterung empfand. Stattdessen war geplant, dass ich beim Giro antrete. Obwohl das Team schließlich die vom russischen Team Katusha-Alpecin aufgegebene WorldTour-Lizenz erwarb, was uns in die erste Liga des Radsports katapultierte, bewahrten wir uns das Gefühl der Freiheit und Ruhe eines ProContinental-Teams.

Der Architekt des Projekts war der Geschäftsmann Sylvan Adams, der bereits einige prestigeträchtige Fußballspiele in Israel und sogar einen Auftritt von Madonna beim Eurovision Song Contest finanziert hatte. Er war selbst ein guter Amateurradfahrer gewesen und hatte Paulo Saldanha zunächst als seinen Privattrainer angeheuert. Ein paar Jahre später stellten die beiden Landsleute zusammen mit einem anderen Unternehmer namens Ron Baron ein Radsportprojekt auf die Beine. Ziel war es, den Start des Giro in Jerusalem auszurichten (was 2018 gelang), einen Rennstall zu gründen, der an der Tour teilnehmen würde, und nebenbei ein Velodrom in Tel Aviv zu bauen. Sylvan wollte seine beiden Leidenschaften im Leben vereinen: sein Land und den Radsport. Der Sport ermöglichte es ihm, ein anderes, weniger martialisches Bild von Israel zu vermitteln, und die israelischen Unternehmen, die uns sponserten, ermöglichten es ihm, seinen langgehegten Traum vom ersten israelischen Tour-de-France-Teilnehmer in der Geschichte zu verwirklichen.

Im Dezember 2019 fuhren wir gemeinsam durch die Negev-Wüste im Süden Israels. Zu Beginn der Ausfahrt nutzte Sylvan trotz seines Alters von 61 Jahren seine natürlichen Fähigkeiten als Rouleur, um ein paar Ablösungen an der Spitze unserer Formation zu fahren und sich dann an die Hinterräder seiner Mitfahrer zu setzen. In diesem kleinen Peloton fuhr ich mit zwei ehemaligen Stundenweltrekordhaltern, dem Briten Alex Dowsett und dem Österreicher Matthias Brändle, sowie dem deutschen Sprinter André Greipel, dem Gewinner von elf Tour-Etappen, dazu ein paar Fahrern anderer Nationen, plus dem Nachwuchsteam, das aus motivierten Israelis bestand. Mein Freund Rory Sutherland, der mir in diese neue Mannschaft gefolgt war, war nicht dabei, weil er sich einige Tage zuvor den Oberschenkel gebrochen hatte. Wir kamen an einem Beduinenlager in der Nähe des Gazastreifens vorbei; Sylvan wollte uns sein Land in all seinen Dimensionen zeigen. Wir gerieten sogar in einen veritablen Sandsturm, der sich wie eine orangefarbene Wand vor uns auftürmte. Aber all das war Teil dieses neuen Abenteuers, und wir fuhren weiter.

Ein Sturm anderer, viel verheerenderer Art traf die Welt einige Wochen später. Ein Land nach dem anderen wurde von der COVID-19-Pandemie erfasst. Radrennen wurden abgesagt. Ich schaffte es, an der Valencia- und der Algarve-Rundfahrt im Februar teilzunehmen, aber dann wurde meine Saison unterbrochen. Infektionen mit dem neuen Virus verbreiteten sich im Peloton. Bald war es nicht mehr möglich, irgendwo Rennen zu fahren. Das Reisen wurde eingeschränkt. Nach sechs Wochen im Lockdown, in denen wir nicht draußen trainieren durften, erlaubte uns die Regierung in Andorra, am Col d'Ordino zu klettern, aber da wir mit dem Auto dorthin fahren müssten, hielt ich mich stattdessen weiter an den Rollentrainer in meinem Wohnzimmer. Die Vorstellung, mein Rad ins Auto zu laden, um zwei Kilometer zu fahren und dann auszusteigen, um auf einem einzigen Straßenabschnitt hin- und herzufahren, war noch weniger attraktiv, als drinnen zu trainieren. Ich empfand den Lockdown nicht als lästig, und er brachte für mich auch keine Aspekte der Realität zum Vorschein, die nicht ohnehin schon offensichtlich waren; einige meiner Radfahrerkollegen erzählten mir, dass sie die Freuden des Familienlebens oder sogar des Lebens im Allgemeinen entdeckten, aber dank Jess, die seit 2014 zu meinem Leben gehörte, und dank Daisy und Ella, die seit 2018 da waren, wusste ich darüber längst Bescheid. Der Lockdown gab mir jedoch die Möglichkeit, wertvolle Zeit mit ihnen zu verbringen und für eine Weile so zu tun, als wäre ich nicht wirklich ein Radrennfahrer. Ich nahm diese Änderung der Routine gelassen hin. Ich lebte einfach mein Leben.

Als wir uns im Sommer endlich wieder Startnummern anheften konnten, war der Kalender auf den Kopf gestellt worden. Die Tour sollte im September stattfinden, gefolgt vom Giro und der Vuelta. Die Ardennenklassiker würden ebenfalls im Herbst stattfinden. Ich bereitete mich Ende August mit dem Critérium du Dauphiné auf die Tour vor, aber auf der dritten Etappe stürzte ich – eine Erfahrung, die ich nicht vermisst hatte… Ich brach mir das Kreuzbein, den Knochen, der das Becken mit der Wirbelsäule verbindet. Es war aber nicht allzu ernst und obwohl ich das Rennen aufgab, konnte ich drei Tage später wieder mit dem Training beginnen. Zehn Tage später ging ich bei der Tour de France 2020 an den Start.

Ich hatte die nötige Motivation, meine Gesundheit war einigermaßen intakt, aber ich bekam nie richtigen Zugriff auf das Rennen. Ich fuhr durch die Tour wie ein Geist, wenn auch einer mit blauem Mundschutz statt mit weißem Laken und Ketten. Wir mussten am Start und im Ziel, auf dem Podium und im Bus Masken tragen… Diese Beschränkungen, die eingeführt wurden, um die Verbreitung des Corona-Virus zu verhindern, galten auch auf den Bergetappen. Manche Anstiege waren still, vollkommen leer, für die Öffentlichkeit gesperrt und von Gendarmen bewacht; auf anderen war die Atmosphäre mitreißend, lebendig, laut wie bei einer normalen Tour de France, und wir konnten spüren, wie wir wieder einmal von der Leidenschaft der Zuschauer mitgerissen wurden. Die Tour de France 2020 wurde von Tadej Pogačar gewonnen, der die Gesamtwertung am vorletzten Tag des Rennens im Zeitfahren hinauf zur Planche des Belles Filles auf den Kopf stellte. In gewisser Weise freute ich mich für ihn. Tadej hatte die Mission »Operation Tour de France«, die ich drei Jahre zuvor begonnen hatte, zu Ende gebracht. Der Junge, den ich in unserem Trainingslager in Sizilien kennengelernt hatte, war nun der Gewinner des Gelben Trikots, aber für mich war er immer noch einfach Tadej, jemand, mit dem ich gern herumscherzte und Faxen machte.

Die Tour hatte meine Beine für die Vuelta geschärft. Nach dem neuen Kalender begann die Spanien-Rundfahrt diesmal erst am 20. Oktober, zu einem Zeitpunkt, an dem wir normalerweise unseren Urlaub beginnen. Sie endete am 8. November, kurz vor Winterbeginn. Die Durchschnittstemperatur lag bei 15 °C, halb so heiß wie bei einer normalen Vuelta-Ausgabe. Es war schon fast dunkel, wenn die Etappensieger auf das Podium stiegen. An dem Tag, als mein Landsmann Sam Bennett den Sprint gewann, rasten wir mit 60 km/h ins Finale, ohne die Straße vor uns erkennen zu können, weil die untergehende Sonne vor uns am Horizont brannte. Aber Radrennfahrer sind Warmblüter und passen sich schnell an ihre Umgebung an. Dank Paulos Trainingsplänen, die mich jeden Tag aufs Neue überraschten, hatte ich mich schon vor der Pandemie daran gewöhnt, mit Änderungen in meiner Routine umzugehen. Ich betrachtete jede Etappe als eine seiner Herausforderungen. Die ersten beiden Tage boten Grund zur Zufriedenheit: Es ging über die kleinen Pässe des Baskenlandes und Navarras, und ich wurde zweimal Dritter.

Die Vuelta ermöglichte mir eine Erfahrung, die mir bei der Tour immer verwehrt geblieben war: eine Rundfahrt, bei der ich mich darauf konzentrierte, auf dem Podium zu landen. Das erforderte einen großen Plan, der auf drei Wochen ausgelegt war und gewährleisten sollte, dass ich keinen Zentimeter Boden verlieren würde. Ich überlegte, wer mich schlagen könnte. Der Slowene Primož Roglič, ein ehemaliger Skispringer, war der Favorit. Ein halbes Dutzend weiterer Fahrer kämpfte um den zweiten Platz, darunter auch ich. Ich war bereit. Nur das 33,7 Kilometer lange Zeitfahren auf der 13. Etappe machte mir ein wenig Sorgen.

Mein Glaube an meine Erfolgsaussichten erhielt mächtig Auftrieb, als ich die dritte Etappe gewann. Sie endete in einer Höhe von 1.753 Metern in den Bergen von Urbión in der zentralen Provinz Castilla y León, an einem Ort namens Laguna Negra, die schwarze Lagune. Es war ein zauberhaftes Gewässer, umgeben von Felsen und Granit, gesäumt von dichten Kiefernwäldern. Diese natürlichen Elemente schirmten das Licht ab und verliehen dem Wasser einen dunklen Schimmer. Wir fühlten uns eher wie in einem abgelegenen Tal in Skandinavien oder Kanada als in Spanien, zumal herbstliche Farben in dieser Landschaft vorherrschten.

Der Legende nach ist die Laguna Negra ein bodenloser See, der durch eine Reihe von unterirdischen Höhlen mit dem Atlantik verbunden ist, aber in Wirklichkeit ist er nicht mehr als zehn Meter tief. Es heißt auch, dass ein Ungeheuer in dem Gewässer herumspukt, ähnlich dem von Loch Ness, nur noch wilder – angeblich verschlingt es die Badenden. Als ich mich der Laguna Negra näherte, war ich mit etwa einem Dutzend Fahrern unterwegs. An der *flamme rouge* lag ich an achter Stelle, etwa zehn Meter hinter dem Fahrer an der Spitze unserer Gruppe. Ich hatte also einen ziemlichen Rückstand aufzuholen, wenn ich angreifen wollte. Aber ich geriet nicht in Panik. Wann immer die Gruppe langsamer wurde, in jeder Kurve, konnte ich ein Stück gutmachen. 500 Meter vor dem Ziel war ich Fünfter. Dritter bei 400 Metern. Erster bei 200 Metern, als ich den Sprint eröffnete, ziemlich früh, aber mit allem, was ich hatte. Ich hörte, wie sich die Gruppe hinter mir teilte. Niemand konnte mich in diesem scheinbar endlosen Sprint überholen. Als ich die Ziellinie überquerte, riss ich meine Arme nicht in die Höhe, um zu feiern, denn ich war mir sicher, dass eine Ausreißergruppe vor uns ins Ziel gekommen war.

Ich war überglücklich, als mir bewusst wurde, dass ich gewonnen hatte. Es war das erste Mal, seit meine Töchter geboren worden waren, dass ich die Ziellinie als Erster überquert hatte. Ich wollte für meine drei Mädels zu Hause gewinnen, aber auch um dem Team für das Vertrauen zu danken, das es in mich gesetzt hatte. Ich dachte, dass wir, obwohl wir die kleinste Mannschaft in der WorldTour waren, auf einem guten Weg waren, bei der Vuelta für Furore zu sorgen. Wir hatten noch fast drei Wochen vor uns, aber meine sieben Mannschaftskameraden waren der Herausforderung gewachsen und traten auf wie das Team Sky – das inzwischen Team Ineos hieß – in seiner Glanzzeit: Sie brachten mich im richtigen Moment nach vorn, nahmen mich aus dem Wind und versorgten mich mit Essen und Trinken. Sie blieben dicht beieinander, keiner von ihnen verlor sich in Gedanken und hing hinten herum. Meine Leibwächter waren die beiden Schweizer Matteo Badilatti und Reto Hollenstein, der Kanadier James Piccoli, der Este Mihkel Räim, der französische Neoprofi Alexis Renard, der Israeli Omer Goldstein und, um das Team zu vervollständigen, mein Freund, der unverzichtbare Rory Sutherland als Capitaine de Route. Ich hatte das Gefühl, dass ich für sie alles geben musste, was ich hatte. Auf der achten Etappe, die zum Alto de Moncalvillo hinaufführte, belegte ich nach einem langen Sprint den dritten Platz und brach im Ziel vor Erschöpfung auf der Straße zusammen. Ein paar Sekunden lang ließ ich mich vom Asphalt trösten. Dieses Bild, das meine Fähigkeit veranschaulichte, über meine Grenzen hinauszugehen, ging um die Welt. Es war nicht die Milchsäure, die in meinen Beinen brannte – wenn man Spaß hat auf dem Rad, verzögert sich diese Reaktion. Es war einfach die Sauerstoffschuld, die mich nicht mehr atmen ließ.

Auf der zwölften Etappe verlor ich meinen dritten Platz in der Gesamtwertung auf dem Weg hinauf zum 1.570 Meter hohen Alto de l'Angliru. Dieser Ziegenpfad in Asturien ist einer der mythischsten Anstiege des Radsports, mit einer durchschnittlichen Steigung von 9,98 Prozent auf 12,5 Kilometern. An diesem Berg bleibt man als Radfahrer buchstäblich stehen, wie ein Messer in Butter. An den steilen Stellen war es fast unmöglich, die Pedale weiter herumzuwürgen und sich auch nur einen Meter vorwärtszubewegen. Wieder einmal waren aufgrund der COVID-19-Pandemie keine Zuschauer an dieser Höllenleiter erlaubt. Stattdessen wurden wir von den Geräuschen unserer Atemnot und dem Knirschen unserer Reifen auf der krokodilshautartigen Fahrbahnoberfläche begleitet. Da es keine Zuschauer gab, konnten wir die volle Breite der Straße nutzen, und so versuchten wir, im Zickzack zu fahren, um die Steigung zu bewältigen, die in einem Abschnitt 23 Prozent betrug. Ich hatte eine Übersetzung von 36 x 32 aufgelegt, einen Gang, der normalerweise auf einem Mountainbike verwendet wird, aber mir fehlte die Kraft, die für einen solchen Anstieg erforderlich ist. Wenig überraschend verlor ich Zeit auf den Briten Hugh Carthy, der die Etappe gewann und mich um drei Sekunden vom Podium verdrängte. Meine Gedanken waren bereits bei der nächsten Etappe, dem Einzelzeitfahren, wo ich locker zwei Minuten einbüßen könnte…

Vor dem Zeitfahren, das in Galizien zwischen Muros und Mirador de Ézaro stattfand, gab es einen Ruhetag. Der Mirador de Ézaro, eine Landzunge mit Blick auf das Kap Finisterre und den Atlantik, ist seit der Antike, vielleicht sogar schon früher, ein heiliger Ort. Ich war begeistert von den Schlachtplänen, die wir ausgetüftelt hatten, von der Liebe zum Detail, von den Ideen, die wir uns ausgedacht haben, um dafür zu sorgen, dass ein kleiner Kletterer wie ich nicht von den Zeitfahrspezialisten massakriert würde. Der Hauptteil der Strecke, auf der es ständig auf und ab ging, war eher für schwerere und kräftigere Fahrer als mich geeignet. Aber ich würde auf der steilen Rampe zum Ziel, auf der es 1,8 Kilometer lang mit durchschnittlich 14 Prozent hinaufging, Boden gutmachen können.

Das Team hatte zwei Hotelzimmer für mich gebucht, eins in dem Ort, in dem ich mit meinen Kollegen übernachtet hatte, und das andere direkt am Start, damit ich mich ausruhen und konzentrieren konnte, bis ich an der Reihe wäre. Ich genoss die Zeit, in der ich allein im Bett lag und bei geschlossenen Fensterläden ein Nickerchen machte, eine Oase der Ruhe in Hörweite des Startbereichs. Nach dieser erholsamen Pause war ich auf dem Startpodium ein Muster an Gelassenheit, machte Smalltalk und scherzte herum, sehr zum Ärger des unglaublich fokussierten Hugh Carthy, der eine ganz andere Herangehensweise an ein Zeitfahren hat.

Ich wusste, dass das Pacing eine Herausforderung sein würde. Viele Fahrer gehen mit einer vorgegebenen Leistung auf die Strecke, einer bestimmten Wattzahl, die sie treten wollen, aber zu diesem Zeitpunkt einer Rundfahrt ist es mit derlei Vorgaben so eine Sache. Ich fuhr nach Gefühl, nutzte aber den Leistungsmesser, um nicht zu schnell anzugehen. Auf den langen Geraden hielt ich meinen Kopf unten und fuhr so hart, wie ich glaubte, durchhalten zu können. Die besten Kletterer in der Gesamtwertung geben sich meist nicht viel, und das bestätigte sich, als ich am steilen Schlussanstieg nicht mehr viel Zeit gutmachen konnte; andererseits hatte ich mich auf dem flachen, hügeligen Terrain zuvor gut behauptet und meinen Zeitverlust in Grenzen gehalten, worauf ich stolz sein konnte. Am Ende dieses Tages belegte ich den vierten Platz in der Gesamtwertung, die Primož Roglič klar anführte, vor Richard Carapaz und Hugh Carthy.

Ich war ganz vorne mit dabei, und meine Teamkollegen hatten einen echten Leader. Es war noch eine Woche bis nach Madrid, und wir konnten uns durch das Feld bewegen, wie es die großen Teams taten. Nur eine Mannschaft machte uns das Leben schwer, das Team Movistar, das ebenfalls auf einen Podiumsplatz hoffte. Ihr beschützter Fahrer war kein Geringerer als mein ehemaliger Quick-Step-Teamkollege Enric Mas, übrigens ein sehr netter Kerl. Ich stellte Imanol Erviti, den Capitaine de Route von Movistar, zur Rede: »Du drängelst meine Teamkollegen ab und hinderst sie daran, ihre Arbeit im Peloton zu machen? Wenn du sie weiter anrempelst, werde ich Mas einen mitgeben.« Erviti glaubte mir kein Wort und fing an zu lachen. Also fuhr ich zu Enric auf und drängte ihn an den Straßenrand. Ich fühlte mich wieder wie ein Quick-Step-Fahrer in einer Windstaffel. »Stopp! Stopp!«, rief der arme Enric. Ich wollte ihn nicht verletzen, aber ich wollte, dass man mein Team respektierte. Von diesem Tag an war das der Fall. Als wir Madrid erreichten, freuten wir uns über den vierten Platz bei der Vuelta a España, mein bestes Ergebnis bei einer Grand Tour und das erste herausragende Resultat, das unsere junge WorldTour-Mannschaft auf diesem Niveau einfahren konnte.

Im darauffolgenden Winter rollte das Team den roten Teppich für seinen Neuzugang Chris Froome aus, der das Team Ineos verlassen hatte. Es war offensichtlich ein großes sportliches Wagnis. Anderthalb Jahre lang hatte Chris um seine Rückkehr ins Peloton gekämpft und dabei große Courage bewiesen. Ich hatte seinen Sturz miterlebt, und nun würde ich aus nächster Nähe sehen, welche Anstrengungen er unternahm, um wieder ein konkurrenzfähiges Fitnessniveau zu erreichen. Es schien eine unmögliche Aufgabe zu sein. Ich weiß das, weil ich selbst dabei gewesen war, am 12. Juni 2019, direkt hinter ihm in unserem Teamwagen, als er sich auf der Zeitfahrstrecke des Critérium du Dauphiné rund um die Stadt Roanne aufwärmte. Ich wusste um die Schwere seiner Verletzungen. Noch nie zuvor hatte mir ein Sturz das Blut in den Adern gefrieren lassen. Chris fuhr eine gerade Abfahrt hinunter, in einer Hand hielt er eine Trinkflasche. Auf der linken Seite der Straße gab es eine Lücke zwischen zwei Häusern. Eine starke Windböe wehte durch diesen Korridor und hob Chris' Vorderrad an, als er vorbeifuhr. Er versuchte zu korrigieren, übersteuerte jedoch und prallte gegen eine Hauswand. Im Bruchteil einer Sekunde fiel seine Geschwindigkeit von 60 km/h auf null. Er prallte frontal gegen die Wand und rutschte sie hinunter. Er blieb regungslos liegen.

Ich sah Neil Stephens an, den Manager von UAE Emirates, der neben mir auf dem Fahrersitz saß. Wir sagten kein Wort. Wir dachten beide das Gleiche: dass Chris tot war. Neil sprang aus dem Auto, um den Mitarbeitern von Ineos seine Hilfe anzubieten. Ich vermied es, Chris' reglosen Körper anzuschauen. Das musste ich nicht sehen. Wout Poels, sein Teamkollege, der direkt vor Chris gefahren war, war an den Ort des Geschehens zurückgekehrt. Chris sprach mit ihnen. Er bat sie, ihm wieder aufs Rad zu helfen… Es dauerte nicht lange, bis der Krankenwagen eintraf, der zufällig in der Nähe geparkt war. Ich schrieb Geraint Thomas und Richie Porte eine SMS. Ich beschloss, der Presse nichts von diesem schlimmen Unfall zu erzählen, bis Chris' Frau Michelle davon erfahren hatte. Er war mit dem Leben davongekommen, aber mit Brüchen an Hüfte, Oberschenkel, Ellbogen, Rippen… Auch seine Ambitionen für die Tour 2019 waren dahin, und das Team Ineos verhalf stattdessen Egan Bernal ins Gelbe Trikot. Chris seinerseits schaffte es acht Monate später, wieder auf ein Rad zu steigen, sich eine Startnummer anzuheften und ein Rennen zu absolvieren. Er kam zum Team Israel Start-Up Nation, um den Job zu beenden.

Chris glaubte daran, dass er wieder an der Tour de France teilnehmen und sie sogar gewinnen könnte – zum fünften Mal. Es gab nur zwei Menschen, die an dieses Vorhaben glaubten: Chris selbst und Sylvan Adams. In der Radsportwelt gab es alle möglichen Theorien über ihren vermeintlichen Opportunismus. Einige behaupteten, dass die beiden selbst nicht daran glaubten, Chris könne wieder an die Weltspitze zurückkehren, und nur darauf aus waren, Geld zu verdienen. Dabei waren sie so aufrichtig wie nur möglich. Sylvan und Chris waren davon überzeugt, dass sie die Tour gemeinsam gewinnen würden. Je mehr sie zu hören bekamen, dass es unmöglich sei, desto mehr unterstützten sie sich gegenseitig in ihrem Glauben an eines der größten Comebacks in der Geschichte unseres Sports. Auch wenn Chris vielleicht nur eine 0,01-prozentige Chance hatte, noch einmal bei der Tour de France ganz oben auf dem Podium zu stehen, war diese Möglichkeit für ihn genug und er klammerte sich daran. Ich war einfach glücklich, ihn nach einem so schrecklichen Sturz voller Lebensfreude zu sehen. Seine Entschlossenheit hat mir großen Respekt abgenötigt. Der Wille kann Berge versetzen... Außerdem ermöglichte mir Chris' eigene »Operation Tour de France«, einen schönen Angriffsplan für die dritte der großen Landesrundfahrten zu entwerfen: den Giro d'Italia.

Kapitel 25

Ein letzter Triumph in den Bergen (Die Angst vor dem Aufhören)

Wir konnten den Champagner schon fast schmecken. Er würde wohlverdient sein. Der Giro ging allmählich seinem Ende entgegen. Es war der Vorabend des abschließenden Zeitfahrens in Mailand. Meine Teamkollegen von Israel Start-Up Nation hatten sich ebenso gewissenhaft wie kämpferisch präsentiert. Angesichts der ständigen Sorge wegen COVID-19 war das Personal des Teams in vier Gruppen aufgeteilt worden, aber wie sich zeigte, waren selbst diese Vorsichtsmaßnahmen nicht genug. Uns wurde mitgeteilt, dass ein Mitarbeiter bei einem der Tests, die die Rennleitung bei der gesamten Karawane durchgeführt hatte, positiv getestet worden war. Die Regel war in solchen Fällen kompromisslos: Ausschluss des gesamten Teams. Wir waren weniger als 24 Stunden vor dem Ziel, und es war, als ob unsere drei Wochen voller Abenteuer und Leiden umsonst gewesen wären. Wir legten Einspruch ein und wiesen darauf hin, dass bei einem Zeitfahren kein Risiko besteht, die anderen Teams zu kontaminieren. Die Organisatoren stimmten zu, dass wir das Rennen unter der Bedingung beenden durften, dass wir den Kontakt innerhalb der Mannschaft auf ein absolutes Minimum beschränkten. Niemand massierte uns die Beine, niemand reichte uns ein Handtuch, niemand rieb uns mit Öl ein. Wir feierten nicht, wir konnten nicht einmal die Menschen sehen, die dieses epische Abenteuer mit uns geteilt hatten, aber wir konnten wenigstens das Ziel erreichen und das bewahren, was wir gemeinsam aufgebaut hatten, wie meinen Etappensieg und meinen zehnten Platz in der Gesamtwertung.

Die schwierigste Herausforderung beim Giro d'Italia war, überhaupt das Ziel zu erreichen. 2021, meine erst zweite Teilnahme an der Rundfahrt, weckte Erinnerungen an mein Debüt im Jahr 2010. Es hatte sich nichts geändert. Diese labyrinthische Herausforderung brachte die Fahrer immer noch an ihre Grenzen, viel mehr noch als es die Tour de France tat. Während die Tour dich mit ihrer Erhabenheit überwältigt, schafft der Giro dies mit seinem schieren Irrsinn. Bevor die Fahrer an einen Sieg in Italien denken können, müssen sie erst einmal überleben. Ich kann mich noch gut daran erinnern, wie ich als junger Fahrer von den extremen Bedingungen geschockt war und mit Erstaunen Momente erlebte, von denen ich dachte, sie gehörten in eine andere Ära des Radsports.

Strade Bianche 2010

Es war der erste Giro meiner Karriere, und die Etappe in der Toskana umfasste die erste *strade bianche*, die ich gefahren bin. Der Regen machte das Ganze zu einer Farce. Er knetete den Schotter, den Kalk und den Staub zu einem dicken Brei zusammen, der von den Rädern der Fahrer durch die Luft geschleudert wurde. Ich hatte Schlamm zwischen den Zähnen, in den Ohren und unter den Fingernägeln. Er kam überall hin. Um meine Augen zu schützen, kippte ich meine Brille so, dass die Schlammsplitter nicht von unten eindringen konnten. Ich beobachtete die Straße durch einen winzigen Schlitz zwischen meinem Helm und dem oberen Rand meiner Brille. Die Landschaft schien zu wackeln, als wir über die Schotterpisten rumpelten. Ich dachte daran, dass es nur noch zehn Kilometer waren, bis wir erlöst würden, in der mittelalterlichen Stadt Montalcino, die für ihren Wein Brunello berühmt ist, einen feinen und fruchtigen Rotwein, der sehr körperreich ist, ähnlich wie die Steine auf der Strecke an diesem Tag. Ich versprach mir, dass wir nach dem Rennen ein Glas davon trinken würden, um uns zu erholen. Ringsum herrschte Panik. Ich verlor 24 Minuten. Die Mitarbeiter des Teams waren entsetzt, als sie uns im Ziel sahen, und weigerten sich, uns in den Mannschaftsbus zu lassen, bevor wir nicht mit einem Wasserstrahl abgespritzt worden waren.

Strade Bianche 2021

Zwölf Jahre später hatte sich das Chaos verdoppelt. Es begann 93 Kilometer vor dem Ziel, als wir im ersten Sektor über die verdichteten Steine fuhren. Unsere sportlichen Leiter hatten uns gesagt: »Keine Sorge, es ist leicht, es geht nicht bergauf.« Aber es war schlimmer, als bergauf zu fahren: eine Abfahrt mit 60 km/h auf Schotter… Die Straße schüttelte uns bis ins Mark. Ein Fahrer stürzte neben mir und ging mit dem Kopf voran zu Boden. Ich war erschrocken. Viele von uns waren verängstigt. Ich hörte, wie die Fahrer um mich herum murrten, wütend wurden, beteten oder fluchten. Sie fuhren irrationale und sogar verzweifelte Linien; es war fast so, als hätte ihr Gehirn aufgehört zu arbeiten. Für ein paar Sekunden verlor ich die Kontrolle über mein Rad, und es scherte nach links aus. Zum Glück behielt ich das Gleichgewicht. Ich wollte einen gewissen Abstand zum Fahrer vor mir lassen, um nicht in Stürze verwickelt zu werden, aber jedes Mal, wenn ich das tat, fuhren panische Fahrer vor und schlossen die Lücke. Es waren die irrsten 9,6 Kilometer meiner Karriere. Ich lag eine Minute hinter der Spitzengruppe. Im Ziel hatte ich sechs Minuten verloren – und damit auch einen Teil meiner Freude am Radfahren.

War es wirklich notwendig, die Fahrer in Gefahr zu bringen, um dem Giro eine epische Dimension zu verleihen?

Zoncolan 2010

Bei meinem ersten Giro hatte ich festgestellt, wie absurd die Berge sein können. Auf dem Monte Zoncolan bestand die Herausforderung darin, auf dem Rad zu bleiben. Wenn man langsamer wurde, war man erledigt. Man hat Angst, den Fuß vom Pedal zu nehmen und abzusetzen, weil man dann stürzen würde. An der 20-Prozent-Wand würde man rückwärts rollen wie eine Murmel. Es war ein Balanceakt. Das Rennen trat in den Hintergrund. Auf halber Strecke sagte ich mir erleichtert: »Nur noch fünf Kilometer!« Doch dann wurde mir klar, dass dies eine weitere halbe Stunde Schufterei bedeutete. »Scheiße…« Ich drückte mit allerletzter Kraft meine Übersetzung von 34 x 28 herum und hatte dabei permanent das Gefühl, dass es vergebliche Mühe war. An diesem Tag wurde ich Neunter, drei Minuten und 31 Sekunden hinter Ivan Basso.

Zoncolan 2021

Bei meinem zweiten Giro war der »Monte« noch monströser geworden. Die Organisatoren hatten ihm einen Spitznamen verpasst: »Frankensteins Berg«. So stand es auf der Giro-Website – kein Scherz! Wir machten uns bereit, auf den Set eines Horrorfilms zu fahren, was gelinde gesagt eine spannende Aussicht war. Diesmal sollten wir das Ungeheuer von einer anderen, noch schrecklicheren Seite angehen. Die Steigung erreichte ihr Maximum bei horrenden 27 Prozent. Das ist steiler als die gefürchtete Kurve an der Mur de Huy beim Flèche Wallonne, wo man immer das Gefühl hat, dass das Fahrrad wie ein altes Auto zum Stillstand kommt. Ich habe mich an diesen extrem steilen Rampen nie wohlgefühlt. Ich spürte die fehlende Kraft in meinen Beinen. Ich habe mehr mit den Armen als mit den Waden getreten. Ich zog am Lenker, um voranzukommen. Aber ich hatte das Gefühl, dass ich nach hinten umkippen würde, wenn ich zu stark zog. Das war meine Einführung in die Bergsteigerei, und es war fast buchstäblich schwindelerregend. Ich beendete die Etappe als Zwölfter und rückte in der Gesamtwertung um vier Plätze auf Rang 13 vor.

26. Mai 2021, Canazei nach Sega di Ala

»Heute werde ich gewinnen.« Meine magischen Vorahnungen kehrten bei meinem zweiten Giro d'Italia zurück, auf der 17. Etappe im Herzen der Dolomiten. Ich wusste, dass »etwas« passieren würde. Aber was noch geheimnisvoller war: Ich war mir dessen schon seit fast einem Monat sicher. Es war mir nicht erst am Morgen vor dem Start in den Sinn gekommen, wie es bei Lüttich-Bastogne-Lüttich und anderen Rennen in der Vergangenheit der Fall gewesen war. In dem Moment, als ich das Finale sah, kam mir das Bild eines sehr schönen Tages in den Sinn. Es gab keine Zuschauer, keine Fahrer, die Straße war leer, der Berg still. Ich war hierhergekommen, nachdem ich Ende April an der Tour of the Alps teilgenommen hatte. Ich beschloss, die Etappe mit Bergankunft in Sega di Ala im Trentino zu erkunden. Diese Straße hinauf zum Ziel ist 11,2 Kilometer lang und hat eine durchschnittliche Steigung von 9,8 Prozent. Die Steigung wird immer brutaler, je höher man kommt. Das Asphaltband windet sich in schwindelerregender Weise nach oben und führt durch kurze Tunnel. Nach vier Pedaltritten war ich von diesem Berg gefesselt. Alles an ihm gefiel mir, aber ich konnte nicht genau sagen, warum.

Ich hatte eine sehr starke Vorahnung. Auf dem Gipfel sagte ich zu Claudio Cozzi, dem sportlichen Leiter, der mich im Auto begleitete: »Du wirst sehen, hier wird etwas passieren.« Ich schrieb Jess sofort eine SMS, um ihr von diesem sehr aufregenden und beruhigenden Gefühl zu berichten: »Ich habe gerade einen wunderschönen Ort gefunden. Der ist wie für mich gemacht. Beim Giro wird etwas mit mir geschehen.« Ein Etappensieg, ein Sprung in der Gesamtwertung oder sogar das Rosa Trikot. Wir würden sehen. Ich wusste nur, dass dieses »etwas« ein glückliches Ereignis sein würde.

Ich hatte seit Anfang des Jahres Glück gehabt, vor allem als mich das Corona-Virus, das seit über zwölf Monaten auf der Welt war, schließlich erwischte. Am Tag meines positiven Tests, im März, hatte ich gerade mein letztes Bergtraining vor Tirreno–Adriatico ohne größere Probleme hinter mich gebracht. Angesichts meiner Vorgeschichte mit allergisch bedingtem Asthma war ich etwas besorgt über den weiteren Verlauf, aber ich kam unfassbar glimpflich davon; die hauptsächlichen Symptome waren extreme Müdigkeit und Muskelkater. Jess erging es wesentlich schlechter als mir und sie spürte die Auswirkungen noch Wochen später. Ich war binnen einer Woche wieder auf dem Rad und wurde erstaunlicherweise zwei Wochen später Fünfter bei einer Etappe der Katalonien-Rundfahrt, obwohl die kalte Bergluft meinen geschwächten Atemwegen zu schaffen machte.

So kurz nach einer Viruserkrankung Rennen zu fahren, war vielleicht riskant, aber die Katalonien-Rundfahrt war ein wichtiger Schritt auf dem Weg zu meinem großen Ziel für 2021: dem Giro d'Italia.

Am Tag meines Giro-Etappensiegs war ich vollkommen entspannt. Ich war gelöst und fokussiert zugleich. Ich hatte mir vorgenommen, mit meinen Gegnern Katz und Maus zu spielen. Aber dieses Mal würde die Maus die Katze fressen. Alles war akribisch vorbereitet, um dafür zu sorgen, dass sich die Dinge genau so entwickeln würden, wie ich sie mir ausgemalt hatte. Auch in Sachen Equipment hatte ich besondere Vorkehrungen getroffen: Da die ersten 120 Kilometer flach waren oder bergab führten, würde ich für den Anfang der Etappe einen Aerorahmen benutzen, ideal für flache Strecken und mit aerodynamischen 80-Millimeter-Felgen ausgestattet. Fünf Kilometer vor dem ersten Anstieg würde ich das Rad dann wechseln und auf einen superleichten Rahmen mit Laufrädern für die Berge umsteigen.

Nach 50 Kilometern schloss ich mich einer Ausreißergruppe an. Wir waren etwa 20 Mann an der Spitze. Am ersten langen Anstieg, dem Passo San Valentino, legte ich ein ziemlich hohes Tempo vor, fuhr aber nicht Vollgas, denn ich wollte nicht, dass meine Mitausreißer, meine Verbündeten, platzten. Aber das Team BikeExchange begann im Feld hinter uns das Tempo zu erhöhen. Ich musste eine Schippe drauflegen, denn ich wusste, dass ich oben mindestens einen Vorsprung von zwei Minuten und 30 Sekunden brauchte, um eine Chance auf den Etappensieg zu haben. Wir fingen an, Fahrer aus unserer Gruppe zu verlieren. Am Ende hatte ich nur noch drei Begleiter an meiner Seite: den Franzosen Geoffrey Bouchard, den Spanier Antonio Pedrero und den Italiener Gianni Moscon, Teamkollege des Mannes im Rosa Trikot, Egan Bernal, und Lokalmatador der Etappe.

Der letzte Anstieg. Wir waren nur eine Minute und zehn Sekunden voraus, als wir ihn erreichten. Der Moment war gekommen… Ich erhöhte die Schlagzahl, ohne aber in den roten Bereich zu gehen. 10,5 Kilometer vor dem Ziel war ich allein an der Spitze. Ich wusste um die Berechnungen meiner Konkurrenten. Sie würden davon ausgehen, dass ich müde wäre und sie mich früher oder später einholen könnten. Aber ich kontrollierte sie. Ich gab ihnen einen Grund zur Hoffnung. Ich rechnete damit, dass sie jeden Moment von hinten kommen könnten, aber ich war auch darauf vorbereitet, sehr kräftig und sehr schnell zu beschleunigen. Wenn sie bis auf zehn Sekunden an mich herankämen, würde ich sie überraschen, indem ich den Abstand wieder um fünf Sekunden vergrößerte. Ich würde sie aus dem Konzept bringen. Von diesem Moment an wollte ich keine Anfeuerungen oder aufmunternden Rufe mehr hören. Alles, was ich nun noch brauchte, waren Informationen: Zeitabstände und eine genaue Beschreibung der Strecke, die vor mir lag, die exakten Steigungsprozente, damit ich mir meine Kräfte richtig einteilen konnte. Das Einzige, was für mich zählte, war der Abschnitt mit 17 Prozent an der Malga Riondera, den wir nach sieben Kilometern Anstieg erreichen würden. Ich hatte meine Strategie exakt auf diesen Punkt ausgerichtet und meine Kraftanstrengung anhand dieser Orientierungshilfe bestimmt.

Instinktiv wusste ich, dass die Favoriten in diesen Rampen beschleunigen würden. Falls sie danach immer noch zusammen waren, würden sie langsamer werden, weil sie sich gegenseitig beobachten würden. Falls es einem Fahrer gelungen war, sich abzusetzen, würde er dort für seine Anstrengungen bezahlen und sich zwangsläufig von der Attacke erholen müssen. In jedem Fall würde es eine Auszeit geben. Meine Strategie bestand hingegen darin, die steilen Abschnitte zu nehmen, ohne an meine Grenzen zu gehen, und anschließend das Tempo zu erhöhen. Wenn die besten Bergfahrer feststellten, dass ich keinen Boden verlor, würden sie davon ausgehen, dass ich durch diesen schwierigen Abschnitt mit hohem Tempo gefahren sei. Sie würden denken, dass ich zu stark sei, und in dem Moment würden sie aufgeben.

Alles entwickelte sich genau so, wie ich es mir vorgestellt hatte. Die Favoriten übernahmen sich an der Malga Riondera, während ich in den folgenden, etwas leichteren Passagen meinen Vorsprung sogar noch ausbauen konnte. Ich verschaffte mir zusätzliche Motivation, indem ich ein kleines Spiel mit mir spielte. Ich begann, den Giro zu hassen, und sagte mir: »Du musst hier gewinnen, damit du nie mehr zurückkommen musst. Das wird dein erster und letzter Sieg beim Giro. Du weißt, dass dieses Rennen, so glorreich es auch sein mag, vollkommen absurd ist. Auf der letzten Etappe bist du im Schnee gefahren. Ja, im Schnee. Die Organisatoren haben zwei Pässe gestrichen, aber du bist trotzdem zwischen den Schneemassen gefahren. Gib Gas und gewinn diese verdammte Etappe und dann ist Schluss damit.« Ich musste das Rennen hassen, um es zu gewinnen.

Ich wusste nicht, dass ich an der *flamme rouge* einen Vorsprung von 30 Sekunden hatte. Dieser schrumpfte auf 13 Sekunden, als João Almeida auf diesen letzten 1.000 Metern attackierte. Meine Familie und meine Freunde, die das Rennen im Fernsehen verfolgten, fürchteten um mich, denn sie sahen, wie der Portugiese immer näher kam. Auf jeden Fall hatte sich meine Vorahnung wieder einmal bewahrheitet. Ich hatte auf der Etappe »etwas« geschafft. Aber war es wirklich Zufall? Vielleicht nicht: So unwahrscheinlich es auch sein mochte, »er« war wieder da.

Ich erfuhr es über die sozialen Medien. »Sieh mal! Das ist ja witzig!« … »Unglaublich!« … »Hast du das gesehen?« Wie sich herausstellte, hatte sich der Panda wieder selbst eingeladen. Genauer gesagt ein Cousin des Pandas, mit einer weniger spitzen Schnauze und anderen Augen. Er trug eine blaue OP-Maske und schwenkte die Flagge Sardiniens. Laut den Fernsehbildern stand er 7,8 Kilometer vor dem Ziel, auf der rechten Seite der Straße, halb versteckt hinter seiner Fahne. Wie schon bei Lüttich–Bastogne–Lüttich hatte ich ihn nicht bemerkt, ich war zu sehr auf das Rennen konzentriert. Als ich die Bilder sah, überkam mich eine Mischung aus Verwunderung und Belustigung. Mit Ausnahme der Tour of Beijing war ich meinem Glücksbringer seit Lüttich 2013 bei keinem Rennen mehr begegnet. Ich hatte alle möglichen anderen kostümierten Figuren in der Menge gesehen, aber keinen Panda. War es reiner

Zufall, dass er an dem Tag, an dem ich die beste Bergetappe meiner Karriere gewann, auftauchte, um mich anzufeuern?

Nach den Etappensiegen bei der Vuelta und der Tour war der Giro das fehlende Stück in meiner Sammlung. Ich hatte nun bei allen drei großen Rundfahrten eine Etappe gewonnen, und mit dem zehnten Gesamtrang in Mailand würde ich auch meine Trilogie an Top-Ten-Platzierungen in der Gesamtwertung der Grand Tours vervollständigen. Es war auch mein erster Sieg als Kletterer-Baroudeur statt als Bergsprinter, ich hatte mein Glück aus einer Ausreißergruppe heraus gesucht, statt mich in der Gruppe der Favoriten auf meine Endschnelligkeit zu verlassen. Ich hatte immer davon geträumt, eine Etappe auf diese Weise zu gewinnen, und jetzt hatte ich es endlich geschafft.

Nach dem Giro…

Zufrieden mit meiner Leistung beim Giro wollte die Teamleitung von Israel Start-Up Nation über eine Vertragsverlängerung sprechen. Sie wollten, dass ich zwei weitere Saisons bliebe, bis Ende 2023. Aber ich hätte es vorgezogen, nur für ein Jahr zu unterschreiben. Es wäre eine Chance gewesen, neue Dinge auszuprobieren, vielleicht das Bergtrikot bei der Tour de France anzugreifen und vor allem einem jungen Fahrer als Mentor zur Seite zu stehen, ihn anzuleiten, ihm etwas von meiner Motivation und meinem Know-how mitzugeben.

Der Giro hatte bei mir einen seltsamen Nachgeschmack hinterlassen. Das Rennen hatte mir nicht die Befriedigung und Freude bereitet, die ich erwartet hatte. Ich sprach mit Rory Sutherland. Er hatte im Winter zuvor seine Karriere beendet und gehörte nun zum Stab des Teams, als Ansprechpartner für die Fahrer in der sportlichen Leitung, aber ich wandte mich an ihn als einen Freund, um ihm meine Ratlosigkeit darüber zu erläutern, warum mir ein so großer Sieg keine echte Freude bereitet hatte. Rory war immer ein guter Zuhörer und gab mir wertvolle Ratschläge, das hatte er schon oft getan, wenn wir uns bei Rennen ein Zimmer teilten. Er stellte mir ein paar Fragen, unter anderem: »Findest du, dass die Fahrer um dich herum irrsinnige Risiken eingehen?«

»Ja, finde ich schon. Die Etappe auf den *strade bianche* war irre, irgendeiner hat immer die Lücken geschlossen, die ich aus Sicherheitsgründen gelassen habe. Bei den Anstiegen war es genau umgekehrt, da haben ein paar Fahrer sich ein Spiel daraus gemacht, große Lücken aufgehen zu lassen. Beim Giro hat Quick-Step auf der 19. Etappe mit der gesamten Mannschaft auf einer echt heiklen Abfahrt angegriffen. Das Team DSM tat das Gleiche auf der 20. Etappe. Strategisch gesehen war das ein kluger Schachzug, aber es hat die Risiken massiv erhöht.«

»Ich glaube, du wirst alt«, lachte er.

»Du weißt nur zu gut, dass ich nie gern verrückte Risiken eingegangen bin. Es heißt ja oft, dass man vorsichtiger wird, wenn man Vater wird, aber ich war schon vorher ziemlich vorsichtig.«

»Ja, Kumpel, ich weiß. Ich zieh dich bloß auf. Der Radsport hat sich verändert, die Jungs sind gestresster, sie brauchen sofort Resultate und sind bereit, mehr Risiken einzugehen. Du hast auf jeden Fall noch die Beine, aber die Frage ist, ob es dir noch Spaß macht?«

Anschließend habe ich noch mit André Greipel darüber gesprochen, der vier Jahre älter ist als ich und der Doyen des Teams war. Er sagte: »Das ist normal, mir ging es auch schon so. Letztendlich gewinnst du nicht mehr für dich selbst, du fährst nicht mehr für dich selbst, du tust das alles für andere. Du hast selbst keine unmittelbare Freude mehr am Rennsport; du willst sie nur noch den Menschen bereiten, die dir nahe stehen und dich von Anfang an begleitet haben.«

Es gibt nichts Besseres, als solche Dinge mit einem deutschen Sprinter zu besprechen. Zum Glück war die Kontaktliste auf meinem Handy voll von ihnen...

Unter »K« stand Kittel. Nach Marcels Rücktritt 18 Monate vorher hatte ich engen Kontakt zu ihm gehalten. Er verstand sofort meine Lage, denn er war zurückgetreten, obwohl ihm bestimmt noch viele gute Jahre im Peloton bevorgestanden hätten; gleichzeitig bestätigte er meinen Eindruck, dass ich mich dem Ende meiner Karriere näherte. Aber er fügte hinzu, dass ich bis dahin noch ein paar besondere Dinge auf dem Rad erreichen könnte. Er erläuterte seine eigenen Gedankengänge, als er sich zum Rücktritt entschloss, und sagte, wenn ich anfinge, die Motivation zu verlieren, läge es daran, dass ich in meiner Karriere unglaublich viel erreicht hätte. Unabhängig davon, ob dies meine letzte Tour sein würde oder nicht, empfahl er mir, jeden Moment zu genießen.

Am 26. Juni 2021 startete ich zu dem, was ich für meine vorletzte Tour de France hielt. Wir waren auf der Jagd nach einem Etappensieg. Am ersten Tag, in der Bretagne, konnte ich einen Sturz vermeiden, als ein Zuschauer mit einem »Allez Opi-Omi«-Schild meinen »Cousin« Tony Martin zu Fall brachte. Ein großer Teil des Pelotons ging zu Boden. Es folgte ein noch schlimmerer Unfall, als sieben Kilometer vor dem Ziel bei hohem Tempo der Großteil des Feldes stürzte. Chris Froome war unter den Verletzten. Das Erstaunlichste war, dass er wieder auf sein Rad stieg und sich in den folgenden Tagen weigerte, aufzugeben. Die Fans feuerten den vierfachen Tour-Sieger an, der in Verbände gewickelt war, sich von einer Verletzung erholte und infolgedessen jeden Tag abgehängt wurde. Seine mentale Stärke war wirklich beeindruckend. Chris war nicht in der Lage, eine Top-Ten-Platzierung anzustreben oder gar eine Etappe zu gewinnen, aber er blieb zuversichtlich. Jeden Tag sagte er: »Morgen wird es besser sein.«

Auf der 15. Etappe, die über den Beixalis nach Andorra la Vella führte, schaffte ich es in die Ausreißergruppe. Meine Beine waren schwer vor Müdigkeit. Seit September 2020 war ich die Tour, die Vuelta, den Giro und wieder die Tour gefahren, also fast 80 Grand-Tour-Etappen in elf Monaten. Aber ich wollte Spaß haben und das Rennen auf diesen Straßen genießen. Unsere etwa 20-köpfige Ausreißergruppe fiel am Beixalis auseinander, erst im Anstieg und dann noch einmal auf der Abfahrt. Ich landete in einer Gruppe, die um den achten Platz kämpfte, während Sepp Kuss, einer meiner andorranischen Nachbarn, der ebenfalls mit den Straßen vertraut war, zum Sieg fuhr. Ich war nicht weit hinter ihm und gab alles im Sprint, als würde es noch um den Etappensieg gehen, und kam als Erster unserer Gruppe ins Ziel. Wegen COVID-19 waren weiterhin strenge Maßnahmen erforderlich, was bedeutete, dass ich Jess, Daisy und Ella weder im Ziel noch am darauffolgenden Ruhetag im Hotel sah, und auch nicht am Tag darauf, als der Start in Pas de la Casa, direkt an der Grenze zwischen Andorra und Frankreich, stattfand.

Auf der 18. Etappe, die über meine andere »Heimat«, den Col du Tourmalet, führte und an der winzigen Skistation Luz-Ardiden endete, einem weiteren Anstieg, den ich noch aus meiner Teenagerzeit kannte, war ich wieder bei den Ausreißern mit dabei. Ich hatte weniger Ballast zu tragen als meine Konkurrenten. In einer Gruppe voller Kletterer war ich der Einzige, der nicht mehr auf eine gute Platzierung in der Gesamtwertung aus war. Ich sah, dass meine Gegner sehr nervös waren und sie sich Sorgen machten, wenn sich die kleinste Lücke auftat, und dass sie sich ständig mit ihren Teamkollegen und sportlichen Leitern über Funk unterhielten. In der Zwischenzeit konnte ich die entspannteste Fahrt hinauf zum Tourmalet in meiner ganzen Karriere genießen. Der Pass flüsterte mir ins Ohr: »Nimm dir Zeit, dich umzusehen. Hast du den riesigen Wasserfall auf der linken Seite gesehen, kurz vor den steilen Rampen, die nach La Mongie führen? Und die Felsen auf der rechten Seite, hast du sie bemerkt?« Ich wurde zu Beginn der Abfahrt aus meinem süßen Traum gerissen, als ich beinahe die erste Kurve verpasste, weil die Straße beim Bremsen so holprig war, dass ich fast die Kontrolle verlor; aber ich hatte ein leises Lächeln im Gesicht. Der Tourmalet, so furchterregend für viele, hat mich immer gut behandelt. Ich genoss jeden Meter der Straße. Am Schlussanstieg nach Luz-Ardiden konnte ich dem Antritt von Tadej Pogačar drei Kilometer vor dem Ziel nicht mehr folgen, aber 1,7 Kilometer vor Ende der Etappe griff ich dann selbst an und belegte den fünften Platz im Tagesklassement.

Ich hatte bei der Tour schon besser abgeschnitten, aber dieses Mal fühlte ich mich befreit, konnte meinen Körper, meine Gedanken und meine Ziele kontrollieren, war eins mit dem Terrain, dem Publikum und meinen Teamkollegen. Ich hatte mir vorgestellt, dass ich 2022 zurückkehren würde, um dieses Gefühl der Freude zu verlängern, aber eigentlich hatte ich das Ende meiner Beziehung zu diesem Rennen erreicht. Ich betrachtete die Tour 2021 bereits als eine nette Zugabe. Ich erinnerte mich an einen kleinen Rat, den mir Rory Sutherland gegeben hatte: »Zieh nach der Tour Bilanz. Vielleicht willst du keine weitere Saison mehr fahren. Du hast nichts mehr zu beweisen. Vielleicht hast du keine Lust mehr. Dank Jess und dank deiner Töchter weißt du, dass es noch andere Dinge im Leben gibt als den Radsport.«

Nach der Ankunft in Paris hatte ich noch eine weitere Etappe zu bewältigen, bevor ich zu meiner Familie heimkehrte: die Olympischen Spiele in Tokio. Am Tag nach den Champs-Élysées stieg ich in Paris in den Flieger, zusammen mit der irischen Teamleitung und meinen beiden Mitstreitern, meinem Cousin Nico und Eddie Dunbar, einem Fahrer, der das Potenzial hat, den Staffelstab von uns zu übernehmen. Zwischen uns lagen zehn Jahre. Er ist bescheiden, ein harter Arbeiter, der gut klettert. Aber auf der olympischen

Strecke um den Mount Fuji konnte sich keiner von uns auszeichnen. Wir hatten nicht die Beine. Auch die Erfahrung, Teil der Olympischen Spiele zu sein, bereitete diesmal keine rechte Freude, weil wir wegen COVID-19 auf den Fahrten zwischen Flughafen und Hotel und vom Hotel zum Start des Rennens mit niemandem in Kontakt kamen.

In der Zwischenzeit gab es keine Fortschritte bei meinen Vertragsverhandlungen. Ich verlor ein wenig von meiner Motivation, und auf der anderen Seite versuchte mein Teammanager zu zocken. Israel Start-Up Nation schickte sich an, mein Gehalt zu halbieren, nur um meine Reaktion zu sehen.

Als ich aus Japan nach Hause kam, nach mehr als einem Monat auf der Straße, hatte ich das Gefühl, etwas vollendet zu haben. Daisy und Ella waren in ihrem Schlafzimmer und spielten mit der Kiste voller Stofftiere, die ich im Laufe der letzten 15 Jahre von den Rennen mitgebracht hatte. Da waren der rote Drache (den ich von der Junior Tour of Wales behalten hatte und der noch immer in perfektem Zustand war) und der grüne Drache (ein Souvenir von der Polen-Rundfahrt). Der Löwe (traditionell überreicht an das *maillot jaune* der Tour de France, ein Geschenk von einem Fan) gab zusammen mit der Kuh (für die Mannschaftswertung der Tour de France, die Quick-Step an einigen Tagen dominiert hatte) eine Teegesellschaft. Zu Gast war außerdem kein Geringerer als der Grüne Riese (das Maskottchen des Grünen Trikots, ein Geschenk von Marcel Kittel). Und mittendrin thronte majestätisch der Panda. Ich hatte ihn bei der Tour of Beijing gewonnen. Die Mädchen schienen zu begreifen, dass dieses Tier einen besonderen Platz in der Familie einnahm. Ich hatte überlegt, ob es noch ein Stofftier gäbe, das ich für sie auf dem Rad gewinnen könnte. Aber mir wurde klar, dass Ella und Daisy fast die komplette Sammlung hatten und dass sie damit zufrieden waren.

Kapitel 26

»Mr. Martin, Sie haben da etwas in Ihrem Kopf...«

Ich war in einer achtköpfigen Ausreißergruppe mit Bradley Wiggins. Die fünfte Etappe der Tour of Britain 2010 führte von Tavistock nach Glastonbury, der Hauptstadt der Sommerfestivals (Musik, Theater, Zirkus...). Zehn Kilometer vor dem Ziel setzte ich mich auf einer leicht ansteigenden Scheinebene zusammen mit Marco Frapporti ab, doch der Italiener ließ mich stehen und gewann. Ich hatte nichts mehr im Tank. Ich wurde Siebter. Am nächsten Tag sollte es besser werden.

Die nervenaufreibende Action des Tages hatte mir gute Laune gemacht. Deshalb rief ich im Harley Street Medical Centre in London an. Dort hatte ich sechs Tage zuvor, am Freitag, dem 10. September 2010, eine Untersuchung der Nasennebenhöhlen durchführen lassen. Der Termin war zwei Tage vor dem Start der Tour of Britain gewesen. Seitdem hatte die Klinik viele Nachrichten auf meiner Mailbox hinterlassen. Die Sekretärin der Klinik sagte: »Mr. Martin, Sie müssen so bald wie möglich zu einer Nachuntersuchung erscheinen.« Ich hörte mir die Nachrichten ziemlich genervt an. Hatten sie die Ergebnisse verloren oder einen Fehler gemacht? Ich ließ es ein paar Tage auf sich beruhen, aber am Donnerstag, als der Mannschaftsbus nach dem Ende der Etappe zu unserem Hotel fuhr, beschloss ich, in der Klinik anzurufen.

Der Arzt, der die Untersuchung geleitet hatte, klang sehr bestimmt. Er bat mich, sofort für weitere Untersuchungen nach

London zu kommen, was während eines Etappenrennens einfach nicht möglich war. Ich erklärte ihm, dass ich es erst in der nächsten Woche schaffen würde, aber sein Ton verschärfte sich. Seine Beharrlichkeit machte mir Angst, und ich fragte mich, was da wohl nicht stimmte. Er buchte für mich einen Notfalltermin am folgenden Nachmittag, was bedeutete, dass ich aus der Tour of Britain aussteigen müsste.

Ich war davon ausgegangen, für eine Operation an meiner Nasenscheidewand einbestellt zu werden, um meine Allergieprobleme ein für alle Mal zu beheben. Anscheinend gab es aber noch etwas anderes, wie der Arzt sagte. Sie hatten etwas Ernstes gefunden. Aber was? Der Arzt wollte nicht näher darauf eingehen, aber ich bestand darauf. Mein Herz begann so schnell zu schlagen wie bei den Attacken, die ich auf der Etappe gefahren war. Schließlich platzte der Arzt heraus: »Mr. Martin, Sie haben da etwas in Ihrem Kopf. Wir glauben, dass wir eine verdächtige Masse entdeckt haben, und wir würden gerne überprüfen, ob es sich um einen Tumor handelt.«

Es verging eine Sekunde, die mir wie eine Stunde vorkam. Ich wusste nicht, dass man so viele Gedanken in eine Sekunde packen kann. Deine Karriere ist vorbei; es ist eine Fehldiagnose, alles ist in Ordnung; es ist sehr ernst... Ich habe innerlich »du« zu mir gesagt. Ich habe mich an mich selbst gewandt, um mich zu beruhigen. »Ich« war gelähmt vor Angst. Ich musste mit ihm reden, ihn ablenken, ihn anlügen. Die Medizin hat große Fortschritte gemacht; du hast Glück, dass es entdeckt wurde; die Maschine im Krankenhaus funktioniert nicht richtig... Das Wort hallte wie ein Echo in meinem Kopf wider. Tumor, Tumor, Tumor, Tumor...

Dann parkte der Mannschaftsbus vor dem Hotel. Ich wollte keinem der Teamkollegen oder der übrigen Mitarbeiter in die Augen sehen. Die Geschichte, die sich da abspielte, war eine sehr persönliche, sie ging nur mich etwas an. Ich ging auf mein Zimmer, schloss die Tür ab und setzte mich aufs Bett. Mein Verstand spielte verrückt. Seltsame, abwegige Gedanken kamen mir: »Vielleicht hast du Glück und der Tumor betrifft bestimmte Bereiche und macht dich unempfindlich gegen Schmerzen.« Als ich 13 Jahre alt war, sah ich den James-Bond-Film *Die Welt ist nicht genug*. Der Bösewicht Victor Zokas, auch »Der Fuchs« genannt, hatte eine Kugel in seinem Gehirn und bekam dadurch übermenschliche Kräfte, weil ihm nichts etwas anhaben konnte.

Ärger begann in mir aufzusteigen. Meine Karriere konnte nicht bei dieser Tour of Britain völlig in die Brüche gehen, nachdem ich gerade noch in der Ausreißergruppe aktiv gewesen war und kurz vor dem Etappensieg gestanden hatte. Ich konnte nicht einfach aus dem Rennen aussteigen und meine Freunde zurücklassen, schon gar nicht wegen eines medizinischen Problems, das es gar nicht gab. Die Klinik hatte einen Fehler gemacht. Das stand fest.

Der einzige Gedanke, der mir nicht durch den Kopf ging, war: »Du wirst sterben.« Andere Leute würden so denken. Aber ich wollte es nicht wahrhaben.

Ich teilte mir das Hotelzimmer mit Christian Meier, einem engen Freund aus meiner frühen Profizeit. Er sah, dass meine Welt aus den Fugen geraten war, und fragte mich, was los sei, und ich erzählte ihm schließlich mein Geheimnis. Er hielt inne. Ich sah, dass er sich sehr bemühte, seine Angst, seinen Schock und seine Fassungslosigkeit zu verbergen und ruhig zu bleiben. Ich schaute ihm in die Augen, und er wandte den Blick nicht ab und versuchte, mit seiner Miene Gelassenheit zu vermitteln. Es gab nicht viel, was er sagen konnte, außer: »Mach dir keine Sorgen«, wobei wir natürlich beide nicht das Ausmaß des Problems kannten. Er hörte mir zu, dann schalteten wir das Licht aus. Was gab es noch zu sagen?

Am nächsten Morgen riss ich die beiden Nummern ab, die an die Rückseite meines Trikots geheftet waren, und kehrte nach London zurück. Ich schob eine Erkältung vor, um meinen Ausstieg zu rechtfertigen. Das Peloton würde drei Tage später in der Hauptstadt ankommen, also hatte ich einen Vorsprung. Ich nahm den Zug und dann ein Taxi. Ich schrieb ein paar Verwandten eine SMS. Andy Birley, mein treuer Freund seit der Zeit, als wir zusammen in Birmingham trainiert hatten, war einer der wenigen, die Bescheid wussten. Er bot mir an, mich nach der Untersuchung bei sich wohnen zu lassen. Ich hatte nicht vor, die Nacht in einem Hotelzimmer zu verbringen. Es kam nicht in Frage, in diesen Stunden komplett allein zu sein. Ich kam im Harley Street Medical Centre an und stieg mit meinem Radkoffer aus dem Taxi.

Ich war nicht länger als zwei Minuten im Wartezimmer. Ich legte mich in einen kalten weißen Zylinder und wurde in ein unwirkliches Licht getaucht; die Ärzte wollten, dass ich mich einer MRT-Untersuchung unterzog, die viel detaillierter war und ihnen helfen würde, eine bessere Diagnose zu erstellen. Danach empfing mich der Oberarzt in seinem Büro. An seinem Computer scrollte er die Aufnahmen durch. Er vergrößerte sie, stellte den Kontrast ein, suchte einen anderen Blickwinkel. Er war sich des Befunds nicht sicher. Ein Arzt würde nie sagen: »Ich bin mir sicher.« Aber er nutzte seinen Spielraum immerhin so weit aus, dass er zu mir sagte: »Falls es ein Tumor ist, ist er wahrscheinlich gutartig.«

Man weiß nicht, ob man erleichtert sein soll. Durch den Rennsport hat sich der Körper bereits an die Tatsache gewöhnt, dass man sich Widrigkeiten nicht unterwirft. Man akzeptiert die Dinge, wie sie sind. Man weiß, dass man, was auch immer geschieht, sein Leben an die Entwicklung dieses seltsamen Schattens im Gehirn anpassen wird.

Ich war 24 Jahre alt. Ich war seit drei Jahren Radprofi. Im Monat zuvor hatte ich die Gesamtwertung der Polen-Rundfahrt gewonnen, mein erster Profisieg bei einem Etappenrennen, und auch bei Tre Valli Varesine triumphiert, einem wunderschönen Klassiker im italienischen Seengebiet. Plötzlich wurde ich jedoch daran erinnert, wie zerbrechlich die Dinge sein können. Dass dies so ist, davon hatte ich immer eine gewisse Ahnung gehabt, wie es für Radrennfahrer wohl allgemein gilt. Auch wenn wir gern als naiv, fröhlich und unbeschwert dargestellt werden, sind wir uns dieses umfassenden Gefühls existenzieller Schwere durchaus bewusst. Wir wissen, dass der Tod uns manchmal holt, wenn wir jung sind. Wir verinnerlichen es, nicht so sehr als »Tod«, sondern als »Unfall«. Wir alle kennen Fahrer, die sich von einem schweren Sturz nie wieder erholt haben. Fahrer, deren Karrieren oder Leben danach nicht mehr dieselben waren.

Doch trotz dieses »Zwischenfalls« habe ich mich geweigert, keine Pläne mehr zu schmieden. Ich dachte weiter über 2011, 2012, 2013 nach, als wäre nichts geschehen.

Im Oktober stieg ich wieder ins Renngeschehen ein. Beim Giro dell Emilia wurde ich Zweiter hinter Robert Gesink. Beim Gran Premio Bruno Beghelli in Bologna belegte ich einen Platz im Mittelfeld. Beim Giro di Lombardia musste ich nach einem Sturz aufgeben. Beim Japan Cup fand ich den Schlüssel zum Sieg und kam mit einer Minute Vorsprung vor meinen Verfolgern ins Ziel. Ich tat wieder das, was ich gerne tat. Nicht nur belastete mich dieses Ding in meinem Kopf nicht mehr, es war auch immer unwahrscheinlicher, dass es gefährlich war. Ich hatte mehrere Ärzte konsultiert, und wie es schien, könnte es sich bei dem »gutartigen Tumor« einfach um ein »Geburtsmal« handeln. Ich musste es nur regelmäßig untersuchen lassen, um sicherzustellen, dass es nicht größer wurde. Aber was, wenn es doch etwas anderes war? Die Ärzte wussten es nicht genau, also...

Ich war unsicher, ob ich diese Geschichte, die unter die ärztliche Schweigepflicht fiel und keine direkten Auswirkungen auf meine Karriere hatte, für mich behalten oder stattdessen offen über die Angst sprechen sollte, die mich während der Tour of Britain und in den Tagen danach ergriffen hatte. Ich zögerte, diese potenzielle Zeitbombe in mir zu enthüllen, die dem letzten medizinischen Gutachten zufolge entschärft war – auch wenn das nicht hundertprozentig sicher war. Jonathan Vaughters legte mir nahe, mich in den Medien dazu zu äußern. Mein Arbeitgeber wusste von dem Problem, ebenso wie unser Teamarzt Prentice Steffen, da ich meine Teilnahme an der Tour of Britain abgebrochen hatte. Ich bin ihm dankbar, dass er damals dafür sorgte, dass die Geschichte nicht publik wurde.

»Was dich nicht umbringt, macht dich stärker«: Ich hätte sicherlich eine Geschichte gemäß dieser Maxime erzählen können. Ganz offensichtlich würde der September 2010 sich auf meine Einstellung zum Leben auswirken. Aber würde ich mich öffentlich äußern, würde ich in zwei Fallen tappen, die ich vor allem vermeiden wollte. Erstens würde ich zum »Fahrer mit dem Tumor« und im Laufe meiner Karriere immer wieder daran erinnert werden. Zweitens fürchtete ich, von Menschen, die an schwereren und eindeutigeren Krankheiten litten als ich, als Hochstapler angesehen zu werden. Was hätte ich sagen können? Nichts Genaues, nichts Sicheres, nichts Schlaues. Ich fühlte mich nicht legitimiert, mich für die Behandlung von Hirntumoren zu engagieren, zumal noch immer Zweifel an meiner Diagnose bestanden.

Nach der Tour of Britain steckte ich dieses Kapitel meines Lebens metaphorisch gesprochen in einen Sack und warf ihn mit einem großen Stein beschwert ins Meer, damit er nicht wieder an die Oberfläche käme. Natürlich habe ich nach der Entdeckung des Schattens vier oder fünf Jahre lang MRT-Untersuchungen machen lassen – die genauen Daten sind mir entfallen. Dann stellte ich die Untersuchungen ein. Ich »vergaß« sie. Mein Verstand entschied, dass nichts passiert war. Ich hatte dieses Wissen erhalten, ohne danach gefragt zu haben, und ich wusste nicht, was ich damit anfangen sollte. Was genau bedeutete dieser Schatten? Wie konnte er behandelt werden, wenn überhaupt? Tausende von Menschen haben wahrscheinlich eine mehr oder weniger identische Stelle in ihrem Gehirn, aber fast alle sind sich dessen nicht bewusst. Im Grunde sollten wir es auch nicht wissen, finde ich. Wenn es eine Uhr gäbe, die Tag und Uhrzeit unseres Todes anzeigt, wäre ich der Letzte, der sie kaufen würde.

Diese Geschichte hat meine Karriere sicherlich auf die eine oder andere Weise beeinflusst und meinem Leben einen zusätzlichen Sinn gegeben, obwohl ich nicht sagen kann, was genau sie mit mir gemacht hat. Wahrscheinlich hat sie meine Auffassung vom Schicksal und meinen Glauben an die Existenz eines Glückssterns gestärkt. Das Risiko, das mit diesem »Schatten« verbunden war, habe ich ebenso ausgeblendet wie die Gefahr eines Sturzes. Wenn ein Radrennfahrer an einen Sturz denkt, denkt er an den Schmerz, den er dabei erleidet, und ist versucht, anders zu fahren; vielleicht empfindet er sogar Abscheu oder Angst vor seinem Beruf. Der Gedanke an einen Sturz war überall und nirgends in meinem Kopf. Ich hatte ihn aufgesogen, ihn Schritt für Schritt zersetzt und in mir aufgenommen. Ich nehme an, das Gleiche galt für den Gedanken an den »Schatten« in meinem Gehirn. Ich hatte ihn so weit assimiliert, dass ich nicht mehr darüber nachdenken musste. Ich habe die Möglichkeit des Schicksals gezähmt, die damit verbunden war.

Ich habe oft Glück gehabt. Ich bin nur wenige Male vom Rad gefallen – sehr wenige Male sogar – und wenn man die Stürze im Detail analysiert, waren sie alle weniger schlimm, als sie hätten sein können. Ich stelle mir gerne vor, dass mein Schicksal auch weiterhin denselben glücklichen Weg nehmen wird. Ich verlasse mich immer noch darauf.

Ich habe keine Angst.

Bewusst oder unbewusst – und vielleicht hat es mit jenen dramatischen Tagen im Jahr 2010 zu tun – bin ich im Herbst meiner Karriere ein letztes Mal zur Tour of Britain zurückgekehrt. Nach den Olympischen Spielen 2020 in Tokio war ich mir meiner Entscheidung sicher. Ich beschloss, meinen Rücktritt bekanntzugeben, und ich war glücklich damit. Jess war es auch.

Die Tour of Britain startete am 5. September 2021 in Penzance, an der Westspitze von Cornwall. Zwei Tage zuvor hatte ich meine Entscheidung verkündet, mich aus dem Peloton zurückzuziehen: »Nach 14 Jahren als Radprofi habe ich beschlossen, meine Karriere zu beenden. Obwohl ich lange über diese Entscheidung nachgedacht habe, bin ich der Meinung, dass es an der Zeit ist, einen neuen Weg einzuschlagen, da ich im Leben noch viele andere Dinge erreichen möchte. [...] Ich habe immer 100 Prozent für das gegeben, was ich tat. Ich könnte zwar noch ein paar Jahre Rennen fahren und für viele wäre das die naheliegende Lösung, aber ich bin an einem Punkt angelangt, an dem ich bereit bin, mich neuen spannenden Herausforderungen im Leben zu stellen.«

Ich hatte noch eine Handvoll Rennen in Italien vor mir, darunter die Lombardei-Rundfahrt als »letzten Gipfel«, das Rennen, das am 9. Oktober 2021 über 239 Kilometer von Como und Bergamo führen und das ultimative Finale meiner Karriere darstellen würde. Aber die Tour of Britain war eine tolle Abschiedstournee. Viele meiner langjährigen Freunde, ehemaligen Teamkollegen und Rivalen nahmen teil. Aus meiner Jugendzeit war Mark Cavendish dabei, noch immer ein Klassesprinter, ebenso Matt Brammeier und Ian Stannard, die inzwischen sportliche Leiter waren. Aber wo zum Teufel war Geraint Thomas? Wie es aussah, würde die Party ohne den guten alten »G« stattfinden müssen...

Ich trat gegen drei ehemalige Quick-Step-Teamkollegen an: Julian Alaphilippe, der sich anschickte, seinen Weltmeistertitel auf der Straße zu verteidigen; Yves Lampaert, der Mann, an den man sich in den Windstaffeln halten sollte; und mein Namensvetter Tony Martin, der mich so oft aus dem Wind genommen hatte und der ebenfalls kurz vor seinem Rücktritt stand. Ich hatte außerdem die

Gelegenheit, mich mit Richie Porte auszutauschen, über unsere Kämpfe und unseren furchtbaren Sturz bei der Abfahrt vom Mont du Chat zu reflektieren. Außerdem würde ich an der Seite von Nico in die Pedale treten. Mein Cousin und ich waren uns emotional sehr verbunden: Er hatte ebenfalls beschlossen, seine Karriere zu beenden, wartete aber noch ein paar Tage mit der Bekanntgabe.

Innerhalb des Teams war ich von Freunden umgeben, die ebenso gerne lachten, wie sie Rad fuhren. Israel Start-Up Nation verwendete ein Bild von uns, wie wir uns alle zusammen in eine rote Telefonzelle quetschten, um in den sozialen Medien unsere sechsköpfige Mannschaft bekanntzugeben. Mit mir dabei waren der Schweizer Reto Hollenstein, der Kanadier Mike Woods, mit dem ich mir das Hotelzimmer teilte, und zwei Briten, Alex Dowsett, solide und freundlich wie eh und je, und Mason Hollyman, ein Nachwuchsfahrer aus Yorkshire. Das Team wurde komplettiert durch den »Gorilla« André Greipel, eine feste Größe in Massensprints, der 2010, als ich überstürzt abgereist war, drei Etappen gewonnen hatte. Eine Gruppe entspannter, feixender alter Männer, die beschlossen hatten, Geschäft und Vergnügen zu verbinden. Diese Tour of Britain würde sowohl harter Wettkampf als auch eine Gourmetreise sein.

Das Rennen begann in Cornwall: Dort würden wir uns Cornish Pasty gönnen. Es endete in Aberdeen: Haggis für alle! Am Start der dritten Etappe in Llandeilo bezogen wir auch die Teamleitung mit ein: »Was? Ihr habt noch nie richtige Fish and Chips gegessen? Das müsst ihr probieren. Wir dürfen leider nicht.« Für uns Fahrer stand ein Mannschaftszeitfahren auf dem Programm, 27 Kilometer auf walisischen Straßen. Als wir uns auf unseren Rollentrainern aufwärmten, wehte der Geruch des Mittagessens für die Mitarbeiter zu uns herüber. Allein der Duft von Fisch und Pommes erwies sich als wirksames Stimulans: Wir wurden Vierte, 43 Sekunden hinter dem Team Ineos.

Am nächsten Tag, immer noch in Wales, erklommen wir den Great Orme, einen Anstieg, der für meine Familie eine besondere Bedeutung hat. Mein Vater hatte dort bei der Tour of Britain 1984, die damals noch Milk Race hieß, ein gutes Zeitfahren absolviert. Vor allem dank dieser Leistung wurde er Vierter der Gesamtwertung, die von Oleg Petrowytsch Tschuschda aus der UdSSR gewonnen wurde. Eine Sammlerausgabe der Zeitschrift *Cycling Weekly* hat bei uns zu Hause einen Ehrenplatz im Archiv. Das Titelbild zeigt meinen Vater, wie er im Zeitfahren Vollgas gibt, mit zusammengebissenen Zähnen, Wolltrikot und Lederhelm mit Haarnetz. Was mich betrifft, so wurde ich auf der Great-Orme-Etappe immerhin Sechster, 13 Sekunden hinter Wout Van Aert, nachdem ich Mike Woods zum dritten Platz verholfen hatte. Als Dankeschön spendierte Woodsy dem gesamten Team im Ziel ein »Mr. Whippy«-Eis – mit einem »Cadbury's Flake«-Schokoriegel obendrauf. Besser als jeder Recoverydrink…

Im Ziel in Schottland war mein kanadischer Teamkollege im Gesamtklassement Fünfter und ich Siebter. Das Rennen wurde von Van Aert dominiert, der nicht weniger als vier der acht Etappen gewann. Die Fahrt nach Schottland half uns, unsere Leckerbissen zu verdauen: Die zahlreichen Scheinebenen, mit denen die Strecke gespickt war, wurden dank der rekordverdächtigen Wattzahlen der Fahrer, die ihren letzten Formcheck vor der Straßen-WM absolvierten, nur so verschlungen. Obwohl ich auf der eher »flämischen« Strecke in Belgien nicht an den Start gehen würde, beobachtete ich aus nächster Nähe, wie sich die Favoriten schlugen, und genoss es, in den entscheidenden Momenten ihre Hinterräder halten zu können. Ich freute mich, dabei zu sein, die Atmosphäre zu genießen, alles um mich herum wahrzunehmen, die kleinen Bemerkungen und Gesten, das Lächeln und Nicken. Sogar die Mitglieder der Rennorganisation feuerten mich auf meinen letzten paar Runden an, vor allem Rennleiter Mick Bennett, ein ewiger Enthusiast, der meinen Vater 40 Jahre zuvor bei der gleichen Veranstaltung hatte starten sehen.

Ich war überrascht von der Anzahl der Schilder mit meinem Namen darauf. Meine Augen nahmen die Glückwunsch- und Dankesbotschaften auf. Meine Ohren saugten die Anfeuerungsrufe auf. 1.320 Kilometer lang feuerten mich die Fans in dem Land an, in dem ich geboren und aufgewachsen war. Obwohl das Rennen weit von meinem Zuhause in den Midlands entfernt stattfand, zeigten mir die Zuschauer viel Dankbarkeit. Ich war Ire geworden und hatte die Nationalität meiner Mutter angenommen. Ich hatte nie dem aufstrebenden britischen Radsport und dem Team Sky angehört, das die Tour de France dominiert hatte. Dennoch spürte ich auf jeder Etappe den Respekt, den die Fans mir entgegenbrachten, und das berührte mich tief. Die Worte, die ich immer wieder zu hören und zu sehen bekam, waren nicht »gut gemacht, Dan«, sondern »danke, Dan«. Ich fühlte keine Nostalgie oder Traurigkeit, sondern einfach nur, und das zum ersten Mal in meiner Karriere, ein wenig Stolz. Ich hatte bis zu einem der letzten Rennen meiner Karriere gebraucht, um zu erkennen, dass man nicht nur für sich selbst fährt, sondern auch für andere, und dass man durch ein einfaches Radrennen ein wenig Freude, ein wenig Trost und ein wenig Mut vermitteln kann. Im Gespräch mit den Menschen vor und nach den Etappen wurde mir klar, dass die Öffentlichkeit mich nicht so sehr für meine Ergebnisse schätzte, sondern für meine Versuche, ob erfolgreich oder nicht, die großen Namen, mit denen ich mich gemessen hatte, ein wenig aufzumischen und monumentale Rennen zu gewinnen. Die Leute sahen in mir einen, der eine Show ablieferte, und was noch wichtiger war, ich gab ihnen eine gewisse Hoffnung. Sie sahen, wie ich nach meinen Stürzen wieder aufgestanden war und das Schicksal ein paar Millimeter zurückgedrängt hatte. Für sie war ich dieser Fahrer, der mit den Fingerspitzen ein paar Momente des Lichts erhascht hatte, das Gesicht schmerzverzerrt, seine Beine und Schultern durchgerüttelt, sein Körper über seine physischen Möglichkeiten hinaus strapaziert, über sich hinauswachsend durch eine Art Herausforderung, durch das sanfteste und ernsthafteste Spiel der Welt.

Manchmal sagen mir die Leute, ich hätte Lüttich-Bastogne-Lüttich ein zweites Mal gewinnen sollen oder ich hätte mir einmal das Bergtrikot sichern oder ein paar Tage lang das Gelbe Trikot bei der Tour de France tragen oder vielleicht einen Weltmeistertitel erringen sollen. Jede dieser Hypothese wird glaubwürdig durch den Zusatz: »Wenn du nicht gestürzt wärst…« Aber ich habe meinen Frieden gemacht. Wenn ich auf mein Palmarès schaue, habe ich nicht das Gefühl, dass etwas fehlt, etwas unvollständig ist oder es eine Ungerechtigkeit gibt. Ich bedauere nur eins: dass ich den Panda nicht wiedergesehen habe.

All die Jahre habe ich vergeblich darauf gewartet, dass eine Postkarte bei mir zu Hause ankommt, ein kleines Stück Papier, am Bein einer Brieftaube befestigt, eine Flaschenpost… Wenigstens eine private Nachricht auf Instagram oder Twitter. Sie würde in etwa so anfangen: »Hallo, ich bin der Panda…« Danach könnte alles Mögliche kommen: »Ich war auf einer Studentenparty mit drei anderen Jungs.« Oder, das krasse Gegenteil: »Ich war vollkommen nüchtern, es war eine Wette unter Freunden.« Vielleicht war es auch gar kein Mann, sondern eine Frau. Oder es könnte sich als ein ganz unerwartetes Szenario herausstellen: »Wir wollten die Öffentlichkeit auf die Verheerungen der Abholzung aufmerksam machen, aber die Sache ging schief. Es tut uns aufrichtig leid.« Oder: »Ich wollte abseits des Karnevals mit meinem Pandakostüm etwas Geld verdienen.« Oder vielleicht auch: »Wir waren auf der Flucht nach einem missglückten Banküberfall und sind leider auf die Strecke eines Radrennens geraten.«

Der Panda hätte vorschlagen können, dass wir uns auf ein belgisches Bier treffen. Ich wäre auf jeden Fall hingegangen, um ihn kennenzulernen. Je nachdem, wie er die Sache angehen wollte, hätte er sein Kostüm anbehalten können. Ich glaube nicht, dass ich wissen muss, wer er ist, warum er sich so angezogen hat oder warum er an diesem Tag an diesem Ort gewesen ist. Ich mag das Gefühl des Geheimnisvollen. Beim Anstoßen hätte ich dem Panda einfach gesagt: »Es war mir eine Freude – danke.«

La Massana, Andorra, 6. Juli 2022

Glossar

Baroudeur
Ein Fahrertyp, der weit vor dem Ziel allein oder in einer kleinen Gruppe einen Ausreißversuch startet. Sowohl Rouleure (tempofeste Fahrer, die flaches Terrain lieben) als auch Kletterer können als Baroudeure bezeichnet werden, wenn ihre Taktik aus einer so langen Flucht besteht. Ich habe meine Bergetappe beim Giro d'Italia 2021 im Stile eines Baroudeurs gewonnen.

Besenwagen
Das Fahrzeug, das bei einem Rennen ganz am Ende des Trosses die Strecke abfährt und verletzte, kranke oder müde Fahrer einsammelt, die nicht mehr weiterfahren können. Wer vom Rad absteigt und sich in diesen Wagen setzt, scheidet aus dem Rennen aus. Zum ersten Mal kam er 1910 bei der Tour de France zum Einsatz, aber nicht, um geschwächte Fahrer aufzunehmen, sondern um Betrüger »auszukehren«, die die vorgeschriebene Strecke verließen, den Zug nahmen und dann mit dem Rad die Ziellinie überquerten.

Directeur sportif
Sportliche Leiter arbeiten in jedem Team als Bindeglied zwischen Teammanagement, Fahrern und Trainern. Sie sind für die Taktik vor und während des Rennens zuständig, setzen die Teambesprechungen an und fahren das Teamfahrzeug, das dem Peloton folgt.

Domestik

Ein anderes, in der Regel mit großem Respekt verwendetes Wort für Teamkollegen, die als Helfer arbeiten. Die besten von ihnen werden als Edelhelfer oder *domestiques deluxe* bezeichnet. Zu ihren Aufgaben gehört es, den Kapitän im richtigen Moment nach vorn zu bringen, ihn aus dem Wind zu nehmen und ihn mit Verpflegungsbeuteln (*musettes*) und Trinkflaschen (*bidons*) zu versorgen. Die letzte Aufgabe erklärt, warum man sie früher »Wasserträger« nannte, als es den Fahrern laut Reglement untersagt war, an jeder Stelle der Strecke Wasser anzunehmen.

Flamme Rouge

Der Bogen, der den Beginn des letzten Kilometers markiert. Früher war es ein roter Wimpel, der an einem Seil hing, oder ein roter Drachen.

Grand Tour

Ein Etappenrennen mit einer Dauer von drei Wochen. Es gibt nur drei Grand Tours im Kalender: die Tour de France (erstmals ausgetragen 1903), den Giro d'Italia (1909) und die Vuelta a España (1935).

Gruppetto

Italienisches Wort für die »kleine Gruppe« von Fahrern, die auf den Bergetappen gemeinsam fahren und versuchen, innerhalb des Zeitlimits ins Ziel zu kommen, damit sie am nächsten Tag starten dürfen.

Kommissär

Ein vom Internationalen Radsportverband (UCI) entsandter Offizieller, der bei Rennen für die Einhaltung des Reglements und damit für die Integrität des Wettkampfs sorgt. Die Kommissäre folgen den Fahrern in Autos, im Besenwagen, auf Motorrädern und manchmal auch im Hubschrauber. Sie sind außerdem für die Zeitmessung zuständig.

Monument
Einer der fünf prestigeträchtigsten Eintagesklassiker im Radsportkalender: Mailand-Sanremo, die Flandern-Rundfahrt, Paris-Roubaix, Lüttich-Bastogne-Lüttich und die Lombardei-Rundfahrt. Ich hatte die Ehre und das Privileg, zwei von ihnen, nämlich Lüttich und den Giro di Lombardia, gewonnen zu haben.

Musette
Ein Verpflegungsbeutel mit Essen und Trinken, der von den Betreuern vor dem Rennen gefüllt und während des Rennens in den Verpflegungszonen an die Fahrer verteilt wird. Von den 1920er- bis in die 1980er-Jahre hinein enthielten diese Beutel mehr oder weniger das Gleiche: verschiedene Sandwiches, Reiskuchen, Hähnchenflügel, Bananen und Pfirsiche. Heute enthalten sie Energieriegel und Gels sowie süßes und salziges Gebäck.

Puncheur
Aus dem lautmalerischen Französisch, eine Kategorie von Fahrern, die bei kurzen Anstiegen (bis zu drei Kilometer) und starken Steigungen kraftvolle Attacken setzen können. Die beiden »Monumente« Lüttich-Bastogne-Lüttich und Giro di Lombardia sind neben einigen Hügelankünften bei den großen Rundfahrten jene Rennen, die sich besonders für Puncheure eignen. Obwohl ich nie ein Freund davon war, die Profis in Kategorien einzuteilen, wurde ich während meiner gesamten Karriere meist als Puncheur eingestuft.

Stagiaire
Ein Fahrer, der ein »Praktikum« in einem Profiteam absolviert. Slipstream holte mich 2007 als Stagiaire, aber ich bin in der Saison

nie für sie gefahren, sondern habe auf mein Profidebüt im folgenden Jahr gewartet.

Windkante
Eine knifflige Rennsituation, wenn ein starker Seitenwind auf das Peloton trifft. Wenn der Wind von der Seite kommt, befindet sich der Windschatten des Vordermanns nicht direkt hinter ihm, sondern etwas seitlich versetzt. Dadurch bilden sich Windstaffeln, Reihen von Fahrern, die fächerartig diagonal über die Straße verlaufen. Wenn die Straße voll ist mit Fahrern, die fast nebeneinander fahren, gibt es keinen Platz mehr für einen weiteren Fahrer, der sich schützen kann, so dass sich eine neue Staffel von Fahrern bildet, die versuchen, als Einheit zu arbeiten, um sich gegenseitig vor dem Wind zu schützen.

WorldTour
Die erste Liga des Radsports, die bis 2010 unter dem Namen ProTour bekannt war.

Danksagung

Dieses Buch zu schreiben, war eine wahre Reise in die Vergangenheit und hat mich ermutigt, die Momente, die mich als Person geprägt haben, noch einmal zu durchleben. Es gibt zu viele Menschen, die in meinem Leben eine Rolle gespielt haben, um sie alle aufzuzählen, aber ich danke euch allen.

Ein besonderer Dank gilt meinem Fels in der Brandung, meiner Frau Jess, die mir in den Höhen und Tiefen meiner Karriere zur Seite stand und mich immer unterstützt hat, natürlich auch beim Schreiben dieses Buches, als ich Stunden und sogar Tage damit verbrachte, alle Details zusammenzutragen.

Ein Dankeschön geht außerdem an:

meine Eltern für ihre Unterstützung während meiner Karriere und die vielen peinlichen Fotos, die sie herausgekramt haben;

Pierre Carrey, der mir während meiner Zeit beim VC La Pomme Marseille zu einem engen Freund wurde, der mich durch vieles von dem, was Sie hier lesen, begleitet hat und der meine Geschichte in einer Weise zusammengefügt hat, wie ich es allein niemals geschafft hätte;

Peter Cossins, der uns bei der Erstellung der englischen Fassung zur Seite gestanden hat und der Geschichte eine zusätzliche Pyrenäen-Note verliehen hat, da er jetzt in denselben Bergen lebt wie ich;

David Luxton, der das Potenzial meiner Geschichte schon vor mehr als zehn Jahren erkannte und uns mit seiner Geduld bei diesem Prozess sehr geholfen hat;

Richard Milner und alle bei Quercus für ihre Hilfe, aus unseren Worten ein druckreifes Buch zu machen.

Covadonga Verlag

Die Lust am schnellen Radfahren. Abenteuer auf zwei schmalen Reifen. Die Faszination und die Geschichte(n) großer Rennen, legendärer Anstiege und bildschöner Rennräder. Die wundersame Welt des Profiradsports. Die Geheimnisse bekannter Rennfahrer und das Geheimnis erfolgreichen Trainings. Das sind die Themen, auf die der Covadonga Verlag bereits seit seiner Gründung vor knapp 20 Jahren sein Augenmerk legt.

Zu den Autoren zählen u.a. Dino Buzzati, Thomas Dekker, Laurent Fignon, Paul Fournel, Renate Franz, Joe Friel, Phil Gaimon, Fabio Genovesi, Hannah Grant, Jan Heine, Paul Kimmage, Philipp Köster, Tim Krabbé, Albert Londres, Dan Martin, Guillaume Martin, Benjo Maso, David Millar, Tim Moore, Harry Pearson, Hennes Roth, Geraint Thomas, Lidewey van Noord, Jonathan Vaughters, die Velominati, Peter Winnen und Gianluca Zaghi. Radfahrer von Welt- und Kreisklasse, die dem Radsport eine literarische Stimme verleihen. Ausnahmeerscheinungen im Peloton. Radprofis, die anecken. Preisgekrönte Schriftsteller mit einem Faible für Radsport und Rennräder. Legendäre Reporter und große Humoristen. Die originellsten Chronisten der Jedermann-Szene. Internationale Koryphäen in Sachen Training, Fahrradtechnik und -restaurierung…

Sie alle schreiben für Covadonga. Meist über den Radsport, manchmal auch über seine nahen Verwandten.

Zuletzt erschienen:

ISBN	*Titel / Autor*
978-3-95726-080-2	*Das neue Grand Tour Kochbuch 2.0.* Hannah Grant
978-3-95726-076-5	*Im Peloton.* Paul Fournel
978-3-95726-075-8	*In meinem Herzen alles Sieger.* Fabio Genovesi
978-3-95726-074-1	*Übergestern in Japan.* Michael O.B. Krähe
978-3-95726-072-7	*Die Liebe zum Fahrrad.* Paul Fournel
978-3-95726-068-0	*Vuelta Skelter.* Tim Moore
978-3-95726-067-3	*Radsportherz.* Daniel Dencik
978-3-95726-066-6	*Die Gesellschaft des Pelotons.* Guillaume Martin
978-3-95726-065-9	*Von A nach B.* Dave Walker
978-3-95726-061-1	*1000/24 – Christoph Strasser.* David Misch
978-3-95726-060-4	*Radsportberge und wie ich sie sah.* Geraint Thomas
978-3-95726-059-8	*Tausend Kilometer Süden.* Walter Jungwirth
978-3-95726-055-0	*Ein Rad für alles. Die Allroad-Bike-Revolution.* Jan Heine
978-3-95726-054-3	*Quer durch Flandern.* Harry Pearson
978-3-95726-053-6	*Sokrates auf dem Rennrad.* Guillaume Martin
978-3-95726-048-2	*Colombia Es Pasión.* Matt Rendell
978-3-95726-046-8	*Der kahle Berg.* Lex Reurings & Willem Janssen Steenberg
978-3-95726-044-4	*One-Way Ticket.* Jonathan Vaughters
978-3-95726-042-4	*299 schlaue Dinge über Sport...* Andreas Beune
978-3-95726-039-0	*Flamme Rouge.* Daniel Lenz & Florian Summerer
978-3-95726-038-3	*T wie Trouble.* Tim Moore
978-3-95726-037-6	*Dominik Nerz – Gestürzt.* Michael Ostermann
978-3-95726-035-2	*Die Trainingsbibel für Radsportler.* Joe Friel
978-3-95726-033-8	*Vintage-Räder.* Gianluca Zaghi

SHELLEY PARKER-CHAN

HE WHO DROWNED THE WORLD

DER STRAHLENDE KAISER

II

Ins Deutsche übertragen
von Aimée de Bruyn Ouboter

Die deutsche Ausgabe von HE WHO DROWNED THE WORLD – DER STRAHLENDE KAISER II wird herausgegeben von der Cross Cult Entertainment GmbH & Co. Publishing KG | CROSS CULT; Verlagsleitung: Andreas Mergenthaler und Luciana Bawidamann; Teinacher Straße 72, 71634 Ludwigsburg. Übersetzung: Aimée de Bruyn Ouboter; Programmleitung Romane/Sachbücher: Markus Rohde; Lektorat: Bernd Sambale; Korrektorat: Peter Schild; Satz: Rowan Rüster; Cover-Illustration und Design: Lucy Scholes, Pan Macmillan Art Department; Kartenartwork: Jennifer Hanover; Layout: Sina Keller; Lizenzmanagement: Ruijing Qiu; Herstellung: Hannah Düser; Vertriebsleitung: Peter Sowade; Marketing: Cécile Béran; Druck: Printausgabe gedruckt von CPI Books GmbH, Leck. Printed in the EU.

Titel der Originalausgabe:
HE WHO DROWNED THE WORLD
First published by Tom Doherty Associates (Tor Book)
Tor® is a registered trademark of Macmillan Publishing Group, LLC.

Dieses Werk wurde vermittelt durch die Literarische Agentur
Thomas Schlück GmbH, 30161 Hannover.

ISBN Paperback-Ausgabe: 978-3-98666-281-3
ISBN limitierte Hardcoverausgabe: 978-3-98666-282-0
E-Book ISBN: 978-3-98666-283-7
April 2024

WWW.CROSS-CULT.DE